中国国际私法

理论、规则与实践

International Private Law of China

Theory, Rules and Practice

金彭年 蒋 奋 吴 泓◎著

ZHEJIANG UNIVERSITY PRESS
浙江大学出版社

图书在版编目（CIP）数据

中国国际私法：理论、规则与实践 / 金彭年，
蒋奋，吴泓著. —杭州：浙江大学出版社，2021.8
ISBN 978-7-308-21666-1

Ⅰ.①中… Ⅱ.①金… ②蒋… ③吴… Ⅲ.①国际私
法—研究—中国 Ⅳ.①D997

中国版本图书馆 CIP 数据核字（2021）第 163715 号

中国国际私法：理论、规则与实践

金彭年　蒋　奋　吴　泓　著

策 划 编 辑	吴伟伟	
责 任 编 辑	钱济平　陈佩钰	
责 任 校 对	许艺涛	
封 面 设 计	续设计	
出 版 发 行	浙江大学出版社	
	（杭州市天目山路 148 号　邮政编码 310007）	
	（网址：http://www.zjupress.com）	
排　　版	杭州青翊图文设计有限公司	
印　　刷	杭州良诸印刷有限公司	
开　　本	710mm×1000mm　1/16	
印　　张	14.25	
字　　数	279 千	
版 印 次	2021 年 8 月第 1 版　2021 年 8 月第 1 次印刷	
书　　号	ISBN 978-7-308-21666-1	
定　　价	68.00 元	

目　录

第一章 绪 论

第一节 涉外民事关系与法律冲突

某中国公司与美国公司之间签订的加工承揽合同,双方的合同权利、义务与违约责任,应当适用中国法律,还是美国法律? 某中国公民与澳大利亚公民结婚,婚姻关系存续期间的人身关系和财产关系,应当适用中国法律,还是澳大利亚法律? 对于上述纠纷,当事方应当向哪国法院起诉? 法院判决能否跨国执行? 这都是国际私法要解决的问题。

一、涉外民事关系

国际私法调整的涉外民事关系,是指在民事关系的主体、客体和权利义务据以发生的法律事实等诸多因素中,至少有一个外国因素的民事关系。《最高人民法院关于适用〈中华人民共和国涉外民事关系法律适用法〉若干问题的解释(一)》第一条规定,民事关系具有下列情形之一的,人民法院可以认定为涉外民事关系:(一)当事人一方或双方是外国公民、外国法人或者其他组织、无国籍人;(二)当事人一方或双方的经常居所地在中华人民共和国领域外;(三)标的物在中华人民共和国领域外;(四)产生、变更或者消灭民事关系的法律事实发生在中华人民共和国领域外;(五)可以认定为涉外民事关系的其他情形。

在意大利百安奇售货设备集团公司与常州费斯托自动售货设备有限公司、徐嘉伟、周利商标转让合同纠纷案中,百安奇公司因其卢森堡子公司与费斯托公司成立中外合资企业而发生较密切商务合作。1999年,百安奇公司开始在意大利使用 BIANCHI 文字商标,并于 2001 年设计了"BIANCHI 及图"商标,2003 年在意大利获得注册,并递交了马德里国际申请,该申请涵盖了包括中国在内的 20 多个国家。费斯托公司向当时的中国国家工商行政管理总局商标局申请注册"百安奇 BIANCHI 及图"商标(即涉案商标),于 2003 年 5 月获准。费斯托公司又与周利就涉案商标签订商标转让协议,并向商标局申请办理了转让登记手续,使周利成为该商标的持有人。百安奇公司诉请法院认定费斯托公司与周利订立的商标转让合同无效。常州市中级人民法院一审认为费斯托公司与周利订立的商标转让合同不具有涉外因素。但最终最高人民法院认为本案系涉外民事关系,并以各方当事人对适用中国法律均无异议为由,适用了中国法律。参见最高人民法院(2013)民提字第 103 号民事判决书。

在华盖创意(北京)图像技术有限公司与绵阳晚报社的著作权侵权纠纷案中,最高人民法院认为,虽然原被告均为中国境内机构,侵权行为地也在中国境内,但原告华盖公司的著作权源于其与美国 Getty 公司的《图像许可和销售服务协议》,该协议授权原告享有在中国境内展示、销售和许可他人使用案涉图像的权利,以及在中国境内以原告自己的名义就任何第三方侵犯 Getty 公司知识产权的行为,采取法律行为的权利。同时,我国和美国均属于《保护文学艺术作品伯尔尼公约》的成员国,故 Getty 公司对涉案图片享有的著作权依法受我国法律保护。最高人民法院最终认定本案系涉外侵害著作权纠纷案件。参见(2014)民申字第 971 号民事裁定书。

在实际生活中,一个民事关系可能不仅有一个因素跟外国有联系。比如,一家中国公司和一家美国公司在英国伦敦缔结一项买卖标的在澳大利亚悉尼港的合同,在该涉外合同关系中,主体一方是美国人,产生合同权利义务的法律事实即合同的缔结地在英国,而客体又在澳大利亚,便有三个因素涉及外国。

二、法律冲突

法律冲突,是国际私法上的一个专门术语,指涉及两个或两个以上不同法域的民事法律对该民事关系的规定各不相同,却又竞相要求适用于该民事关系,从而造成的该民事关系法律适用冲突的现象。简言之,法律冲突就是对同一民事关系因所涉各国民事法律规定不同而发生的法律适用上的冲突。

法院在审理一个含有涉外因素的民事案件时,案件所涉及的国家的民事法律制度往往不同,依据所涉一国的法律,有关民事法律关系已有效成立或已有效解除,而依据所涉另一国的法律,它却尚未有效成立或有效解除,这时究竟应该适用哪一个国家的法律作出判决呢?这就提出了法律选择的问题,也就是法律冲突的问题。正是因为这个原因,国际私法在许多国家又被称为"法律冲突法"或"冲突法"。

在处理涉外民事关系时,在许多问题上都会因所涉各国均认为含有自己国家的因素而主张对其行使立法管辖权,而它们的立法又各不相同,进而发生法律冲突,便需要作出法律选择。例如,在英国剑桥大学就读的 20 岁中国留学生王某和年仅 18 岁的英国姑娘琳达在伦敦登记结婚,婚后一年,两人回到了中国定居并发生离婚诉讼,那么他们的婚姻关系已合法成立了吗? 如果不考虑其他因素,就婚龄而言,依据中国婚姻法或依据英国婚姻法就会得出截然相反的结果:(1)适用中国法,中国婚姻法规定的婚龄是男 22 周岁,女 20 周岁,男女双方都未达法定婚龄,其婚姻得宣告无效;(2)适用英国法,英国的法定婚龄男女都是 16 岁,王某夫妇结婚时男女双方均已达到法定婚龄,他们的婚姻已告有效成立。这样,就发生了是适用中国法抑或适用英国法来判定王某夫妇的婚姻关系合法性的问题。又如,一名年满 21 周岁的意大利人在中国某公司签订了一笔丝绸制品的买卖合同,后该意大利人因无力履行该合同,就以意大利民法规定年满 22 周岁方为成年,自己不具完全行为能力为由提出应宣告该合同无效,双方当事人就该合同是否有效成立发生了争执,而争执的焦点是该意大利人有无签订合同的行为能力。如果按照中国的《民法典》规定,该意大利人已具备完全行为能力,而依据意大利民法则尚无完全行为能力。那么,该意大利人的行为能力问题是适用中国法抑或适用意大利法呢? 同样需要作出法律选择。而国际私法正是解决这个问题的唯一法律部门。

三、解决法律冲突的途径

解决法律冲突的途径问题,也就是涉外民事关系的调整方法问题,综合各国的实践与立法,大体可分为间接调整方法和直接调整方法两种。

1. 间接调整方法(冲突法的方法)

解决涉外民事关系的法律冲突问题,最早采用的便是通过冲突规范的间接调整方法,就是在有关的国内法或国际条约中只指出适用哪个国家的法律来调整某种涉外民事关系当事人间的权利义务,而不直接规定当事人的权利义务关系。这种通过冲突规范的间接调整方法,必须经过两个步骤才能最终调整某个涉外民事关系:第一个步骤是适用冲突规范,找出某个涉外民事关系应以哪国法作准据法;第二个步骤是适用准据法来确定涉外民事关系当事人之间的权利义务。

2. 直接调整方法(实体法的方法)

直接调整方法,是指有关国家间通过双边或多边国际条约的方式,制定统一的实体法,用以直接支配涉外民事关系当事人权利义务关系,从而避免或消除法律冲突和法律选择。由于适用统一实体法规范避免了在国际民事交往中可能发生的法律冲突,有的学者称其为"避免法律冲突的规范",而冲突规范则是"解决法律冲突的规范"。从这个角度讲,用统一实体法规范调整涉外民事关系较之适用冲突规范确实前进了一步。但是,这并不意味着统一实体法规范可以完全取代冲突规范,因为在国际私法关系上,采用直接调整方法也有其自身的局限性。

首先,这种方法的适用领域比较有限。一个实体法公约常只适用于某种法律关系的某一方面,因而在其他方面,仍得采用冲突规范的间接调整方法。

其次,即使在已经制定并适用统一实体法规范的那部分涉外民事领域,冲突规范的间接调整方法仍将起作用。

可见,冲突规范的间接调整方法在解决涉外民事法律冲突方面还将起着不可替代的重要作用。只不过自从出现统一实体法以后,除了传统的间接调整方法外,在解决涉外民事法律冲突方面,国际私法又多了一种直接调整方法。

第二节　国际私法的名称、范围和定义

一、国际私法的名称

各国的国际私法类著作,既有称"国际私法"的,也有称"冲突法"的。因此,有人曾指出,国际私法可以说是从书名页起就有争议的一个法律学科。直到现在,不同学者、不同国家和地区,对国际私法仍然保留不同的称谓。至于在历史上,其名称就更多了,包括法则说或法则区别说(traite de statuts,theory of statutes)、冲突法(conflict of laws,或译为法律冲突论)、法律规范的场所效力论(Die räumliche Herrschaft der Rechtsnormen)、外国法适用论(Anwendung der ausländischen Gesetze/application of foreign laws)、涉外私法(foreign private law)、私国际法(private international law)、国际私法(internationales Privatrecht)。

"private international law"这个英文名称,第一次出现是在美国大法官斯托里(Joseph Story,1779—1845)于1834年发表的《冲突法评论》一书中,其直译应为"私国际法"。但斯托里本人并未用它命名其著作。首先用"私国际法"这个名称的是法国国际私法学者弗里克斯(Foelix),他正式使用"droit international privé"来称谓这一法律部门。因为他是把国际私法当作国际法的学者,他在1840年发表的一篇论文,题目就是《私国际法或冲突法论》。现在,这个名称在法国和其他一些拉丁语系的国家较流行,英美有些学者也采用。但在中、日文著作中,已将上述称谓译为"国际私法"。而真正采用"国际私法"称谓的学者是德国的谢夫纳(Schäffner)。他在 1841 年出版的《国际私法发展史》一书中,采用了"internationales Privatrecht"的称谓,将之直译成英文就是"international private law"。

私国际法和国际私法,两者名称虽然极其相似,但实际上却反映了不同学者对国际私法这一法律部门性质的不同看法。凡是认为国际法可分为公私两种,其规定公益关系者为公国际法,那么规定私益关系者即称私国际法。相反,如果认为国际私法不是国际法而是国内的私法,只是这种国内私法不适用于纯粹国内的私法关系,而仅适用于国际的私法关系,便命名为国际私法。

在此需要明确的是,国际私法中的"国际"与国际法或国际公法中的"国际"有着本质的区别。国际法或国际公法调整国家之间的关系,故称作国家间的法。至于国际私法之所以冠以"国际"二字,仅仅是因为它所调整的民事关系超出了一国的边界。有人甚至认为,国际私法中的"国际"与国际贸易、国际电影节、国际博览会中的"国际"二字含义相同,无非是表明其行为涉及两个国家以上,而无以国家为基础或对象的意思。①

就国际私法的立法名称来说,德国最早称之为"民法施行法",日本称为"法例",泰国、波兰等国家称为"国际私法"。2010 年 10 月,第十一届全国人民代表大会常务委员会第十七次会议通过了我国首部国际私法,并将之定名为《中华人民共和国涉外民事关系法律适用法》。

总之,这个法律部门或法学学科的名称有如此分歧,主要由于不同时代、不同国家、不同学者对于它所要解决的问题和任务存在着不同的看法而引起的。了解这些名称,可以帮助人们从不同的侧面认识这个法律部门或法学学科的性质和作用。

二、国际私法的范围

国际私法的范围有两种含义。一种指对象范围,即国际私法所调整的社会关系的范围仅限于涉外民事关系。另一种含义即本书要讲的内容,指国际私法应当包括哪些法律规范。这同样是一个极有分歧的问题,国内外的国际私法学者争论十分激烈,众说纷纭。但是有一点必须首先明确,那就是尽管国际私法是解决法律冲突的,但即使在把国际私法看作冲突法的同义语的英美等国家,他们的国际私法学者也都认为除了冲突规范以外,国际私法还包括与解决法律冲突

---

① 马汉宝:《国际私法总论》,汉林出版社 1982 年版,第 23 页。

有密切联系的其他规范。所以，在国际私法的范围问题上采取绝对化的观点，不一定是正确的。其次，在探讨此问题时，还必须遵循发展的观点。国际私法固然是在解决法律冲突的过程中发展起来的，可以这样说，没有冲突法便没有国际私法，但是历史发展到今天，已不允许从上述观点得出"国际私法就是冲突法"或"国际私法只是冲突法"的结论，否则，就无异于固守几百年前巴托鲁斯法则区别说，且不利于国际私法发展成一个能有效调整涉外民事关系的法律部门。

英美法系的国际私法学认为国际私法就是冲突法，但他们也认为关于民事案件管辖权的规范和外国民商事判决的承认与执行的规范，应该包括在国际私法之中。

而大陆法系的一些国家特别是法国，则对国际私法作很广义的理解，认为它除了冲突规范外，还应该包括外国人民事法律地位规范（rules of civil status of aliens）、国籍问题和管辖权规范。近年来，也有一些法国国际私法学家主张国际私法应包括统一实体私法。

德国过去的国际私法学说一直认为国际私法的内容仅限于冲突规范，而把国籍问题归入宪法，外国人民事法律地位规范归入专门的外国人法，同时反对把国际民事诉讼规范归入国际私法。日本的大部分学者也持这种观点。但现在德国学界至少已认为国际私法还应包括国际民事诉讼法。

我们认为，为了解决涉外民事关系的法律适用问题，历史上最早采用的方法固然是通过冲突规范的间接调整方法，但是由于冲突规范并不直接规范涉外民事关系当事人之间的权利义务关系，缺乏法律规范应有的明确性和预见性，因而，随着国际经济交往的日益密切，从19世纪后期开始，便陆续有国际条约形成统一民商法，这种统一私法如果被当事人适用于有关民事关系，当然可以达到避免和消除法律冲突的目的。这种统一私法也是在解决法律冲突的基础上发展起来的，与冲突规范起着殊途同归、异曲同工的作用。冲突规范的间接调整方法和统一私法的直接调整方法，是调整涉外民事关系的两种并列的方式，两者相辅相成，互为补充。

结合我们对国际私法的理解和所下的定义，我们认为，国际私法应包括以下几类规范。

1. 外国人民事法律地位规范

所谓外国人民事法律地位规范，指规定在内国的外国自然人和法人在什么范围内享有民事权利、承担民事义务的法律规范。如果一国立法不允许外国人享有某方面的民事权利，那么在该国境内就不会发生该方面的涉外民事关系。比如各国一般都规定外国律师不得在内国执业，就不会在内国发生以外国律师为主体一方和内国公民之间的涉外代理关系，也就不会发生这种涉外代理关系的法律冲突问题。因而,与冲突规范有着紧密联系的外国人民事法律地位规范,是国际私法的规范之一。

2. 冲突规范

冲突规范(conflict rules)是指在调整涉外民事关系时,指定应该适用哪一国家的法律作为准据法的各种规范的总称。冲突规范是国际私法特有的规范,传统的国际私法甚至只包括冲突规范,国际私法学最初就是从研究冲突规范发展起来的。在今天,各国的国际私法也仍以冲突规范为核心和最基本、最主要的组成部分。

3. 统一实体规范

统一实体规范(rules of uniform substantive law),也称统一私法规范,是指国际条约和国际惯例中直接调整涉外民事关系的实体规范。国际私法之所以有间接调整和直接调整两种调整方法,是因为除了冲突规范之外,还有统一实体规范这种具有直接调整功能的规范。运用统一实体规范直接调整涉外民事关系,具有明确、方便的优点,比起冲突规范的间接调整方法,的确是前进了一步。尽管这种统一实体规范是在 19 世纪后期的一些国际条约中才开始出现的,但目前在国际经济贸易、海上货物运输和知识产权等领域发展较快,并取得了良好的成效。统一实体规范在调整涉外民事关系中的作用日渐增强,从而成为国际私法中的又一类重要规范。

4. 国际民事诉讼与国际商事仲裁程序规范

国际民事诉讼程序规范是指司法机关在审理涉外民事案件时专门适用的程序规范。尽管从法律性质而言,国际民事诉讼程序规范属于程序法,但国际民事诉讼程序规范与国际私法关系相当密切,尤其是诸如管辖权规范、外国法院判决的承认与执行规范更是与法律冲突直接有关,这就有必要把国际民事诉讼程序规范纳入国际私法规范序列之中。至于国际经济贸易和海事仲裁程序规范,有的是由民间团体性质的仲裁机构制定的,有的是国际条约规定的,也跟涉外民事纠纷的解决有着密切关系,因而同国际民事诉讼程序规范一样,应在国际私法学中一并研究。

三、国际私法的定义

由于各国的国际私法学者对国际私法的对象、调整方法以及范围理解的不同,因此,他们从不同侧面对国际私法作了种种定义。了解这些不同的定义无疑有助于对国际私法的理解。

我们认为,应对中国国际私法作如下定义。

国际私法是以涉外民事关系为调整对象，以解决法律冲突为中心任务，以冲突规范为最基本的规范，同时包括规定外国人民事法律地位的规范、避免或消除法律冲突的统一实体规范以及国际民事诉讼与仲裁程序规范在内的一个独立的法律部门。

这个定义，一是强调了国际私法调整对象的特殊性，而调整对象的不同，正是区别不同法律部门的出发点；二是突出了国际私法的本质特性，即其中心任务是解决因各国民商法规定不同而产生的法律冲突。但是为了解决好法律冲突问题，必须同时兼顾其他三类规范。

第三节　国际私法的渊源

这里讲的国际私法的渊源，是指国际私法规范的表现形式。

由于国际私法的调整对象是超出一国领域的含有外国因素的民事关系，在其发展的进程中，逐渐产生了国际统一规范，这就决定了国际私法渊源具有两重性，即除了国内立法和判例这两个主要渊源外，国际条约和国际惯例也可能成为国际私法的渊源。这是国际私法虽是国内法但在渊源上不同于一般国内法的第一个特点。而学说在国际私法的审判实践中也起着重要的作用，是国际私法在渊源方面有别于一般国内法的第二个特点。

一、国内立法

国际私法规范最早是在国内立法中出现的，无论在历史上还是在今天，国内立法都是国际私法最主要的渊源。外国人民事法律地位的规范、冲突规范和国际民事诉讼程序规范，都可见于国内立法之中。但在此，为了叙述的方便，我们主要讲冲突规范在国内立法中的表现形式。

最早规定冲突规范的国内法，要数1756年的《巴伐利亚法典》。1794年的《普鲁士法典》也作了相应的规定。但对国际私法产生过重大影响的还是1804年《拿破仑法典》。目前，世界上大多数国家虽按以下四种不同方式在国内法中规定冲突规范，但它们都曾受到该法典的直接或间接的影响。[①]

第一，将国际私法规范分散规定在民法典或其他法典的有关条款中。这种立法形式肇始于1804年的《拿破仑法典》。

[①]　以下所述各国国际私法立法，除个别外，均可参见李双元、欧福永、熊之才主编：《国际私法教学参考资料》（上、下册），北京大学出版社2002年版。

第二,以专门法典或单行法规的形式制定系统的国际私法规范。最早采用这种与《拿破仑法典》不同方法的是 1896 年公布的《德国民法施行法》,此后的 1898 年的《日本法例》与 2010 年我国《涉外民事关系法律适用法》均采用了这种方法。

第三,在民法典或其他法典中列入专篇或专章,比较系统地规定国际私法规范。这种立法形式可以说是《拿破仑法典》的进一步发展。例如,我国《涉外民事关系法律适用法》实施之前的《民法通则》第八章。

第四,在个别单行法规中,就某个方面的涉外民事问题制定有关法律适用的规范。英国的国际私法是此立法类型的代表。英国是以判例作为国际私法主要渊源的国家,其国际私法规范散见于有关单行法规中。例如,1882 年《英国票据法》、1984 年《英国商船法》和 1963 年《英国遗嘱法令》等都有法律适用的专门条款。

从立法技术和实际运用来看,国际私法的国内立法形式,以第二种立法形式最为可取。根据近几年的立法进展情况,以专门法典或单行法规形式制定系统的国际私法规范,将是今后各国国际私法立法的主要趋势和方法。

二、国内判例

所谓判例,是指法院先前对具体案件所作的判决。

1834 年,美国学者斯托里编著出版《冲突法评论》,英国学者戴西于 1896 年编著出版《冲突法论》。其中戴西的著作从 1949 年起由莫里斯(Morris)等人相继修订,到 2000 年已出到第 13 版。目前,英国处理国际私法问题,除已有成文法规定的,主要仍以该书为依据。① 在美国,非官方的律师机构美国法学会(American Law Institute)承担了美国国际私法的编纂任务。1934 年,由哈佛大学法学院教授比尔(Beale)任报告员出版了《美国冲突法重述》(*Restatement of Conflict of Laws 1934*)。1971 年,又由哥伦比亚大学法学院教授里斯(Reese)任报告员出版了《美国第二次冲突法重述》[*Restatement（Second）Conflict of Laws 1971*],1986 年美国法学会又对之进行了修订。②

我国法律未将判例作为法的渊源。然而,在国际私法领域,我们却不能不高度重视判例的重要性,并恰当地运用判例。首先,国际私法领域情况错综复杂,

---

① 中国大百科全书出版社于 1998 年分上、中、下三册出版了由李双元、胡振杰、杨国华、张茂翻译的该书第 10 版的中译本,书名为《冲突法》,计 140 万字。

② 黄进、肖永平、刘仁山主编:《中国国际私法与比较法年刊(第三卷)》,法律出版社 2000 年版,第 710 页。

没有哪一个法律部门像国际私法那样涉及如此广泛而复杂的社会关系，立法者不可能预见并规定一切可能发生的情况，因而光靠成文法不足以应付审判实践的需要，在必要时，应该允许法院通过判例来弥补成文法的缺漏。其次，在民事案件涉及英美等国家的法律时，我们还需要直接援用其判例作为判决的法律根据。最后，国际私法的原则和制度也需要通过判例加以发展。如法国著名国际法学者巴迪福（Bartiffol）就认为，法国的国际私法，便是以《法国民法典》第三条为基础，同时采用法院的判例而形成的。①

三、国际条约

《最高人民法院关于适用〈中华人民共和国涉外民事关系法律适用法〉若干问题的解释（一）》第三条规定："《涉外民事关系法律适用法》与其他法律对同一涉外民事关系法律适用规定不一致的，适用《涉外民事关系法律适用法》的规定，但《中华人民共和国票据法》《中华人民共和国海商法》《中华人民共和国民用航空法》等商事领域法律的特别规定以及知识产权领域法律的特别规定除外。"商事领域的法律一般会对国际条约的适用进行特别规定，如《票据法》第九十五条规定："中华人民共和国缔结或者参加的国际条约同本法有不同规定的，适用国际条约的规定。但是，中华人民共和国声明保留的条款除外。"目前世界上包含国际私法规范的国际条约很多，大致可归纳成以下几大类：

(1)关于外国人法律地位的条约；

(2)关于国际投资和贸易的条约；

(3)关于国际运输的条约；

(4)关于海事的条约；

(5)关于国际支付的条约；

(6)关于知识产权国际保护的条约；

(7)关于婚姻、家庭和继承方面的条约；

(8)关于国际民事诉讼程序的条约；

(9)关于国际商事仲裁的公约。

四、国际惯例

我国商事领域的法律一般会对国际惯例的适用进行特别规定，如《票据法》第九十五条规定："本法和中华人民共和国缔结或者参加的国际条约没有规定

---

① 李双元：《国际私法（冲突法篇）》，武汉大学出版社1987年版，第38页。

的,可以适用国际惯例。"

一般来说,在冲突法领域,并无法律适用方面直接的肯定性的国际惯例。①国际私法方面的国际惯例,大量的是实体法上的有关制度,而且,这些实体法制度主要是在长期国际经济贸易实践基础上逐渐产生的,后来又经过统一编纂和解释而变得更为准确的国际商事惯例,例如《国际贸易术语解释通则》与《国际商事合同通则》。

五、一般法理、国际私法之原则及学说

早在1939年《泰国国际私法》第1条就规定:在法无规定时,允许适用国际私法的一般原理。而在国际商事仲裁中,允许友好仲裁和依公平原则仲裁,从实质上讲,也就是根据一般法理来裁断争议。

学说则是指通过著作表现出来的法学家的个人主张,依《国际法院规约》第38条,它只能"作为法律原则之补助资料"。但在国际私法方面,由于很多制度和规则尚处于形成、发展的阶段,司法机关将学说理论作为解决实际问题的指导和根据乃常见的现象,这在以判例为主的普通法中更为突出,如戴西和莫里斯的《冲突法》《美国第二次冲突法重述》。

第四节 国际私法的基本原则

一、主权原则

主权原则本是调整国际关系的最基本原则,但由于国际私法所调整的也是一种涉及不同国家立法、司法管辖权的关系,因此,主权原则也是国际私法的一项基本原则。主权原则要求在处理涉外经济、民事关系时,必须贯彻独立自主的方针。

根据这一原则,任何主权国家都有权通过国内立法或参加国际立法,规定自己的冲突法制度。

根据这一原则,主权国家在遵守国际习惯法的一些基本限制的前提下,有权通过国内立法或参加国际立法,规定自己的国际民事诉讼制度。

不少学者曾阐述过,国际私法是在坚持国家主权原则的基础上发展起来的。国际私法的发展史表明,只有在所涉国家都具有主权上完全平等的地位,并具有

---

① 李双元:《国际私法(冲突法篇)》,武汉大学出版社2001年修订版,第62—64页。

独立的立法和司法管辖权的情况下,才会发生法律适用上的冲突,才会有进行法律选择的必要。

国际私法许多冲突原则与制度的产生和确立,也都直接受主权原则的制约。

当然,应该看到,强调必须把主权原则作为国际私法的首要原则,并不意味着国家在处理涉外民商事关系时,可以为所欲为而不受任何限制或约束。在当今世界,主权国家为了进行国际合作,发展彼此间平等互利关系,其主权的行使显然还应受到国际条约或国际惯例的限制与约束。

二、平等互利原则

国际私法中的平等互利原则要求在司法机关处理涉外民事关系时,应从有利于发展国家间平等互利的经济交往关系出发。根据这一原则,首先,各国民商法应有平等的地位,在可以而且需要适用外国法时就予以适用;其次,要求承认外国当事人平等的地位,他们的合法权益受到同等保护。

随着国际经济联系规模的不断扩大和科技合作的全面发展,国际私法关系将成为国际社会中越来越重要的法律关系。在处理这种法律关系时,要求贯彻平等互利的原则,也将日益显得突出和重要。这是因为在当前,一个统一的世界市场正在形成,各国在经济、贸易、资金、技术等方面都处在一种息息相关、相互联系、相互补充的关系之中。任何国家要得到经济、技术上的迅速发展,就必须诚恳地同别国合作,因此也必须在处理经济、技术和人员交往过程中的各种国际私法关系时,自觉地贯彻平等互利的原则。

三、国际协调与合作原则

在这个全球化的时代,难以设想一个国家根据自己的法律赋予当事人权益,被其他国家任意否定或取消;同样也难以想象一国法院作出的国际私法判决或裁决不需要其他国家的承认与协助执行。因此,在 21 世纪的国际私法关系中,国际社会本位的理念,或者说国际协调与合作的原则的地位必然会大大提升。

四、保护弱势当事人合法权益的原则

人类社会虽已进入知识经济时代,但发达国家和发展中国家的贫富差距,资本和技术输出国与输入国经济实力的差距,每个国家的人口中富人和穷人的差异、雇主与劳动者的差异,以及企业与消费者、男性与女性、父母与子女之间的利益差异都还存在,因此,在国际私法处理上述种种跨国性的私法问题时,强调保护弱势当事人合法权益的原则不应该被视为一个无关紧要的问题。事实上,许多新近国际私法的国内和国际立法,都力求在有关制度中贯彻这一原则。

扩展阅读:

1. 谢石松:《论国际私法与国际经济法的关系》,《政法论坛》2001 年第 2 期。
2. 肖永平、谭岳奇:《西方法哲学思潮与国际私法理论流变》,《政法论坛》2001 年第 1 期。
3. 黄进、何其生:《电子商务与冲突法的变革》,《中国法学》2003 年第 1 期。
4. 沈涓:《中国国际私法立法问题》,《法学研究》2004 年第 2 期。
5. 宣增益:《国际私法中主权原则的承载及变迁》,《政法论坛》2006 年第 1 期。
6. 丁伟:《涉外民事关系法律适用法与"其他法律"相互关系辨析》,《政法论坛》2008 年第 3 期。
7. 田立晓:《海牙国际私法会议及其公约的发展趋势》,《政法论坛》2009 年第 3 期。
8. 黄进:《中国涉外民事关系法律适用法的制定与完善》,《政法论坛》2011 年第 3 期。
9. 陈卫佐:《法院地国家国内法中的冲突规则与国际条约的关系》,《法学研究》2013 年第 2 期。
10. 杜焕芳:《国际私法条约解释的路径依赖与方法展开》,《中国法学》2014 年第 2 期。
11. 宋晓:《国际私法与民法典的分与合》,《法学研究》2017 年第 1 期。

本章习题:

1. 国际私法主要是解决　　　　　　　　　　　　　　　　　　(　)
A. 法律的区际冲突。　　　　　　　B. 法律的时际冲突。
C. 法律的人际冲突。　　　　　　　D. 不同国家之间的法律冲突。
2. 当事人往往因宗教不同而适用不同的婚姻法,从而也可能产生法律冲突,这种法律冲突被称为　　　　　　　　　　　　　　　　　(　)
A. 区际法律冲突。　　　　　　　　B. 时际法律冲突。
C. 人际法律冲突。　　　　　　　　D. 国际法律冲突。
3. 在国际私法包括的各类法律规范中,占主导地位的是　　　(　)

A. 规定外国人民事法律地位的规范。

B. 冲突规范。

C. 统一实体规范。

D. 国际民事诉讼和国际商事仲裁规范。

4. 无论在历史上还是在今天,国际私法最主要的渊源当推 （　　）

A. 国际惯例。　　　　　　　　　　B. 国际条约。

C. 国内判例。　　　　　　　　　　D. 国内成文法。

5. 国际民商事关系的特点有 （　　）

A. 产生于国际民商事交往过程中。　B. 平等主体间的私法关系。

C. 具有涉外因素。　　　　　　　　D. 范围广泛。

6. 关于国际私法的名称,下列说法正确的是: （　　）

A. 大陆法系一般称为国际私法。　　B. 英美法系一般称为冲突法。

C. 德国最早称为民法施行法。　　　D. 法国最早称为法则区别说。

7. 法律冲突。（名词解释）

8. 国际私法。（名词解释）

9. 简述国际私法调整涉外民事关系的途径。（简答）

10. 简述国际私法协调与合作原则的基本内容。（简答）

参考答案

1	2	3	4	5	6	7	8	9	10
D	C	B	D	ABCD	ABC	略			

第二章 冲突规范和法律选择

第一节 冲突规范

一、冲突规范的概念

冲突规范(conflict rules),又称法律选择规范(choice of law rules)或法律适用规范(rules of application of law),是指定涉外民事关系应该适用哪一国法律作为准据法的法律规范。

由于在统一实体法规范产生之前,冲突规范是国际私法唯一的规范形式,所以有的学者的著作,乃至有的国家的法规、国际条约,就称冲突规范为"国际私法规则"(rules of private international law)。例如《联合国国际货物销售合同公约》第 7 条第 2 款就规定:"凡本公约未明确解决的属于本公约范围的问题,应按照本公约所依据的一般原则来解决。在没有一般原则的情况下,则应按照国际私法规则规定适用的法律来解决。"其中的"国际私法规则"专指冲突规范。

经冲突规范指定用来具体确定涉外民事关系当事人的权利与义务的特定法域的实体法,称为调整该涉外民事关系的准据法(lex causae 或 applicable law)。

二、冲突规范的特点

第一,冲突规范不同于一般的实体法规范。冲突规范仅指定某种涉外民事关系应适用哪国法律,并不直接规定当事人具体的权利与义务关系,它必须与被其指定的那一国家的法律规范结合起来,才能最终确定当事人的权利与义务关系,完成解决涉外民商事争议的任务。因此,它不同于直接确定当事人权利与义务关系的实体法规范,而是一种指定实体问题应适用哪国法律的间接规范。

正因为如此，有些学者认为它只是一种关于技术的制度，而不是行为规范。但是，我们说冲突规范是间接规范，只是从此种规范不直接规定当事人权利义务关系的角度而言，并不能得出它不是行为规范的结论。因为冲突规范仍然是对当事人和法院活动作出的指令，它要求当事人和法院在处理假定部分所提出的问题时，必须按它的指令去做，即或适用国内法，或适用某一国外法。如果不按照冲突规范的指令去做，其直接后果将导致民事法律关系的无效或法院判决的无效。不过，冲突规范要成为一种明确、具体的行为规则，它还必须与被它指定的另一规范结合起来。

第二，冲突规范不同于一般的程序法规范。虽然它主要是规定法官应适用哪国的法律，但它与以诉讼关系为调整对象的程序法规范有实质性的区别。在国际私法中，为了把冲突规范跟它所指定作为准据法的法律规范相区别，往往把冲突法与实体法并提，这就更容易使人产生冲突规范是与实体规范不同的程序规范的错觉。

第三，冲突规范具有不同于一般法律规范的结构。一般的法律规范，其逻辑结构都包括假定、处理（指令或命令）和制裁三个部分。假定部分表明该行为规则适用的对象或范围；处理部分指出该行为规则的本身，即允许怎么做，不允许怎么做；制裁部分规定违反该行为规则的后果。然而冲突规范不包括一般法律规范逻辑结构中的"处理""制裁"或"法律后果"部分。例如"人的行为能力依其本国法"和"侵权行为适用侵权行为地法"这两条冲突规范，其结构是很不完备的，其中只有假定部分是明了的，其处理与制裁都有待依各冲突规范援引的准据法确定之后才能知晓。冲突规范这种特殊逻辑结构，并不意味着其结构上有缺陷，而是它发挥间接调整涉外民事关系作用所必需的。

三、冲突规范的结构

在规定的结构形式上，冲突规范只包括两个部分，即由范围和系属两个部分组成。例如，《涉外民事关系法律适用法》第十二条规定"自然人的民事行为能力，适用经常居所地法律"，其中"自然人的民事行为能力"是它的范围，"经常居所地法律"是它的系属。

范围又称指定原因或连接对象，是每一具体冲突规范所要调整的民事关系或所要解决的法律问题。而系属则是指某一类型法律关系应隶属某一国家或地区的法律支配的意思。准据法是通过连接点的指引来确定的。所以，连接点在冲突规范中具有至关重要的作用，它是冲突规范中就范围所指法律关系或法律问题指定应适用何地法律所依据的一种事实因素。在国际私法中，必须给不同的涉外民事关系提供一个甚至一个以上选用法律的明确的连接点。

四、冲突规范的类型

在国际私法学中,根据冲突规范对应适用法律指定的不同,可以把它们划分为四种基本的类型:单边冲突规范、双边冲突规范、重叠适用准据法的冲突规范和选择适用准据法的冲突规范。

单边冲突规范(unilateral conflict rules)是直接规定某种涉外民事关系只适用内国法或只适用外国法的冲突规范。例如我国《民法典》第四百六十七条规定:"在中华人民共和国境内履行的中外合资经营企业合同、中外合作经营企业合同、中外合作勘探开发自然资源合同,适用中华人民共和国法律。"

双边冲突规范(bilateral conflict rules,allsided conflict rules)不规定对什么问题在什么场合适用内国法或外国法,而是抽象地规定一个待认定的连接点,表明什么问题应适用什么地方的法律,至于这一法律,可能是内国法,也可能是外国法,全取决于连接点之所在。例如,我国《涉外民事关系法律适用法》第十二条规定"自然人的民事行为能力,适用经常居所地法律",这便是一条典型的双边冲突规范。其中"经常居所地"是一个待认定的连接点:如果经常居所地在中国,就适用中国法律;如果经常居所地在某外国,则适用某外国法律。

重叠适用准据法的冲突规范(double rules for regulating the conflict of laws)要求在处理"范围"中指出法律关系或法律问题时,必须同时适用或符合两个或两个以上国家的法律。例如,1902 年在海牙订立的《离婚及分居法律冲突与管辖冲突公约》第 2 条第 1 款规定:"离婚的请求非依夫妻的本国法及法院地法均有离婚的理由的,不得提出。"这表明,离婚理由必须同时适用夫妻的本国法和法院地法,只有两者均认为有离婚理由时,才准许当事人提出离婚请求。

选择适用准据法的冲突规范(choice rules for regulating the conflict of laws)是由两个或两个以上连接点指引的可供选择的国家的法律,法院或当事人可以选择其一作为"范围"中限定的涉外民事关系的准据法。如我国《涉外民事关系法律适用法》第三十九条规定:"有价证券,适用有价证券权利实现地法律或者其他与该有价证券有最密切联系的法律。"

第二节　准据法表述公式和连接点

一、准据法表述公式

从前述各种基本类型的冲突规范来看,在其指定应适用的准据法时,连接点具有决定性作用。由于单边冲突规范对应适用内国或外国法律已作了具体明确的指定,因而并不需要凭借某种公式来加以表述。但在双边冲突规范中,对指定的准据法是通过一些含有特定内容的公式加以表述的。对于这种表述公式,国内一些著述称之为"系属公式",但不如径称为"准据法表述公式"更为贴切易懂。

常见的准据法表述公式有属人法、行为地法、物之所在地法、旗国法、法院地法、当事人自主选择的法律、与案件和当事人有最密切联系的法律等。

1. 属人法(lexpersonalis)

属人法指以民事关系当事人的国籍或住所作为连接点的准据法表述公式。一般用来解决人的身份、能力及亲属、继承关系等方面的法律冲突。属人法又有"本国法"(即"国籍国法")和"住所地法"之分。

2. 行为地法(lexlociactus)

行为地法指法律行为发生地所属法域的法律。它起源于"场所支配行为"(locus regitactum)这一法律古训,通常用来解决行为方式的有效性问题。行为地法又可细分为以下主要几种:(1)合同缔结地法,通常用于解决合同方式、合同内容的有效性及合同是否成立等问题;(2)合同履行地法,主要用于解决合同履行方面的细节问题;(3)侵权行为地法,用来解决侵权行为之债的法律冲突问题;(4)婚姻缔结地法,一般用于解决婚姻方面特别是婚姻形式要件的法律冲突问题;(5)立遗嘱地法,主要用来解决遗嘱方式的有效性问题。

3. 物之所在地法(lexreisitae 或 lexsitus)

物之所在地法指作为民事关系客体的物所处法域的法律,常用来解决物权关系,尤其是不动产物权关系的法律冲突。

4. 法院地法(lexfori)

法院地法指审理涉外民事案件的法院所在地法域的法律。法院地法并不仅用于解决程序问题,对各种实体问题适用法院地的实体法是各国一直存在的司法倾向。

5. 旗国法(law of the flag)

旗国法指船舶悬挂的旗帜所属国家的法律。它常被用来解决船舶在运输过程中发生的涉外民事纠纷的法律冲突问题,但是航空器则适用其所属国法律。

6. 当事人自主选择的法律(lexvoluntatis)

这是指当事人双方合意选择的那个法域的法律,又叫作"意思自治"原则,是当今大多数国家确定涉外合同准据法的首要原则。现在,有些国家还允许当事人就合同领域以外的民事关系自主选择适用的法律。

7. 与案件或当事人有最密切联系的法律(the law with which the action or the party has its closest connection)

适用与案件或当事人有最密切联系的法律,也可称之为"最密切联系原则",既是一个法律选择的指导原则,同时更作为一个灵活的开放型的准据法表述公式大量出现于各种新近颁布的冲突法之中。

二、连接点

在准据法表述公式中,连接点起着决定性的作用。在制定冲突规范或解决法律选择问题时,都要把一定的民事关系和某一特定的法律联系起来,才能确定应该适用的准据法。而这种联系,正是通过连接点的确定来实现的。

连接点(connecting points)或连接因素(connecting factor)就是指冲突规范就范围中所指法律关系或法律问题指定应适用何地法律所依据的一种场所化或可场所化的事实因素。通常这些事实因素是用"国籍""住所""习惯居所""缔约地""履行地""侵权行为地""婚姻举行地""物之所在地"这样一些含有场所意义的概念加以表示。但是,如果只把连接点当成一些含有空间场所意义的事实因素,"当事人的自主选择"或"当事人意思自治"不能作为连接因素,这就过于片面了。"当事人的自主选择",在实质上也正是把特定法律关系应适用的法律场所化(localization),交由当事人自主选择法律的过程。与此相同,目前把"与案件和当事人具有最密切的联系"作为一种连接点,也就是让法官根据这一原则把应适用的法律场所化的过程。

在冲突规范中,连接点的意义表现在两个方面:从形式上看,连接点是一种把冲突规范中"范围"所指的法律关系与一定地域的法律联系起来的纽带或媒介;从实质上看,这种纽带或媒介又反映了该法律关系与一定地域的法律之间存在着内在实质的联系或隶属的关系。

第三节　法律选择的方法

冲突法的作用在于就不同法律关系应该适用的准据法,在内外国法律间作出选择。但是,立法者在制定各种冲突规范或法院在处理涉外民事纠纷时,究竟根据什么方法作出选择,运用各种各样指定准据法的连接因素,应该说,都不是任意而为的,而是有着客观上的标准作为依据的。那么,在实践中到底有哪些标准呢?这个问题的探讨,对指导中国国际私法的立法与司法实践显然具有重大意义。

根据国际私法不同时期的不同学说、实践和判例，我们可以把指导法律选择的方法作不同的分类，这里暂且把它概括为七种方法，并分别加以简单介绍。

一、依法律的性质决定法律的选择

早在 13—14 世纪，巴托鲁斯在创立法则区别说时就提出应依法律具有"物法"或"人法"的性质分别决定其域内域外适用的效力。巴托鲁斯认为，法院在处理涉外案件时，是否适用外国的法律，主要从分析所涉各国有关实体法规定的性质入手。如果该实体法具有物法的性质，便只能在制定者领域内适用；如果该实体法具有人法的性质，则它亦可在域外适用。为了判定某一实体法是物法规定还是人法规定，他主张从分析该法条的文句结构入手。尽管巴托鲁斯以文句主词决定法律适用的论断近乎天真，也属悖谬，但在实际生活中，有些法律侧重于保护立法者领域内的物权关系，有些法律侧重于保护自己领属的公民和住所者，这种情况是存在的。例如，在国际私法中，"不动产依不动产所在地法"这一规定，就是基于各国法律都严格保护位于各自领域内的不动产这种情形而规定的；而"人的能力依其属人法"这一规定，显然在于保护个人依其属人法已取得的某些权利。因此，根据不同法律规范的不同性质来决定其域内域外的效力，是一贯为国际私法的理论与实践所肯定的。

目前各国在实践中都坚持凡属公法性质或公共秩序的法律，均具有绝对的域内效力，但在域外则不一定有效力。此外，在处理涉外民事争议时，考虑它所涉及的内国法和外国法究竟是强行法或任意法，是属地法或属人法，然后决定选择哪一国的法律，都是很有价值、很重要的方法。

二、依法律关系的性质决定法律的选择

这是萨维尼首创的理论。他认为，法律的选择应该从探寻各法律关系的"本座"（seat）着手，一切法律关系都有其"本座"，"本座"因法律关系的性质而各不相同，"本座"所在地的法律便是最适合各法律关系的准据法。萨维尼曾分析了源自罗马法的一切法律关系，并确定了它们各自的"本座"法，对推动冲突法的立法起到很大的作用。

被誉为"近代国际私法之父"的萨维尼的法律关系本座说，较之统治了欧洲四五百年的法则区别说，确实开创了一条法律选择的新路子。这首先表现在他完全抛弃了法则区别说的方法论，不再从"物法""人法"这种法律本身的性质入手探究内外国法律的适用问题，而是从法律关系本身的性质出发分析它们应适用的法律。其次，依据"本座"说，自然会得出国际私法是国际法的结论，因为萨

维尼认为同一法律关系的"本座"只有一个,各国处理同一法律关系时也应只适用同一国家(即"本座"所在)的法律。最后,立法者规定的指导法律选择的冲突规范也都应该是一些双边冲突规范。

萨维尼关于法律选择的新路径,对后世的国际私法理论与实践都发生了深刻的影响。直到目前,民法法系各国在制定国际私法法典时,虽然抛弃了"本座"的提法,但基本上仍遵循他的方法,只是为了克服他的学说中显然不科学的成分,许多学者又在其基础上提出了"法律关系重心说""最密切联系说"等种种新的理论。

三、依最密切联系原则决定法律的选择

这一方法,一方面可以说是萨维尼方法论的发展,因为依此种方法,应适用的虽不是"本座"所在地的法律,却仍然是根据多方面的因素来选择与该法律关系有最密切联系的法律。另一方面这种方法又是对萨维尼理论的彻底否定。按萨维尼的观点,每一法律关系必然有而且只能有一个"本座",因此,可以而且必须建立起一整套机械的法律选择规范的体系,而依最密切联系原则,则恰恰反对建立这种机械的法律选择规范,一切都应由法院依据具体情况,或在立法者提供的某些标志的指导下去判断。

依最密切联系原则指导法律选择,在新近的理论与实践中越来越得到肯定。

1978年《奥地利国际私法法规》将最密切联系提高到了基本原则的高度,其第1条开宗明义地规定"与外国有连接的事实,在私法上,应依与该事实有最强联系的法律裁判",并且申明该法规"所包括的适用法律的具体规则",都"应视为体现了这一原则"。

1971年《美国第二次冲突法重述》也认为,美国法院应根据"最重要联系"(the most significant relationship)原则来决定法律的适用。整个第二次重述也是建立在以最密切联系原则作为指导法律选择的指导思想的基础之上的。

1986年《德国民法施行法》在关于婚姻的效力(第14条)、关于合同之债(第28条)、关于雇佣合同以及个人雇佣关系(第30条)等领域都采用了最密切联系原则这个灵活性、开放性的连接点来指引应适用的法律。

这种方法在一些国际条约中也得到了反映。例如1980年欧洲经济共同体《关于合同债务法律适用公约》第4条规定,合同适用当事人选择的法律;如当事人未作选择,则适用与合同有最密切联系国家的法律,并规定了最密切联系国家具体是指哪些国家。

依据最密切联系原则选择法律,能够顺应当前涉外民事关系复杂多变的客观形势的需要,可以避免用某一硬性、僵固连接点指引准据法导致的不切合案件

实际情况或不符合案件公正合理解决的情况发生,因此这种方法确实具有明显的优越性。

但是,正如欧洲当前许多国际私法学者所评论的那样,也不宜把这一原则的作用过分夸大而完全否定用其他连接点指引准据法的意义。如果这样,整部国际私法便将由这一个冲突规则所取代。更何况在判断某一法律关系与哪一国存在最密切联系时,需要考虑的因素可能是广泛的,法官有很大的主观任意性。

因此,为了使冲突规范变得更灵活而又不失法律适用上的相对稳定性,目前许多国家在立法时将它当作一种总的指导原则,制定每一法律关系应适用法律的冲突规则时,尽可能选取那个(些)最能体现密切联系的连接点;同时又将它当作一种补充,仅当立法中指定的连接点不存在时,才允许法官依此原则选择法律,以适当限制法官的自由裁量权,并提高法律适用的可预见性和稳定性。

四、依"利益分析"决定法律的选择

"利益分析"(interest analysis)又称"政府利益分析"。这一方法是美国学者柯里(Currie)教授在他 1963 年出版的《冲突法论文集》中提出来的。柯里极力反对通过冲突规范来选择法律,认为"最好抛掉冲突法规则",而采用他的"利益分析"方法就有关国家的实体法规则直接作出选择。

柯里的利益分析方法与传统法律选择方法的显著区别,在于他透过法律冲突的表象分析其背后的利益冲突,然后根据利益冲突的情况来决定法律的适用。例如他认为:

> 在要求法院适用不同于法院地的其他州(国家)的法律时,法院便应审查该法律所体现的政策,以及有关州(国家)能合理主张它对案件中执行这些政策存在着利益的情况;
>
> 如果在审查时,发现只有一个州(国家)有这样的利益,而其他州(国家)无利益,法院便应适用这唯一有利益州(国家)的法律(这种情况,柯里称"虚假冲突");
>
> 如果发现两个州(国家)存在着明显的利益冲突(柯里称"真实冲突"),法院便须反复审查,以考虑是否能对其中一个州(国家)的政策和利益作限制性的解释以及其他可以避免(利益)冲突的方法;
>
> 如经反复审查,认为两个州(国家)的合法利益冲突仍然不可避免,便应适用法院地的法律;

在法院地无利益的情况下,不可避免的利益冲突只存在于他州(国家)之间,且法院又不能以公正为理由拒绝审理该案,法院也应适用自己的法律,直到人们能够提出更好的办法。

依柯里的上述主张选择法律,显然会扩大法院地法的适用范围。因此,尽管他认为依利益分析方法选择法律是合理的,而实际上法院总会在案件中找出理由认为自己州的利益是优先的。应该说,这是他的理论一个不可克服的矛盾。但是,柯里的理论终究在一定程度上揭示了国际私法的实质:传统的理论几乎全用一些被认为普遍适用的抽象规则来掩盖法院在选择法律的过程中必须首先考虑的问题,即选择什么法律才符合国家对内对外政策上的利益。国际私法上要处理的问题,表面上看是不同法律之间的冲突,但这种法律冲突的背后,却存在着不同国家的利益冲突。也正因如此,在国际私法关系中,不管人们提出多么冠冕堂皇的理由,无论立法者还是司法者,都不会从什么超社会或超国家的立场上去选择应适用的法律。但在 21 世纪,由于全球化观念和人类社会整体利益观念的加强,在依据"利益分析"来确定法律的选择时,应当期望"国际社会本位"的思想在作这种分析时起到更重要的作用。[①]

但用"利益分析"选择法律,其实质就是把传统冲突规范中表示空间场所意义的连接点(如行为地、物之所在地、当事人的国籍或住所等),改为用政府利益之有无、大小作为选择法律的标准。所以,仍然是一种间接调整的方法,并不能用它来取代传统的冲突法制度。更何况,如果采用柯里上述解决利益冲突的方法,常常会导致许多国际私法学家一直反对的法院地法优先的结果。

目前,这一方法常用以实现国家对特定民事关系的司法政策。如 1984 年施行的《秘鲁民法典》第 2083 条便采用了这种连接点来构成间接调整的冲突规范。它规定:"婚姻中子女地位的确认,依婚姻举行地法或子女出生时婚姻住所地法,视其中何者最有利于子女的准正。"其他如 1978 年《奥地利国际私法法规》第21、22 条,1979 年《匈牙利国际私法》第 12、46 条等,都采用了"利益分析"作为指引准据法的连接点,以保护弱势当事人的利益。

五、依案件应取得的结果决定法律的选择

这种方法也是一种就所涉各国实体法规则直接进行选择的方法。20 世纪30 年代至 70 年代初,美国掀起了一股抨击传统冲突法的浪潮,指责传统的"管

---

① 《21 世纪国际社会法律发展的展望》等文的有关部分,载李双元:《走向 21 世纪的国际私法——国际私法与法律的趋同化》,法律出版社 1999 年版。

辖权选择方法"会导致不公正的后果和"虚假冲突"的情况,因而主张采用"规则选择方法",并且认为,法院在选择法律方面,不应该是无所事事、消极被动的,它既然在处理一项争议,就不能不考虑自己的选择会给争议带来怎样的结果,否则就不能作出明智的选择。凯弗斯认为,在依规则选择方法直接就有关国家的实体法规则进行选择时,如经查明某国(州)法律的适用能使案件得到公正的解决,即可适用。反之,如发现其适用会违反自己的社会政策,则应由法院地的法律来决定如何解决该争议。但在这种场合,即使改为适用法院地实体法,也是规则选择的结果,而不必根据什么反致或公共政策制度来机械地排除外国法的适用。由于这种规则选择方法要求从案件取得公正的结果出发,因而又被称为"结果选择法"。

尽管规则选择方法追求案件的公正结果有其可取之处,但法官总是为一定的利益服务的,他们总会站在自己国家的立场去衡量什么是公正,什么是"更好的"法律,什么才是自己所追求的社会目的,不可能有超社会的"公正",也不会有某种衡量"更好法律"的普遍标准。

但由于立法者只是通过硬性的连接点指定准据法,对实体法的内容毫无了解,"管辖权选择规则"很难达到保护它所要保护的利益的目的,而"结果选择规则"恰好相反,故有利于实现"实质正义"。在美国的"冲突法革命"和欧洲"静悄悄"的改良运动中,终于逐渐出现了大量在"管辖权选择规则"中附上"内容导向"或"结果导向"的补充规定,来克服前者的上述缺陷。这也是20世纪末冲突法改革中十分具有积极意义的成果之一。

六、依有利于判决在外国得到承认与执行和有利于求得判决一致决定法律的选择

国际私法的一个重要目的在于涉外民事关系的稳定性,因而在选择法律时,如果该案的判决需要在国外执行或得到承认,就不能不考虑有关国家在这个问题上的国际私法规则。许多国家对此都有明文规定。法国的实践认为,如果外国法院作出的判决在法律适用上不符合法国冲突法的规定,是不能得到法国法院的执行的。1877年《德国民事诉讼法》第328条也有类似规定,只不过它只适用于外国法院因适用了与德国不同的冲突规范并且判决是不利于德国当事人的场合。

其实,即使在没有这种限制的国家,如果外国法律规定与内国的公共秩序相抵触,该外国判决也是得不到内国的承认与执行的。

因此,在选择法律时,依是否有利于判决在外国得到承认与执行作出判断,是一个十分重要的方法。

许多国际私法学者还认为,为了国际私法的前途,各国必须携手致力于达成"判决一致"(harmony of decision)的最高目标,因此主张法院在审理涉外民事案件时,应从这方面着眼进行法律的选择。做到了这一点,不但涉外民事关系的稳定性能得到保证,而且判决也肯定能够得到有关国家的承认与执行。

必须指出的是,尽管此种方法在实践上是有意义的,达成判决一致诚然也是涉外民事关系的稳定与安全所需,但如果把追求判决一致当作国际私法的目的,甚至是唯一目的,那只是把国际私法看作是国际法学者的一家之言。在实际生活中,除了受条约约束外,谁也无法保证所涉各国都会根据同一个冲突原则去选择法律。在当前的国际社会里,不同社会制度的国家,同一社会制度下的不同国家,甚至同一国家在不同的国际政治经济形势下常常并不关心这种判决一致,而且更注重依冲突规范指定法律的适用结果与本国的涉外民事领域所奉行的政策目的的一致。在实践中如果片面强调追求判决一致,法院地有时就必须牺牲内国法律适用的一致,而这种牺牲的代价是很大的,因而也是各国不愿意做的。

七、依当事人的自主意思决定法律的选择

以当事人的自主意思作为指引涉外合同准据法的连接点,即国际私法上有名的"意思自治"原则,是 16 世纪法国学者杜摩兰(Charles Dumoulin,1500—1566)率先提倡的。目前合同准据法的选择主要依照"意思自治"原则,已成为全世界通行的制度。

总之,上述七种选择法律的方法,都是在选择涉外民事关系准据法时可供利用的方法。由于客观情况错综复杂,而且涉外民事关系也在不断发展变化,国际私法的历史已经证明,许多学者试图设计出某种选择法律的方法,用它去解决国际私法中碰到的一切问题,是没有一个成功的。国际私法的历史还证明,往昔那种对各种法律关系都只分别采用一个连接点去指引准据法的做法,也因新的复杂情况的出现而不断被否定。现实的涉外民事关系是复杂多样的,必须运用多种不同的法律选择方法,考虑多种多样的因素,才不会使法院在处理涉外民事案件时无所适从或迷失方向。

第四节　识　别

一、识别的概念

国际私法中的识别,是指依据一定的法律观点或法律概念,对有关事实情况

的性质作出"定性"或"分类"，把它归入特定的法律范畴，从而确定应援用哪一冲突规范的法律认识过程。这一法律认识过程，包括两个相互制约的方面：一是依据一定的法律正确地解释某一法律概念或法律范畴，二是依据这一法律概念或法律范畴正确地判定特定事实的法律性质。

识别的过程，从适用法律的角度而言，便是判定事实性质，确定它是不是一个法律问题，是一个什么性质的法律问题的过程：是刑事的还是民事的问题，是纯国内的还是涉外的民事问题，是属于人的能力问题还是行为有效性问题，是物权还是债权问题，是继承关系还是夫妻共同财产分割问题等。如果确定该案件是含有涉外因素的民事案件，是一个国际私法上的问题，并且对事实的性质作出了法律分类，例如，认为它属于继承问题，这就应该根据有关继承的冲突规则，例如"继承，适用死者死亡时的本国法"，而援用有关国家的实体法来对案件作出裁判。因此，在国际私法中，识别是解决援用哪一个冲突规范的前提。识别的过程，既包含正确解释法律概念的一面，又包含依据对法律概念的解释去判定有关事实应归入哪一法律范畴的一面。这两个方面是密切地交织在一起的。①

二、识别的提出

在国际私法实践中，需要依据一定的法律观点或概念对有关事实的法律性质作出识别，是德国法学家卡恩（Franz Kahn）和法国法学家巴丁（Bartin）相继于 1891 年和 1897 年提出的。而后，劳伦森（Lorenzen）和贝克特（Beckett）分别于 1920 年和 1934 年将之介绍到美国和英国的国际私法学界。识别问题的产生，据卡恩和巴丁认为，有时即令两个国家规定了相同的冲突规范，但由于两国的冲突规范中的法律概念有不同的内涵，也会对同一事实的法律性质作出不同的分类，从而导致适用不同的冲突规范。卡恩把这种冲突叫"隐存的冲突"（latent conflict），巴丁称之为"识别冲突"。后来，戴西和莫里斯则直接称之为"冲突规范的冲突"（conflict between conflict of laws），并且认为，即使全世界各国都适用统一的冲突规范，但只要他们的法律观点或法律概念仍然不同，在包括同一事实构成的案件中，他们对事实的法律性质仍会有不同的认识，这种冲突还是要发生的。

---

① 识别对确定案件的管辖权同样具有重要作用。如在中国技术进出口总公司诉瑞士工业资源公司侵权损害赔偿纠纷上诉案中，上海市高级人民法院即坚持将该项纠纷识别为侵权，主张由我国法院管辖，而驳回了瑞士工业资源公司认为该项纠纷属合同争执要求排除中国法院管辖的主张。载《最高人民法院公报》1989 年第 1 号。

不过巴丁认为识别只限于对范围内的法律关系的解释,而不包括对连接点的解释。此说被称为限制说,沃尔夫也支持这种观点。而卡恩则认为对冲突规范中的法律关系(范围)和连接点都需要作出识别。贝克特赞同此说。

一般认为,在国际私法中,识别问题的产生,是由于下述各种情况的存在。

第一,对于同一事实,不同国家的法律赋予它不同的法律性质,从而导致适用不同的冲突规范,得出相互抵触的判决结果。这方面一个广为人知的案例便是 1908 年英国法院受理的奥格登诉奥格登一案(Ogden v. Ogden)。该案事实为一个住所在法国的 19 岁法国人,未经其父母同意,赴英国与一住所在英国的妇女结婚,后丈夫以未经父母许可为理由认为他无结婚能力并且经法国法院判决婚姻无效(法国判决认为"未满 25 岁的子女未得父母同意不得结婚")。而后该女与一住所在英国的英国人结婚。在本案中,该英国原告以他与该女结婚时,她还有合法婚姻存在而请求英国法院宣告他们的婚姻无效。结果英国上诉法院依英国法将法国法规定的此种"同意"识别为婚姻形式要件,且英国法无此种限制,依据结婚的形式要件适用了婚姻举行地法,故认定该妇女前婚有效,满足了原告的请求。可是如果依法国法识别婚姻能力问题,由于婚姻能力应适用英国法上的另一条冲突规范,"婚姻能力适用当事人住所地法",即法国法,那就要承认法国法院的离婚判决,而驳回原告的请求。

像这种赋予同一事实不同法律性质的情况在各国实体法中比比皆是。

第二,不同的国家对冲突规范中包含的名词概念的理解不同。任何一条冲突规范的范围和连接点都是用一些法律概念表示出来的,有时即便表面上相同,但实际上各国的理解是不同的。例如,尽管各国都主张"不动产适用不动产所在地法",但对什么是不动产,各国的理解是不完全一致的,荷兰就把蜂房也视为不动产。又如,各国法律一般规定"合同形式适用合同缔结地法",但对合同缔结地,各国理解也可能是不同的,英国认为承诺地是合同的缔结地,而德国则把要约发出地视作合同缔结地。对侵权行为地这个连接点的理解也是如此,有的国家视加害行为地为侵权行为地,有的国家则认为侵权行为地为损害结果发生地。因此,对范围和连接点中的法律概念作不同的识别,也导致适用不同的法律。

第三,不同国家的法律还往往把具有共同内容的法律问题分到实体法或程序法的不同法律部门。由于程序法一般只适用法院地法,而实体法问题需依各种不同性质的法律关系另行确定准据法,因而作不同识别也往往导致适用不同的冲突规范,得出相互抵触的判决结果。

这方面一个典型的案例是英国法院受理的 1933 年的普拉扬诉柯伯案(Prayon v. Koppel)。该案为一个以德国法作准据法的合同,已过德国法规定的时效期限,但未过英国法规定的时效期限。如依德国法进行识别,时效问题属实体法范畴,时效已过,引起实体权利的消灭,而合同的实质问题应适用合同准据法即德国法,判被告胜诉;但如依英国法识别,时效属程序问题,应适用作为法院地法的英国法。结果英国法院依英国法识别。

第四,由于社会制度或历史文化传统的不同,还会出现一个国家所使用的法律概念是另一个国家法律所没有的情况。例如,大多数国家在国内法中只有一夫一妻制婚姻;但也有些国家承认一夫多妻或一妻多夫是合法婚姻;许多国家有占有时效的制度,而中国只有诉讼时效制度,因而也需进行识别确定应适用的法律。

三、识别的依据

为了解决识别冲突,国际私法学家对识别的依据曾提出了种种不同的学说,归纳起来主要有如下几种。

1.法院地法说

以法院地法作为识别的依据是卡恩和巴丁的主张,得到了许多国际私法学者的赞同和多数国家实践的肯定。主张法院地法说的主要理由是国际私法是国内法。例如,卡恩认为,一个国家的国际私法是国内法的一部分,因此,受理案件的法院当然只依国内法的同一概念与观点去进行识别,否则是有损于本国的立法、司法主权的。巴丁也认为,法官本是只应执行本国法律的,因而也不应该要求他们根据外国的法律概念来对事实进行定性或分类,以作出判决。英国有的学者认为,主张依法院地进行识别的主要根据是,如果允许用外国法进行识别,就等于用外国法来决定自己的冲突规范在什么情况下才能适用,这样法院就会失去对适用本国法的控制权。

但持反对意见者认为,如概依法院地法进行识别,有时会导致有关的法律关系本应适用外国法的却得不到适用,而本不应适用外国法的却适用了外国法。况且,在法院地法无类似外国法概念的情况下,也无法用法院地法进行识别。

法院地法说目前仍得到理论与实践的支持。但人们指出,今天的法院地法说已不同于早先的法院地法说,因为早先的法院地法说是主张只能依法院地的实体法概念进行识别,而今天的法院地法说则主张也应包括法院地的国际私法,故可称之为"新法院地法说"。这种新法院地法说已获得很多人的赞同。例如,在诺思修订的戚希尔《国际私法》第10版中,就明确提出应依英国国际私法进行识别。该书认为,对于含有涉外因素的事实情况的识别与纯国内案件应有不同,因为后者只是对纯国内法的解释问题,而前者是解释国际私法的问题,英国的法官当然不应局限于英国国内法的概念或范畴,否则,在国内法无对应概念的情况下,法官便会束手无策。

我国《涉外民事关系法律适用法》也采取法院地法说,该法第八条规定:"涉外民事关系的定性,适用法院地法律。"

在黄艺明、苏月弟与周大福代理人有限公司、亨满发展有限公司以及宝宜发展有限公司合同纠纷案中,关于本案案由问题,最高人民法院认为,根据最高人民法院《关于适用〈中华人民共和国涉外民事关系法律适用法〉若干问题的解释(一)》以及《中华人民共和国涉外民事关系法律适用法》的规定,本案纠纷定性应当适用法院地法——内地法律。从本案系争合同的内容看,包括两方面权益转让,一是周大福公司、亨满公司将持有的宝宜公司全部股权转让给黄冠芳,二是周大福公司、亨满公司将其对宝宜公司的股东贷款权益转让给黄冠芳,因此,本案实质系股权及债权转让合同纠纷。根据法(2011)42 号最高人民法院《关于印发修改后的〈民事案件案由规定〉的通知》的要求及其所附《民事案件案由规定》,对于第三级案由没有规定的,适用相应的第二级案由,本案案由应确定为合同纠纷。一审法院仅将本案定性为股权转让纠纷欠妥,应予纠正。黄艺明、苏月弟关于本案不仅涉及股权转让,还涉及债权转让的观点是正确的,但案由仍应确定为合同纠纷。参见最高人民法院(2015)民四终字第 9 号民事判决书。

2. 准据法说

此说为法国的德帕涅(Despagent)和德国的沃尔夫(Wolff)等所主张。他们认为,用来解决争讼问题的准据法,同时也是对事实构成的性质进行识别的依据。因为准据法是支配法律关系的法律,如果不依准据法去识别,有时虽说应该适用外国法,结果也同完全不适用一样。

反对此说的人指出,准据法说陷入了循环论,因为法院在审理案件时,究竟适用哪国法律作准据法,乃是在识别以后才能确定的。而且,一个案件如果有两个或两个以上国家的法律都可能作为准据法,究竟应依其中哪一国的法律来作出识别,准据法说也不能解决。因此,一般都认为,准据法说似乎是站在对内外国法律一视同仁的立场上,但在理论上却不能自圆其说,在实践中也难做到。

3. 分析法学与比较法说

此说为德国的拉贝尔和英国的贝克特等所主张。他们认为,冲突规范是使法官就不同法律制度之间的准据法作出选择的规则,故必须依所有法律制度对该规范中"范围"所涉事实的性质的共同认识来作出定性或分类。所以,识别只能是建立在比较法研究结果之上的一般法理学或共同概念与原则。

反对此说的人指出,因各国民法、冲突法的差异,能建立在分析法学与比较法基础上的共同概念是极为少见的。有时,即使揭示出所涉国家的相应法律概念之间的区别,也是很难加以解决的。

4. 个案识别说

上述三种学说,代表了识别应依据的法律的主要主张。但它们各有优劣,而司法实践中遇到的问题不免千差万别,坚持其中一种而完全否定其他两种,都不能解决所有识别上的困难,德国学者克格尔(Kegel)便提出了"个案识别"的主张(故又被称为"个案定性"说)。此说认为,解决识别问题不应有什么统一的规则或统一的方法,而应具体问题具体分析。在适用冲突规范时,应根据冲突规范的目的及当事人的利益、一般的利益以及公共秩序上的利益来决定。但反对者如匈牙利学者萨瑟指出,这种主张过于灵活,使识别的标准处于不稳定之中,陷入了不可知论。

5. 功能识别说

此外,反对概依上述学说中的任何一种所指的法律为识别依据的,还有德国学者纽豪斯(Neuhaus),他认为早先提出的学说都从"法律结构上"来解决识别问题(即"结构识别"),很难超脱各个具体法律规则的界限,从而导致本可有效的婚姻成为无效,本可取得死亡人遗产的遗孀失去遗产或取得更多遗产的权利。故提出了"功能识别说",即按各个制度在法律生活中的功能来定性,才可避免上述不应有或不公平的现象发生。[①] 但正如纽豪斯批评克格尔等的"个案识别说"为"利益法学"一样,他的这种主张也是一种"利益法学",而且同样会使识别标准处于不稳定之中。

第五节　先决问题

一、先决问题的概念

先决问题或称附带问题,最早是德国学者梅尔希奥(Melchior)和温格勒

---

① 上引"个案识别说""功能识别说",均参见施启扬:《国际私法上"定性问题"的历史发展及其解决方法》一文,载马汉宝主编:《国际私法论文选辑》(上),五南图书出版社 1984 年版,第 363～392 页。

(Wengler)在 1932—1934 年提出来的。它是指在国际私法中有的争讼问题的解决需要以首先解决另外一个问题为条件,这时便可以把争讼问题称为"本问题"或"主要问题"(principal question),而把这要首先解决的另一问题称为"先决问题"。

> "知识产权的归属和内容",是"知识产权的侵权责任"的先决问题。两者都有独立的冲突规范,即前者适用《涉外民事关系法律适用法》第四十八条"知识产权的归属和内容,适用被请求保护地法律",后者适用"知识产权的侵权责任,适用被请求保护地法律,当事人也可以在侵权行为发生后协议选择适用法院地法律"。在华盖创意(北京)图像技术有限公司与绵阳晚报社的著作权侵权纠纷案中,最高人民法院认为"本案系涉外侵害著作权纠纷案件,因侵权行为地发生在我国境内,法院应适用我国著作权法,并根据我国参加的国际公约,依法保护公约成员国公民的著作权。审判实践中,侵权纠纷涉及权属争议的,不管案件是否涉外,都需要首先解决该先决问题……涉案图片的著作权人为美国的 Getty 公司,鉴于我国和美国均属于《保护文学艺术作品伯尔尼公约》的成员国,故 Getty 公司对涉案图片享有的著作权依法受我国著作权法保护。华盖公司经 Getty 公司授权,取得的涉案图片在我国境内的专有使用权亦受我国著作权法保护"。参见最高人民法院(2014)民申字第 971 号民事裁定书。

沃尔夫曾以这样一个例子来说明这个问题:一个住所在希腊的希腊公民未留遗嘱而死亡,在英国留有动产,其"妻"主张继承此项动产。本来,无论依英国的有关冲突规范("动产继承依死者住所地法")或希腊的有关冲突规范("继承依死者死亡时的本国法"),都应适用希腊的继承法,其财产的一部分应归属于死者的妻子。但现在需要首先确定她是不是死者的妻子。由于他们是在英国按民事方式而不是按希腊法所要求的宗教仪式结的婚,因而对于他们之间是否存在夫妻关系,如果适用作为法院地法的英国法的冲突规范(婚姻方式依婚姻举行地法)指定的准据法(即英国法),他们的婚姻是有效的,她可以取得这部分遗产;但依"主要问题"准据法所属国(即希腊)的冲突规范(婚姻方式依当事人本国法)指定的准据法(即希腊法),他们的婚姻是无效的,她就不能取得这部分遗产。这个关于"妻子"与死者之间是否存在合法夫妻关系的问题,便叫作本案继承问题的"先决问题"。

二、先决问题的构成要件

一般认为,构成一个国际私法中的先决问题,必须具备三个条件:首先,主要问题依法院地的冲突规范,应适用外国法作准据法;其次,该问题对主要问题来说,本身就有相对的独立性,可以作为一个单独的问题向法院提出,并且它有自己的冲突规范可以援用;最后,依主要问题准据法所属国适用于先决问题的冲突规范和依法院地适用于先决问题的冲突规范,会选择不同国家的法律作准据法,并且得出完全相反的结论,从而使主要问题的判决结果也会不同。

以上三个条件缺一不可,否则便不会构成先决问题,在国际私法中,也没有必要单独研究它的法律选择问题了。

三、先决问题的准据法

对于先决问题准据法应如何确定,目前在各国实践中并无一致的做法,在学说上也分成尖锐对立的两派。①

一派以梅尔希奥、温格勒、罗伯逊、沃尔夫、安东(Anton)等为代表,主张依主要问题准据法所属国冲突规范来选择先决问题的准据法,并认为只有这样才可求得与主要问题协调一致的判决结果。在司法实践中,英国、加拿大、澳大利亚和美国的法院对先决问题大多数采用此种做法。另一派以拉布(Raape)、莫利(Maury)、科马克(Cormack)、努斯鲍姆等为代表,主张以法院地的冲突规范来解决先决问题的准据法。其理由主要是:上述协调必须以国内的不协调为代价,这种代价太大。此外,也有学者主张对先决问题的准据法的确定,不应拘泥于一个机械的或统一的方法,而是应采用个案分析的方法,即考察先决问题究竟是与法院地法还是与主要问题准据法关系更为密切,再来决定是适用法院地还是主要问题准据法所属国的冲突规则指定的法律。

对于先决问题的准据法,《关于适用〈中华人民共和国涉外民事关系法律适用法〉若干问题的解释(一)》第十条规定:"涉外民事争议的解决须以另一涉外民事关系的确认为前提时,人民法院应当根据该先决问题自身的性质确定其应当适用的法律。"第十一条规定:"案件涉及两个或者两个以上的涉外民事关系时,人民法院应当分别确定应当适用的法律。"

黄艺明、苏月弟与周大福代理人有限公司、亨满发展有限公司以及宝宜发展有限公司合同纠纷案中,关于黄艺明、苏月弟是不是与本案有直接利害

---

① 实际上,实践中法院较少讨论先决问题。在英美的判例法中,涉及先决问题的判决或哪怕是法官意见,都是十分罕见的。参见戴西和莫里斯:《冲突法》(上),李双元等译,中国大百科全书出版社1998年版,第63页。

关系的公民,这是本案的先决问题。最高人民法院《关于适用〈中华人民共和国涉外民事关系法律适用法〉若干问题的解释(一)》规定:"涉外民事争议的解决须以另一涉外民事关系的确认为前提时,人民法院应当根据该先决问题自身的性质确定其应当适用的法律。"本案中,黄艺明、苏月弟是否为本案适格原告问题,最高人民法院认为,这首先是程序法上的问题,程序法事项自应适用法院地法律——内地法律。根据《中华人民共和国民事诉讼法》规定,原告是与本案有直接利害关系的公民、法人和其他组织。黄艺明系以黄冠芳法定继承人的身份主张权益,苏月弟系以黄冠芳夫妻财产共有权人的身份主张权益。《中华人民共和国涉外民事关系法律适用法》规定:"法定继承,适用被继承人死亡时经常居所地法律,但不动产法定继承,适用不动产所在地法律。"被继承人黄冠芳死亡时经常居所地是内地,因此,一审法院确定黄艺明是黄冠芳的合法继承人,黄艺明有权继承本案所涉财产,是正确的。《中华人民共和国涉外民事关系法律适用法》规定:"夫妻财产关系,当事人可以协议选择适用一方当事人经常居所地法律、国籍国法律或者主要财产所在地法律。当事人没有选择的,适用共同经常居所地法律;没有共同经常居所地的,适用共同国籍国法律。"黄冠芳与苏月弟的共同经常居所地是内地,因此,一审法院适用内地法律认定本案所涉财产属于黄冠芳与苏月弟的夫妻共同财产,苏月弟是本案系争财产的共有人,是正确的。黄冠芳去世后,黄艺明、苏月弟分别作为其财产继承人和财产共有人,提起本案诉讼,显然符合《中华人民共和国民事诉讼法》第一百一十九条关于"原告"的规定,是本案适格的原告。周大福公司、亨满公司关于应当适用香港的规定确定黄艺明、苏月弟是否为本案适格诉讼主体的观点是错误的。参见最高人民法院(2015)民四终字第9号民事判决书。

扩展阅读:

1. 徐伟功:《从自由裁量权角度论国际私法中的最密切联系原则》,《法学评论》2000年第4期。

2. 肖永平、岳为群:《法律选择理论若干问题回顾》,《法学研究》2001年第3期。

3. 姜茹娇、王娇莺:《论国际私法中法律选择方法的价值追求——兼论最密切联系原则的勃兴与修正》,《比较法研究》2002年第4期。

4. 金振豹:《论国际私法上识别冲突的解决》,《比较法研究》2003年第3期。

5. 杜新丽:《国际私法中法律选择方法的价值探究》,《政法论坛》2005 年第 6 期。

6. 宋晓:《属人法的主义之争与中国道路》,《法学研究》2013 年第 3 期。

7. 宋晓:《识别的对象与识别理论的展开》,《法学研究》2009 年第 6 期。

8. 孙建:《论我国国际私法法律适用的确定性与灵活性》,《法学评论》2012 年第 2 期。

9. 徐伟功:《法律选择中的意思自治原则在我国的运用》,《法学》2013 年第 9 期。

10. 恩斯特·拉贝尔,薛童译:《识别问题》,《比较法研究》2014 年第 4 期。

11. 翁杰:《论涉外民事法律选择模式的双重理性架构》,《政法论丛》2016 年第 3 期。

本章习题:

1. "侵权行为的损害赔偿,适用侵权行为地法",这是一条   (   )
A. 单边冲突规范。   B. 双边冲突规范。
C. 选择性冲突规范。   D. 重叠性冲突规范。

2. "在中国境内履行的中外合资经营企业合同,适用中国法",这是一条   (   )
A. 单边冲突规范。   B. 双边冲突规范。
C. 选择性冲突规范。   D. 重叠性冲突规范。

3. "离婚的请求非依夫妻的本国法及法院地法均有离婚理由的,不得提出",这是一条   (   )
A. 单边冲突规范。   B. 双边冲突规范。
C. 选择性冲突规范。   D. 重叠性冲突规范。

4. "遗嘱效力,适用遗嘱人立遗嘱时或者死亡时经常居所地法律或者国籍国法律",这是一条   (   )
A. 单边冲突规范。   B. 双边冲突规范。
C. 选择性冲突规范。   D. 重叠性冲突规范。

5 在"侵权行为的损害赔偿,适用侵权行为地法"这条冲突规范中,"侵权行为地法"属于   (   )
A. 范围。   B. 指定原因。   C. 系属。   D. 连接点。

6. 在"不动产的所有权,适用不动产所在地法"这条冲突规范中,"不动产的所有权"为其   (   )
A. 连接点。   B. 范围。   C. 准据法。   D. 先决事项。

7.识别。（名词解释）

8.先决问题。（名词解释）

9.冲突规范有哪几种类型,各国立法为什么往往同时采用不同类型的冲突规范?（简答）

10.简述法律选择的主要方法。（简答）

参考答案

1	2	3	4	5	6	7	8	9	10
B	A	D	C	C	B	略			

第三章　外国法的适用和排除

第一节　外国冲突法的适用——反致

冲突规范是处理涉外民事关系时,指定哪一国法律作为准据法的法律根据。而一国的国内法,从国际私法的角度,又可把它划分为内国法(domestic law,local law,internal law,substantive law)和冲突法两大部分。① 那么,当冲突规范指定应适用外国法作准据法的场合,究竟应如何理解冲突规范所指定的外国法的范围——仅仅指定该外国的除冲突法以外的法律(即该国的内国法),还是指定包括该外国冲突法在内的全部外国法,是国际私法的理论与实践中颇有分歧的一个问题。对这个问题,有两种截然相反的回答:一种是主张本国冲突规范指定的,仅限于外国除冲突法以外的法律(有把这种主张称为"单纯指定"或"实体法指定"的);另一种是主张本国冲突规范指定的,应包括该外国冲突法在内的全部法律(有把它称为"总括指定"或"全体法指定"的)。如果采用后一主张,则当外国冲突规范又指向内国法或指向第三国法时,法院是否可以接受这种指定,改为适用内国法或第三国法作准据法? 如果接受这种指定,这就产生了"反致"和"转致"的制度。

一、反致、转致、间接反致的概念

1.反致

对于某一涉外民事关系,甲国(法院国)根据本国的冲突规范指引乙国的法

---

① 在国际私法上"国内法"和"内国法"是两个既有联系又常互相区别的概念:在讲到"国内法"时,通常是把一国的冲突法也包括在内的,但在讲到"内国法"时,则仅指除了冲突法的那部分国内法。

律作准据法时,认为应包括乙国的冲突法,而依乙国冲突规范规定却应适用甲国的法律作准据法,结果甲国根据本国的法律判决案件,这种情况便称为反致。例如,有一个住所在日本的中国公民,未留遗嘱而死亡,在中国遗留有动产,为此动产继承而于日本涉讼。依《日本法例》规定,继承本应适用被继承人的本国法(即中国法律),但中国的《涉外民事关系法律适用法》第三十一条却规定"法定继承,适用被继承人死亡时经常居所地法律,但不动产法定继承,适用不动产所在地法律",而日本在继承事项上是接受反致的,于是日本法院适用日本继承法上关于动产继承的规定判决了案件,这就构成了反致。

2. 转致

对于某一涉外民事关系,依甲国(法院国)冲突规范本应适用乙国法,但甲国法院认为指定的乙国法应包括乙国的冲突法,而乙国冲突规范规定此种民事关系应适用丙国法,最后甲国法院用丙国实体法作为准据法判案,便称为转致。例如,有一个中国公民,在德国有住所,未留遗嘱而死,在英国遗留有动产,为此动产继承而在英国提起诉讼。依英国冲突法,动产的法定继承应适用死者的住所地法即德国法律,但依1986年《德国民法施行法》第25条规定,继承适用死者死亡时的国籍国法律,即中国法,而英国是接受转致的,于是便适用中国的继承法来判决此案。

3. 间接反致

对于某一涉外民事关系,甲国(法院国)冲突规范指定适用乙国法,但乙国冲突规范又指定适用丙国法,丙国冲突规范却指定应适用甲国实体法作准据法,最后,甲国法院适用本国的实体法来判决该案,便称为间接反致。例如,有一个住所在中国的秘鲁人,死于中国,在日本留有一笔不动产,在日本该不动产因继承涉讼。依《日本法例》规定,应适用死者的本国法,即秘鲁法,但秘鲁冲突规范规定适用死者最后住所地法,即中国法(1984年《秘鲁民法典》第2100条),而中国的《涉外民事关系法律适用法》第三十一条规定应适用不动产所在地法,于是日本依本国关于不动产继承的实体法判决此案,这就构成了间接反致。

间接反致与反致一样最后都导致法院国实体法的适用,而转致则导致适用第三国实体法。不过一般讲到反致制度时,是把上述反致、转致和间接反致都包括在内。

二、反致产生的原因

反致的产生,完全是由于对同一涉外民事关系各国规定了不同的连接点去指引准据法,并且因各国对本国冲突规范指引的外国法的范围理解不同而造成的。如上述各例表明,对于继承问题,有的国家以国籍作为指引准据法的连接点,而有的国家又以住所或物之所在地作为指引准据法的连接点,因而,一旦所涉国家对冲突规范指引的外国法的范围理解不同,便会在继承关系中出现反致现象。有时,即使有关国家对于同一法律关系规定的连接点相同,但对这一连接点的解释不同,也会导致反致。

但是,这并不是说只要对同一涉外民事关系所涉两国规定了不同的连接点,就一定要发生反致。首先,如果所涉两国的冲突法都认为自己指定的对方法律只是实体法,反致便无从产生,无论在其中任何一国法院起诉,两国都只会依本国的冲突规范适用对方国家的实体法判决案件,判决结果也会出现不一致的情况。其次,有时即使所涉国家认为本国冲突法指定的外国法也包括了对方的冲突法,但如致送关系中断,反致也无从产生。例如,依法国冲突法规定"不动产法定继承适用不动产所在地法",而德国的冲突法规定"不动产法定继承适用死者的本国法",并且两国都认为自己指定的对方法律也包括冲突法,但如缺乏致送关系也不会发生反致。一位德国公民死于法国,并在法国遗留了不动产,如在法国提起继承诉讼,并不发生指定德国法的情况;反之,如在德国发生诉讼,也不发生指定法国法的现象,因为两国都将根据本国的冲突规范指引本国的实体法,判决结果当然也可能出现不一致的情况。[1]

三、反致理论的起源

反致理论究竟最早出现在哪个国家的判例中,学者们的意见是不一致的,有的认为始于 17 世纪的法国判例[2],有的认为英国 1841 年的柯里尔诉里瓦士(Collier v. Rivaz)一案中已隐约有反致概念[3]。但国际私法学界似乎一致承认,反致得到广泛的理论研究和立法采用,是在 1878 年法国最高法院判决福果案(Forgo's Case)以后。该案简要事实如下。

福果是一个具有巴伐利亚(Bavaria)国籍的非婚生子,1801 年出生,从 5 岁起随母居住在法国,直至 68 岁时,未立遗嘱而亡,但他未取得法国法意义上的住所。其时,福果的母亲和妻子都已死亡,又无子女,因此其旁系亲属向法国法院对福果在法国银行的一笔存款提出继承要求。依法国冲突法,继承应适用死者

---

① 这种缺乏致送关系的情况又被称为冲突规范的"积极冲突",而反致只能在冲突规范的"消极冲突"中存在。参见曾陈明汝:《国际私法原理》,正中书局 1984 年新版,第 210 页。

② 洪应灶:《国际私法》,正中书局 1982 年版,第 53—54 页。

③ 曾陈明汝:《国际私法原理》,正中书局 1984 年新版,第 211 页;李双元:《国际私法(冲突法篇)》,武汉大学出版社 2001 年修订版,第 239 页。

本国法①，即巴伐利亚法，而巴伐利亚的继承法规定，在这种情况下，这些旁系亲属对福果的存款是有继承权的。但法国法院认为本国冲突规范指定的巴伐利亚法包括它的冲突法，巴伐利亚冲突法却规定继承应适用死者死亡时的住所地法（且不分事实住所和法律住所），于是法国法院便认为福果的住所已在法国，故应适用法国法。依法国继承法规定，福果既无直系尊亲属和直系卑亲属，也无兄弟姐妹，而其他旁系亲属是无继承权的，因而法国法院认定福果的存款属无人继承财产，收归法国国库所有。

法国最高法院之所以采用反致说处理福果一案，是基于以下两个理由：一是可以适用法官所熟悉法院地法，二是适用反致的结果可增加法国国库收入。②对福果一案的判决，见仁见智，褒贬不一，引起了国际私法学界广泛讨论，并形成了针锋相对的两派。

四、反致制度理论上的分歧

在国际私法理论上，对于反致制度持反对态度的学者们主要认为：

第一，反致与国际私法的"常识"和"任何国际私法制度的真正性质"相抵触。因为既然本国冲突法已经指定对于某种涉外民事关系应受某外国法支配，那就表明这一法律关系与该外国法有更密切的联系，因而用它来解决纠纷更为恰当，现如接受反致而放弃这一外国法，显然违背了本国冲突法的宗旨。

第二，采用反致有损内国的立法主权。如安吉洛蒂（Anzilott）就有这种观点。持这种观点者认为，承认反致就是将法律冲突的解决委之于外国冲突法，等于是在处理涉外民事关系时放弃了本国的立法主权。③

第三，采用反致于实际不便。采用反致，会大大增加法官和当事人证明或调查外国法内容的任务——有时甚至要求查明多个外国的冲突法的内容，而且承认反致，内国法官在适用外国冲突规则时，还必须研究该国有关识别和公共秩序的制度，才能作出符合在该国适用外国法的同样结论。

第四，采用反致会导致恶性循环。如果所有国家都接受反致，就会出现相互

---

①　在 1927 年 8 月 10 日以前，法国虽然采用动产继承依死者住所地法，但其中的住所地不是指事实上的住所地，而是指法律上的住所地。由于当时《法国民法典》第 13 条规定居住在法国的外国公民非经特别许可，只能有事实上的住所而不能有法律上的住所，因此外国人在法国死亡后，如在法国无法律上的住所，其动产继承实际上是适用死者的本国法，因为法国认为死者的出生地（原始住所）即是其法定住所。

②　曾陈明汝：《国际私法原理》（第一辑），正中书局 1984 年版，第 212 页。

③　刘甲一：《国际私法》，三民书局 1984 年版，第 128 页。

指定、循环不已的"乒乓球游戏"，使准据法得不到确定，使法律适用的预见性和稳定性得不到保证。英国学者巴蒂（Baty）就认为，既依一国冲突法选定了法律，若再适用外国冲突法，无异于就同一问题作两次法律选择。

英国的戚希尔和莫里斯、法国的巴丁和毕耶（Pillet）、德国的卡恩、美国的比尔和劳伦森、希腊的马里迪克斯（Maridakis）等学者，都是反对反致的代表人物。

学者中赞成采用反致的也不乏其人，如英国的戴西和韦斯特勒克（Westlake），美国的格里斯沃特（Griswold），法国的魏斯，德国的巴尔、施奈尔（Schnell）和拉贝尔，意大利的菲洛（Fiore），比利时的波拉特（Poullet）以及中国著名国际私法学家韩德培教授等。赞成反致的学者认为：

第一，采用反致可维护外国法律的完整性。外国国际私法与实体法是统一的不可分割的整体，因此，当冲突规范指引某外国法时，如果只考虑适用它的实体法的规定，而忽视它的国际私法规定，便会曲解该外国法的宗旨。例如，1804年《法国民法典》第 388 条规定 21 岁为成年①，但该法典第 3 条第 3 款却有一条冲突规范，依其精神，上述成年年龄只能适用于法国人。现在如果某国法院要依住所地法判定一个在法国有住所的外国人的成年问题，却不去考虑上述法国冲突规范的规定，而坚持适用法国法上述关于成年年龄的实体法规定，显然是不合理的。否则，便会对法国法的完整立法精神加以割裂和曲解。如果外国法明确规定，它的某些实体法规定不适用于某些场合，从尊重他国主权出发，也理应得到遵守。

第二，放弃自己的冲突规范，改用对方国家的冲突规范，并不有损于本国的主权，反而可扩大内国法的适用。更何况法院在这样做的时候，也是从维护本国法律的完整性出发的，是本国国际私法的指示和要求。因为，除转致外，反致和间接反致都导致自己内国法的适用，从这个角度讲，怎能认为接受反致就是放弃了本国的立法或司法主权而把法律适用委之于外国冲突法呢？同样也不能认为，接受反致就必然增加法院和当事人调查与证明外国法内容的任务。因为，法律的目的，唯在求得案件公正合理的解决，决不能因某种不好的制度有适用上方便而存之，因某种好的制度有适用上不方便而去之。②

第三，采用反致可使各国法律对同一涉外民事案件作出相同判决，而这一点正是国际私法的一个重要目的。而且，因为采用反致，同一案件不论在哪个国家提起诉讼都适用相同的法律，还可避免或减少当事人"挑选法院"（forum shopping）现象。采用反致，并使判决易于为外国法院所承认和执行。

---

① 自 1974 年 7 月 5 日起，法国规定成年年龄为 18 岁。

② 刘铁铮：《国际私法论丛》，三民书局 1984 年版，第 207 页。

从根本上讲,在可能的情况下,求得有利的实体法的适用,应是采用反致制度的主要原因。由于双边冲突规范会导致外国实体法的适用,如果一旦发现它不利于贯彻法院国的有关重要政策,而又不允许反致而改用法院国或第三国的实体法,便只能借助公共秩序保留制度去排除该国法的适用了。而公共秩序保留制度全凭法院的自由裁量,倒不如采用反致,还有对方国家冲突法上的规定作为排除该外国法适用的根据。总的看来,是否采用反致,应以国家调整涉外民事关系的法律政策及国际私法的基本任务加以考虑。法律选择的过程并不是机械地运用冲突规范的过程,不能不顾及所选外国实体法适用的结果。反致既然可以达到限制外国法适用的目的,那么它与公共秩序保留都可以在国际私法上获得一定地位,形成制度。允许反致(包括转致和间接反致),无疑会增加一种法律选择手段,扩大法律选择的范围,这显然是更有利于保证合理公正地解决涉外民事争议。[1]

五、反致制度综述

各国立法与实践对反致制度的态度不一,即使在抱肯定态度的国家中,也彼此有异:有的既接受反致,又接受转致;有的则只接受反致,而不接受转致;有的只在有限的民事关系上采用反致;当然,也有一些国家根本不采用反致制度。

1. 国内立法及司法实践中的反致制度

(1)法国

自1878年福果一案后,反致制度即在法国判例中确定下来。到1910年,法国最高法院更在一个判例中明确指出:如依外国冲突法的规定而反致于法国法,不仅不会使法国的冲突规范受到丝毫损害,相反,这样做有利于解决争议,并且可使在法国成立的涉外民事关系依法国的实体法作出判决。[2] 而且后来法国的判例还倾向于接受转致。[3] 这种主张在1967年《补充民法典关于国际私法内容的草案》中仍得到肯定,但同时草案起草人认为只应在有限的民事关系上接受反致和转致。例如该草案第2284条规定,适用外国法的时候应考虑其冲突规范,它或者导致法国内国法的适用,或者导致其冲突规范接受这种指定的第三国内国法的适用,但是,在合同、夫妻财产制及行为方式方面,不应考虑外国的冲突规

① 李双元:《国际私法(冲突法篇)》,武汉大学出版社1987年版,第208—210页。
② 刘甲一:《国际私法》,三民书局1984年版,第137页。
③ 这些采用转致的判例,可参见刘铁铮:《国际私法论丛》,三民书局1984年版,第213页。

范;同样,当遗嘱人选定了本国法,在一定情况下,也不考虑其冲突规范。

(2)英国

早在 1841 年詹纳爵士在审理柯里尔诉里瓦士(Collier v. Rivaz)一案时便采用了反致。在 1887 年特鲁弗特(Truffort)一案中,还表明英国也接受转致。但英国只是在有限的问题上接受反致和转致。这些问题中,最常见的是关于遗嘱的实质有效性以及法定继承。此外,在子女事后婚姻准正的问题上,在婚姻的形式与能力问题上,也是接受反致的。目前,在遗嘱的形式有效性上已不再适用反致。并且反致一直不适用于合同、侵权、保险、动产买卖、财产的生前赠与、抵押、流通票据、合伙、外国公司的解散等领域。

以上仅为英国采用的二重反致,其适用范围更窄,一般仅限于身份及死后财产的处理,如婚姻的形式有效性、遗赠的有效性问题。此外,其还可能适用于位于国外的土地所有权、位于国外的动产所有权等问题。

(3)德国

在立法上率先承认反致的便是 1896 年颁布的《德国民法施行法》。1986 年9 月 1 日生效的新的《德国民法施行法》在第四条第一款更是明确规定,"若适用某外国法,应适用该国的冲突法,除非适用此冲突法违反该国适用该外国法的意图。如果该外国法反致德国法,适用德国实体法"。但在合同之债上,德国也不采用反致(第 35 条第 1 款)。

(4)日本

以前,《日本法例》对反致采用完全承认的原则,新的《日本法例》则部分否定了反致,如 1989 年《日本法例》第 32 条规定:"按《日本法例》第 14 条(婚姻的效力)、第 15 条(夫妻财产制)第一款、第 16 条(离婚)和第 21 条(亲子间的法律关系)的规定,应依当事人的本国法时,不能反致。"

(5)奥地利

在合同和侵权领域,奥地利过去是拒绝接受反致的,但 1978 年《奥地利国际私法法规》不仅接受反致和转致,而且还允许向第三国、第四国法律一直指定下去,直到第一次指定回来的那一法律(或指定回法院地法,或指定回一个原先曾指定过的法律)。这种始终一贯地适用反致,当然会向法院提出更高的要求:它需要查明好几个国家的冲突法。不过在实践中,同时有几次指定的案件毕竟是不多见的。该法第 5 条就规定了反致与转致:"(1)对外国法的指定,也包括它的冲突法在内;(2)如外国法反致时,应适用奥地利内国法。如外国法转致时,则对转致亦应予以尊重;但当某国内国法未指定任何别的法律,或在它被别的法律首次反致时,则应适用该外国的内国法。"

（6）意大利

1995 年《意大利国际私法制度改革法》一改本国学说和判例对反致所采取的否定态度,其第 13 条对在什么情况下、如何采用反致作了较详细的规定:在以下条文中指向外国法时,对外国国际私法向另一国家现行法律的反致应予考虑,如果:(1)依据该外国法接受反致;(2)反致指向意大利法(第 1 款)。前款应不适用于:(1)本法规定根据有关当事人的法律选择而适用外国法的情况;(2)行为的法定形式;(3)与本篇第十一章(法定之债)规定有关的情况(第 2 款)。对于第 33 条、第 34 条和第 35 条中提到的情况,只有当所指向的法律允许确定父母子女关系时,才应考虑反致(第 3 款)。在本法规定可以适用国际公约的任何情况下,公约中采用的关于反致问题的解决方式应予以适用(第 4 款)。①

（7）中国

《涉外民事关系法律适用法》第九条规定:"涉外民事关系适用的外国法律,不包括该国的法律适用法。"这说明中国立法是拒绝反致的。

2.国际条约中的反致制度

在国际条约中明确规定接受反致的也不乏其例。1930 年和 1931 年订立的关于汇票、支票的法律冲突的两个《日内瓦公约》,就明确肯定了出票人能力问题上允许反致的原则(皆见上述两公约的第 2 条)。1951 年订于海牙的《关于解决本国法和住所地法冲突的公约》(当时尚未生效)也是接受反致和转致的(第 1—3 条)。1902 年订于海牙的《婚姻法律冲突公约》第 1 条则规定允许反致。1988 年海牙《死者遗产继承的准据法公约》也接受转致(第 4 条)。

也有排除反致的,如 1978 年《代理法律适用公约》、1996 年海牙《关于父母责任和保护儿童措施的管辖权、法律适用、承认、执行和合作公约》(第 20 条)和 2000 年海牙《关于成年人国际保护公约》(第 19 条)等。

3.反致制度的发展趋势

一是普遍采纳的趋势。其根本原因是:反致制度具有增加法律选择灵活性、求得判决一致和获得合理判决结果等方面的功用。它作为传统硬性规则的调节工具,有其存在的必要性和价值。但基于适用反致所带来的理论和实践上的困难,一般是作为例外而予以适用的。即反致只是一种辅助性的调节措施。

二是适用领域的趋同性。虽然各国对于在什么领域适用或不适用反致存在

---

① 所谓"有条件或有限制地接受反致",主要是指:(1)原则上不接受反致,但法律另有规定的除外;(2)在某些领域接受反致,在其他领域则拒绝反致;(3)只接受反致,而拒绝转致等。

着差异，但目前各国在实际采用反致时，其适用领域通常限于身份能力、婚姻家庭和继承领域。而在合同、侵权行为、法律行为有效性等领域一般不采用反致。

三是在现代冲突法体系中反致发展和作用的空间将不断地受到限制。这是因为在现代冲突法体系中，与机械性传统规则相并列的灵活性现代规则，如意思自治原则、最密切联系原则和大量选择适用准据法冲突规范的产生、发展和普及，将使反致的重要性降低，在上述原则或规范发挥作用的领域，没有适用反致的必要和可能。而在国际私法的统一化运动中，各国相互协调性的增强，也将弱化反致制度的作用。

第二节　公共秩序

一、公共秩序概述

1. 公共秩序的概念

国际私法上的公共秩序，主要是指法院在依自己的冲突规范本应适用某一外国实体法作涉外民事关系的准据法时，因其适用与法院国的重大利益、基本政策、道德的基本观念，或法律的基本原则相抵触而可以排除其适用的一种保留制度。

公共秩序在法语中称 ordre public，在西班牙语中称 orden publico，在英美学者中称"公共政策"（public policy），德国学者多喜称之为"保留条款"或"排除条款"（vorbehaltsklausel/ausschiebungsklausel）。在中国，目前多称"公共秩序保留"或径称"公共秩序"。

在国际私法立法中，各国对公共秩序的立法用语更是五花八门，各不相同，粗略统计，主要有以下几种。

其一，并称"公共秩序和善良风俗"。例如，1898 年《日本法例》第 30 条规定："应依外国法时如其规定违反公共秩序和善良风俗的，不予适用。"采此种立法例的还有希腊、埃及、阿尔及利亚、约旦、泰国等。

其二，单用"公共秩序"。例如，1941 年《乌拉圭民法典》第 2404 条规定："在我国，绝不允许适用与公共秩序相抵触的外国法律。"采此种表述方式的还有加蓬、塞内加尔、土耳其等。

其三，称作"国际公共秩序"。例如，1966 年《葡萄牙民法典》第 22 条第 1 款规定："冲突规范所指向的外国法，如果与葡萄牙国际公共秩序规范的基本原则相抵触，拒绝适用。"1984 年《秘鲁民法典》第 2049 条也采用了类似用语。

其四,世界上第一部单行国际私法 1896 年《德国民法施行法》第 30 条则把"公共秩序"表达为"善良风俗或德国法之目的"。1986 年《德国民法施行法》第 6 条则规定:"如果外国法律规定之适用,其结果明显地不符合德国法律的基本原则,则该外国法律不予适用;特别是外国法的规定,如果其适用不符合基本法规定的基本权利,则不得适用。"

其五,还有些国家采用其他的称谓。例如,韩国称之为"善良风俗或其他社会秩序",巴拉圭称之为"公共秩序、道德和善良风俗",还有称"法律原则""法律基本原则"或"法律秩序的根本原则"。①

2. 公共秩序的起源与发展

公共秩序这一制度的起源,一直可以上溯到国际私法的源头。14 世纪意大利的巴托鲁斯首创法则区别说而被后世誉为"国际私法学之父"②,他把法则分为人法和物法两大类,认为物法只具有域内效力,人法还具有域外效力,但是,人法中那些"令人厌恶的法则"(如长子继承财产)并不具有域外效力,可把该外国法(如长子继承财产)认定为"令人厌恶的法则"而排除其在域内的适用。这是公共秩序保留观念的最早形态。③ 17 世纪,建立在国家主权观念之上的荷兰法则区别说国际礼让说诞生,作为国际礼让说的集大成者,胡伯提出了国际私法上有名的"胡伯三原则"。在第三项原则中,胡伯认为,每一国家的法律已在其本国领域内实施,根据礼让,其他国家可以让它在本国境内保持效力,只要这样做不损害本国的主权权力及臣民利益。④ 如果说意大利巴托鲁斯提出"令人厌恶的法则"这一概念,仅仅使公共秩序处萌芽状态和只适用于意大利城邦之间的区际法律冲突,那么,胡伯的礼让说就已经明确树立了国际私法上的公共秩序概念,并且用于国际法律冲突之中。在近代,各国著名的国际私法学者,如美国的斯托里、英国的戴西、德国的萨维尼、意大利的孟西尼等均对公共秩序作了进一步的阐述⑤,使得国际私法上的公共秩序理论异彩纷呈。

从立法实践而言,最早以法律形式明确规定公共秩序制度的,首推 1804 年

① 例如 1974 年《阿根廷国际私法草案》第 6 条、1978 年《奥地利国际私法法规》第 6 条、1966 年《波兰国际私法》第 6 条。

② 参见马汉宝:《国际私法总论》,汉林出版社 1982 年版,第 248 页。

③ 参见李双元:《国际私法(冲突法篇)》,武汉大学出版社 1987 年版,第 76 页;武汉大学出版社 2001 年修订版,第 106 页。

④ 参见李双元、金彭年:《中国国际私法》,海洋出版社 1991 年版,第 61 页。

⑤ 参见韩德培主编:《国际私法》,高等教育出版社、北京大学出版社 2000 年版,第 143—144 页。

《法国民法典》。该法典第 6 条规定,个人"不得以特别约定违反有关公共秩序和善良风俗的法律"。这项规定,原本仅适用于国内契约关系,后来,在审判实践中"公共秩序"成为对涉外民事案件是否适用外国法的一个标准。① 此外,《法国民法典》第 3 条第 1 款和第 3 款,则是从公共秩序的积极功能出发作了规定,凡属于该法第 3 条第 1 款和第 3 款规定情形的,即为"直接适用的法",具有排除相关外国法适用的效力。随后,1856 年《意大利民法典》更是明确规定,对外国法可援用公共秩序制度而排除其适用。1896 年《德国民法施行法》是世界上第一部单行国际私法,其第 30 条明文规定:"外国法之适用,如违背善良风俗或德国法之目的时,则不予适用。"此后,凡是制定国际私法立法的国家,普遍采用了公共秩序这一制度。

3. 公共秩序的本质与功能

纵观各国的国际私法立法,各国大多在立法上明文规定,经冲突规范指引的外国法的适用不得违背内国的公共秩序。实际上,各国法律中均包括某些体现自己国家重大利益、基本政策、道德与法律的基本观念和基本原则的立法规定,只是因为它们自身的重要性而必须在有关涉外民事关系中不经冲突规范的指引就可直接适用②,无须借助公共秩序制度而当然地具有排除外国法适用的效力。因此,从本质上讲,公共秩序是从两个方面来实现其排除外国法适用的功能的,即具有双重功能:第一,国际私法上的公共秩序起着一种对外国法的防范、否定作用,起着一种安全阀的作用。因为在原则上,依照法院国的冲突规范指引,有关涉外民事关系本应适用某一外国法作为准据法,但现在由于该外国法的适用会与法院国的公共秩序相抵触而不予适用。这可谓国际私法上公共秩序的消极功能。③ 第二,国际私法上的公共秩序还起着一种对内国法的积极的或肯定的作用,即对于某些涉外民事关系,法院在援用公共秩序时,并不表明根据冲突规范本应适用外国法,而是直接认定由于该案件跟法院国有着某种重要的联系,因而法院国的某些体现公共秩序的法律是必须直接适用的。在这种情况下,法院

---

① 参见孟宪伟:《略论公共秩序保留》,《西北政法学院学报》1985 年第 2 期,第 70 页。

② 国内有学者撰文称此类规范为"直接适用的法",参见徐冬根:《论"直接适用的法"与冲突规范的关系》,《中国法学》1990 年第 3 期。也有不同观点的,参见肖永平等:《论"直接适用的法"》,《法制与社会发展》1997 年第 5 期。

③ 中国有学者把公共秩序的消极功能称为否定功能,把积极功能称为肯定功能。参见黄进、郭华成:《再论国际私法中的公共秩序问题——兼谈澳门国际私法的有关理论与实践》,《河北法学》1998 年第 2 期,第 17 页。

便可对内国的冲突规范完全弃置不顾。① 这可谓国际私法上公共秩序的积极功能。② 在有的国家的国际私法学中，对公共秩序的上述双重功能，干脆一分为二，分别称之为"公共秩序的消极保留"和"公共秩序的积极保留"。③

从功能上讲，国际私法上的公共秩序具有消极和积极双重功能；而从适用范围讲，国际私法上的公共秩序也有狭义和广义之别，只是此种区分只存在于公共秩序的消极功能之中。国际私法学著作中的公共秩序概念一般是狭义的，仅是针对外国法的。而广义的公共秩序概念，则还应包括内国可以拒绝承认与执行违背内国公共秩序的外国法院判决或外国仲裁机构作出的裁决。

4. 公共秩序的立法模式

正是基于国际私法上的公共秩序具有消极和积极双重功能，因此，各国国际私法对于借助公共秩序条款以排除外国法适用的立法模式也就有以下三种。

第一，间接限制外国法适用的立法模式，即只采用公共秩序的积极功能。采此种立法例，在有关法律中明确规定国内法是强制直接地适用于有关涉外民事关系，从而表明它具有排除外国法适用的效力。1804 年《法国民法典》率先采用此种做法。④ 此外，中非、布隆迪等国也作了类似规定。

第二，直接限制外国法适用的立法模式，即只采用公共秩序的消极功能。采此种立法例，在本国的冲突规范中明确规定，凡外国法的适用与内国的公共秩序相抵触的，则不予采用。例如 1896 年《德国民法施行法》第 30 条就规定："外国法之适用，如违背善良风俗或德国法之目的时，则不予适用。" 1986 年《德国民法施行法》第 6 条也有类似规定。此种立法例为各国普遍采用，如巴拉圭、葡萄牙、希腊、波兰、日本、韩国、奥地利、匈牙利、秘鲁、土耳其、泰国、约旦、塞内加尔、加蓬、埃及、阿尔及利亚等。

第三，合并限制外国法适用的立法模式，即同时采用公共秩序的积极功能和消极功能。采此种立法例，国内法既有关于某些法律直接适用的强制性规定，又有赋予法院在出现立法不能预见的情形下援用公共秩序条款排除外国法适用的

---

① 参见李双元、金彭年等：《中国国际私法通论》，法律出版社 1996 年版，第 153 页。

② 国外有学者认为公共秩序实际上表现为三种形式（功能），除本节所提两个功能外，尚有第三个功能，即：当适用外国法律与国际法的强制规范，本国承担的国际义务或国际法律与社会公认的正义要求相抵触时，不适用外国法律。参见［匈］史查斯齐：《阻碍适用外国法律的原因》，费宗祎译，《国外法学》1982 年第 2 期，第 53 页。依笔者拙见，该文所述的第三种形式（功能）跟第一种在本质上是同一的，均属于公共秩序的消极功能。

③ 参见陈卫佐：《瑞士国际私法法典研究》，法律出版社 1998 年版，第 50 页、第 53 页。

④ 参见 1804 年《法国民法典》第 3 条第 1 款、第 3 款和第 6 条。

自由裁量的弹性规定。这方面典型的立法例是 1856 年《意大利民法典》，该法典除了在第 11 条中规定"关于刑法、警察法及公共秩序之法律，凡居住于王国领土内之人，皆应适用"外，又于第 12 条中规定"外国法之适用，不得违反王国法律之强行规定，或违背关于公共秩序，善良风俗之法律"①。此外，布隆迪②、瑞士③也采用此种立法例。

从上文可知，各国大多是采用直接限制外国法适用的立法模式，而在国内法中明文规定公共秩序的积极功能（即间接限制外国法适用）的国家不是很多，但这并不意味着那些未作规定国家的公共秩序制度只有消极功能而无积极功能。公共秩序的积极功能，在大多数国家是以"直接适用的法"的形式出现的。"直接适用的法"不是一个抽象的法律制度，而是一项项具体的法律规范。此种法律规范对自身的适用范围通常都有明确的规定。

二、公共秩序的适用标准

公共秩序是国际私法上的一项基本制度，但是，各国立法通常只是概括地规定适用外国法不得违背内国的公共秩序④，因而，如何适用公共秩序制度及其适用标准，是必须解决的难题。综观各国学者的论述，主要有以下两组对立的学说。

1. 例外说与原则说

萨维尼认为，任何一个国家的法律均由两部分组成，一部分具有强行性效力，它们建立在社会道德或公共利益基础之上，跟国家的政治、经济有关，因而是绝对排除外国法适用的；另一部分则是非强行性的，它们只是为权利的个人占有者而制定的，尽管这一部分法规也不能因个人的约定而放弃，但在有关情况依内国冲突法应受外国法支配时，它们就得让位于外国法。萨维尼指出，除了内国强行性规范具有排除外国法适用的效力外，凡是属于内国不承认的外国法制度，如奴隶制度，也不得在内国适用。萨维尼的理论之所以被称为外国法适用限制"例外说"，是因为他根据自己创立的法律关系本座说，认为适用的法律只应是各涉

---

① 1942 年和 1978 年修正的《意大利民法典》第 28 条、第 31 条作了类似规定，1995 年颁布的《意大利国际私法制度改革法》也规定"违反公共秩序的外国法不应予以适用"（第 16 条第 1 款），"尽管已指定外国法，但并不排斥由于其目的和宗旨而应予以适用的意大利法律的强制性规定"（第 17 条）。

② 参见 1980 年《布隆迪国际私法》第 8、9、10 条。

③ 参见 1987 年《瑞士联邦国际私法法规》第 17、18 条。

④ 如 1898 年《日本法例》第 30 条等。

外民事关系依其性质所固有的"本座"所在的法律,而不问这个"本座"法是内国法还是外国法;而排除适用违背内国公共秩序的外国法,仅仅是上述原则的一种例外情况。萨维尼的上述观点不仅对大陆法系的国家影响很大,还影响到英美法系国家。英美法系国家通常也认为借助公共秩序限制外国法的适用是国际私法诸原则的一种例外。[①]

依日本学者的看法,"今天有力的通说,则认为公共秩序是国际私法的例外规定","国际私法上的公共秩序问题,是对于原则上应适用的准据法,基于维护内国法律秩序的必要,例外地排除其适用的一种消极的作用","应当充分考虑公共秩序所具有的例外的、消极的作用,必须慎重地适用这种规定"。[②]

19 世纪另一杰出的国际私法学家,意大利的大政治家孟西尼在确立本国法主义的同时提出了外国法适用限制"原则说"。孟西尼所处的时代还是意大利被分割成若干领土单元的时代,他在意大利民族统一运动中,于 1851 年在都灵大学发表了题为《国籍乃国际法的基础》的著名演说。作为 19 世纪中期意大利资产阶级的代言人,为了促进意大利的统一,他认为,构成法律选择基础的应该是国籍、当事人和主权三种因素在起作用,而其中尤以国籍起决定作用。不论何种法律关系,原则上都应适用当事人的国籍国法;但是为了保护内国的利益,他又主张借助公共秩序来限制或排除外国人的国籍国法(即外国法)的域外效力。这样,孟西尼就把公共秩序制度提到了国际私法三大基本原则之一的高度。[③]

孟西尼此种把借助公共秩序排除外国法适用作为国际私法一项原则的主张,对法国、比利时、瑞士等国颇有影响。[④]

在实践中,英美法系国家一般以住所地法作为属人法,指定适用外国法的场合较少,加之运用识别等制度对程序法乃至刑法作扩大解释,自然不必多运用公共秩序制度以排除外国法的运用。而大陆法系诸国普遍把国籍国法作为属人

[①]　英美法对借公共秩序以排除外国法适用通常持慎重态度,但却另有途径排除外国法的适用。如英国法院广泛地适用识别制度,扩大解释"刑法""程序法"的范围,从而根据公法无域外效力达到排除有关外国法适用的目的;或根据程序问题适用法院地法这一被普遍承认的冲突原则,适用了英国法。参见李双元:《国际私法(冲突法编)》,武汉大学出版社 1987 年版,第 223 页。或参见[德]沃尔夫:《国际私法》,李浩培和汤宗舜译,法律出版社 1988 年版,第 263—265 页。

[②]　[日]北齐敏一:《国际私法——国际关系法Ⅱ》,姚梅镇译,法律出版社 1989 年版,第 64—66 页。

[③]　后人把孟西尼学说概括为三大原则:国籍原则——本国法原则;主权原则——公共秩序原则;自由原则——契约当事人意思自治原则。

[④]　参见马汉宝:《国际私法总论》,汉林出版社 1982 年版,第 209 页。

法，指定适用外国法的机会就多了，因而需要较多地借助公共秩序制度以排除外国法的适用。但不管采用哪一种观点，用公共秩序制度排除损害内国利益的外国法，在当今国际社会应被认作是一项例外。

2. 主观说与客观说

主观说认为，法院国依内国的冲突规范本应适用某一外国法作为涉外民事关系的准据法时，如果该外国法本身的规定跟法院国的公共秩序相抵触，即可排除该外国法的适用，而不问具体案件适用该外国法的结果如何。① 主观说强调的是外国法本身的可厌性、有害性、邪恶性，而不注重法院国的公共秩序是否因适用该外国法而受到什么损害。依照主观说的理论，在规定一夫一妻制的法院国内，对于外国一夫多妻及由此而产生的法律关系一概不予承认，即使法院受理的案件仅仅涉及其中的一妻之子对其父的财产继承问题。

与主观说相左的是联系说和结果说，此二说可归入客观说。

联系说主张，外国法是否应排除适用，除了该外国法与内国公共秩序相抵触外，还须看个案跟法院国的联系如何。如果个案跟法院国有实质的联系，则应排除该外国法的适用；如果个案跟法院国无实质联系，则可不排除。而所谓个案跟法院国有实质联系，乃指合同履行地、公司所在地、当事人住所或财产所在地等在法院国。

结果说则认为，在运用公共秩序制度时应区别是外国法规定的内容违背法院国的公共秩序，还是外国法适用的结果违背法院国的公共秩序。如果仅仅是内容上相抵触，并不一定妨碍该外国法的适用；只有其适用结果危及法院国公共秩序的外国法才能以公共秩序排除。依照结果说，如果某外国法承认一夫多妻制，但现在法院受理的案件只涉及其第二位妻子所生孩子对其父的财产继承权问题，尽管从法律内容上看，该外国法跟法院国遵循的一夫一妻制是相抵触的，但在此案中，重婚只是有关的事实，而非诉讼的系争问题，并且假如承认该外国法有关一夫多妻制的规定，可使孩子取得婚生子女的地位，反而有利于保护孩子的正当权益，而该外国法的适用结果并没有跟法院国的公共秩序相抵触。因此，在上述情形中，法院国便可仍然适用外国法。

主观说尽管在运用上有简便之利，但有时会失之合理，又因外国法本身内容违背法院国公共秩序的比较少见，因此，主观说在目前仅于少数场合采用。客观说，尤其是其中的结果说，重视个案的实际情况，区别是外国法的内容还是外国法的适用结果违反法院国的公共秩序，既能切实维护法院国的公共秩序，又有利

---

① 关于主观说和客观说，可参见赵晋枚：《国际私法上外国法适用限制之实际标准》，载马汉宝主编：《国际私法论文选辑》（上），五南图书出版公司1984年版，第332—335页。

于个案公正合理地解决,故各国在实践中多采此说,有的国家更是明确规定采用结果说。① 1987 年《瑞士联邦国际私法法规》即采用结果说,其第 17 条规定:"如果外国法的适用将导致与瑞士公共秩序不相符的结果则排除其适用。"学者也强调,瑞士法上的此种保留,首先针对的不是外国法本身的内容,而是其适用的效果。②

依日本学者的解释,1898 年《日本法例》第 30 条规定的公共秩序,其运用时也是采结果说。例如,某国承认一夫多妻制,日本则予以否定;但关于其第二、第三妻所生子女的继承权,如果其父的财产在日本,则承认其子女对该财产的继承权,对日本公共秩序及善良风俗并无任何违反之处。③ 1989 年修正的《日本法例》已经明确规定采用结果说,其第 33 条明文规定,应当适用外国法时,适用其规定违反公共秩序或善良风俗者,不适用该外国法。

三、公共秩序保留制度运用中应注意的几个问题

一般来说,在援用公共秩序排除外国法适用时,应考虑以下一些问题或限制。

1. 公共秩序是个弹性条款

公共秩序,明确地说是指只具有消极功能的公共秩序,尽管各国已普遍对其作了规定,但要明晰地界定它的内涵和外延,规定其适用的标准和范围,却十分困难。也就是说,要给公共秩序(公共政策)下一个明确的定义是不可能的。④公共秩序不但在地域上具有差异性,而且在时间上也具有可变性。每个国家都可以根据本国的国情规定公共秩序制度,其公共秩序制度是各不相同的;另外,每一个国家的基本国情并不是长期不变的,在不同的时期,其政治、经济、社会风俗习惯等可能会有所不同,即使是同一个国家对公共秩序的态度在不同历史时期也不可能是一成不变的,肯定会随着国际国内大环境的变化而变化。这就是说,公共秩序的含义因时因地而异。"昔日为违反公安者,今则未必然。又甲地有背公序良俗者,乙地亦不一定以为然。因之,公序良俗之含义常随各国之风俗

---

① 1986 年《德国民法施行法》第 6 条规定:"如果外国法律规定之适用,其结果明显地不符合德国法律的基本原则,则该外国法不予适用。特别是外国法的规定,如果其适用不符合基本法规定的基本权利,则不得适用。"

② 参见陈卫佐:《瑞士国际私法法典研究》,法律出版社 1998 年版,第 51 页。

③ 参见[日]北齐敏一、姚梅镇译:《国际私法——国际关系法Ⅱ》,法律出版社 1989 年版,第 68 页。

④ 参见韩德培、韩健:《美国国际私法(冲突法)导论》,法律出版社 1994 版,第 232 页。

习惯,伦理道德观念之不同而异。"①国际私法上的公共秩序具有不确定性,是个可自由裁量的弹性条款,它的适用会因事、因地、因时而不同。

2.适用公共秩序排除外国法后的法律适用

依冲突规范某一涉外民事关系应适用外国法作准据法,但该外国法因其适用会违背法院国的公共秩序而被排除后,在往昔通常是由法院国法的相应规定取而代之。许多国家的国际私法也是这样规定的。② 但目前许多学者主张以法院国法取代被公共秩序排除适用的外国法的做法,应尽可能加以限制。因为从法院国冲突法的精神来看,既然有关的民事关系应适用外国法作准据法,就表明该案件跟有关的外国有更密切的联系,用外国法解决更为合适。因此,应根据个案的具体情况,妥善加以处理,切不可认为在外国法被内国公共秩序排除后概由法院国法取代都是合理的。③

依沃尔夫的观点,在外国法被排除适用后,多由法院国法代替。但是,这种代替应尽可能加以限制。比如说,应适用的外国法如果包含有一个无可反对的法律规则甲,而这个规则附有一个违反英国公共政策的例外乙的时候,不适用例外乙的结果并不必然适用英国法,而是必须适用该外国主要的法律规则甲。德国在司法实践上也有判例持上述相似的做法。④

在立法上,也有的国家作了更为合乎情理的规定。如 1966 年《葡萄牙法典》第 22 条规定,外国法因违背葡萄牙国际公共秩序规范的基本原则而被拒绝适用后,仍"可适用该外国法中其他最为合适的法律规范,也可以适用葡萄牙的国内立法"。土耳其和奥地利的立法也规定,外国法因违反公共秩序被排除适用后,只有在"必要时"才适用相应的法院国法。⑤

3.必须把国内民法上的公共秩序和国际私法上的公共秩序适当加以区别

萨维尼曾认为任何国家的法律都包括有两类强行法,一类是关于权利的个人占有的,另一类是关于公共的政治、经济及道德的。瑞士学者布洛歇(Brocher)最早将前者称为"国内公共秩序"(ordre public national),将后者称为"国际公共秩

---

① 参见曾陈明汝:《国际私法原理》,三民书局 1991 年版,第 188 页。

② 如 1984 年《秘鲁民法典》第 2049 条、1975 年原民主德国《法律适用条例》第 4 条、1979 年《匈牙利国际私法》第 7 条、1972 年《塞内加尔家庭法》第 851 条等。

③ 参见李双元:《国际私法(冲突法篇)》,武汉大学出版社 2001 年修订版,第 285 页。

④ 参见[德]沃尔夫:《国际私法》,李浩培、汤宗舜译,法律出版社 1988 年版,第 269—270 页。

⑤ 参见 1982 年《土耳其国际私法和国际诉讼程序法》第 5 条、1978 年《奥地利国际私法法规》第 6 条。

序"(ordre public international)，并且指出，前者在涉外民事关系中，只有在冲突规范指定应适用内国法时，方是必须适用的；而后者，甚至在冲突规范指定外国法时，也是必须适用的。例如，内国法中有关婚龄的规定，就本国公民而言，都是强行性的，是必须无条件适用的，但在涉外婚姻中，这种规定就不一定有排除婚姻举行地法或当事人住所地法有关婚龄规定的效力，因为这种强行性规定只属于国内公共秩序的范畴。反之，诸如禁止奴隶制，及禁止直系亲属间结婚等规定，即属于国际公共秩序的范畴，指定为准据法的外国法若有违反，则即可排除其适用。

　　尽管国内民法的公共秩序兼指上述两类强行法，但应该明确，国际私法上的公共秩序一般仅指属于"国际公共秩序"范畴的后一类强行法。因此，许多在处理纯国内民事关系时为强行法的规定，在处理国际法关系时，就并非一定是强行性的。如果将国内公共秩序和国际公共秩序完全等同，可能否定许多依外国法已成立的涉外民商事法律关系，从而妨碍国际民商事交往的发展。因此，在国际私法中运用公共秩序制度排除外国法的适用时，应严格限制适用的条件和范围，以利于国际民商事关系的发展。可以说，第二次世界大战以后，特别是近年来，随着国际新经济和民事秩序的发展，限制适用或严格适用公共秩序制度已成为许多国家的共识。

　　但在判断外国法适用结果是否违反本国公共秩序时，普遍的看法是目前国际私法上并无为所有或多数国家承认的国际统一标准或国际公共秩序标准（虽然如前所述，一些学者及一些国家的司法实践主张应区分国内公共秩序与国际公共秩序①），即各国只是按本国的标准阐释公共秩序的内涵，因而公共秩序保留制度具有相当的灵活性或弹性。这种各行其是的状况常常会破坏国际民商事关系的正常进行。有鉴于此，目前中国有学者提倡应在国际私法中导入国际社会本位的观念，这必将对违反公共秩序的衡量标准注入国际公认的因素，减少援引公共秩序保留这一限制外国法适用的工具，并逐步产生一些国际社会必须一致遵守的国际标准，从而建立起真正意义上的国际公共秩序。②

4. 公共秩序的保留不应与他国主权相抵触，也不应与外国公法的排除相混淆

　　在英美国际私法上有一个特殊的名词叫"惩罚性法律"。1789 年福利特诉

---

　　①　应注意的是，所谓"国际公共秩序"，即使被规定在国际条约中，其衡量标准也只体现各个国家的政策和立场，完全由各个国家自己作出裁量。

　　②　参见李双元、徐国建主编：《国际民商新秩序的理论建构》，武汉大学出版社 1998 年版，第 11—14 页、第 113 页。

奥登(Folliot v. Ogden)一案中,审理此案的英国法官就声称:"一国的惩罚性法律不能在他国被理会。"1825 年的一个美国判例也认为"一国的法院不执行他国的惩罚性法律"①。从此以后,英美等国的法院认为,凡是民事法律规定有处罚性质的,一律视作惩罚性法律而排除其适用。

外国刑法、行政法、财政法等公法不为内国法院所适用,这几乎是各国一致的立场。其根据是公法本身只有域内效力。正是基于这种理由,有些资产阶级学者认为,没有必要把公共秩序作为排除外国公法适用的根据。应该说,这种观点是正确的。可以这样认为,国际私法上的公共秩序保留是由于内国通过冲突法承认了某一外国法的域外效力,但发现它的适用会与本国的公共秩序相抵触,于是便借助保留条款,来限制此种情况下本国冲突规范的效力,达到排除该外国法适用的目的。而排除外国公法的适用,却完全是建立在国际法的主权原则,建立在公法具有严格地域性的基础上,它并不需要借助公共秩序保留条款的效力。对于外国的税法,在英国,自 1775 年在霍尔姆诉约翰逊(Holman v. Johnson)一案中提出"一国从不理会他国的税法"以来,法院一直是坚持该观点而拒绝适用的。

这一切都表明,不适用外国公法在过去几乎是一个普遍的原则,而不必再求助于公共秩序保留制度。

但现在有人认为,不适用外国公法这个原则是先验的,并无理论和实际上的基础。② 1987 年生效的瑞士冲突法更明确规定:"外国法并不因其具有公法性质而排除其适用。"(第 13 条)就是说,遇有这种情况,仍得视其是否与内国公共秩序抵触而定。

5. 在有条约规定时,公共秩序保留是否应受条约约束的问题

目前,比较普遍的看法是,国际协定法并不能束缚国内法院选择适用法律的自由,在这方面,也并没有国际习惯法能禁止法院在涉外民事诉讼中,以公共秩序保留为根据,或者以"直接适用的法律"为根据,适用其自己的法律。一些新近签订的海牙国际私法公约和美洲国家组织国际私法会议所签订的统一冲突法公约都规定有公共秩序保留条款,允许缔约国在根据条约中的规定适用某外国法时认为与自己的公共秩序相抵触,可以援用此种保留条款来排除适用公约中的有关规定。1980 年欧洲经济共同体《关于合同债务法律适用公约》甚至允许采用上述两种排除外国法适用的方式(第 7 条和第 22 条)。

此外,对于早先未规定这种保留条款的统一冲突法公约,自 1958 年国际法院

---

① 转引自马汉宝主编:《国际私法论文选辑》(上),五南图书出版公司 1984 年版,第 339 页。

② 参见韩德培:《国际私法的晚近发展趋势》,《中国国际法年刊》1988 年。

审理荷兰诉瑞典一案后,一些法学家也认为应解释为包含这种公共秩序保留。①

应该指出的是,缔结统一冲突法的目的就在于减少缔约国间法律选择的不一致,以尽可能减少它们在有关问题上适用公共秩序保留条款的可能性。因此,尽管在新近的统一冲突法公约中规定了保留条款,但仍宜严加控制,否则,便会与缔结统一冲突法公约的宗旨背道而驰。

6. 如何对待外国公共秩序的问题

公共秩序保留条款旨在确保内国法律及道德的基本原则,政治及经济的重大利益不致因适用外国法而遭到破坏,因此,一般法院本不考虑外国的公共秩序或公共政策。但是在法院适用外国的冲突规范时是否也可这样处理,却是值得探讨了。沃尔夫曾举了这么一个案例来讨论这个问题:1930 年,在意大利有住所的一个信奉基督教的奥地利人,在英国与一个奥地利籍犹太女子结婚,他后来向英国法院提出宣告该婚姻无效的请求。依英国冲突法,婚姻的有效性应适用住所地法,即意大利法;而依意大利的冲突规范,应适用当事人的本国法,即奥地利法。《奥地利民法典》规定基督徒与非基督徒之间的婚姻是无效的,但意大利当时的法律却认为,因原教信仰不同而导致婚姻无效是与其公共秩序相抵触的。在这种情况下,英国法院如果接受转致,就应适用奥地利法;而适用奥地利法,将与意大利的公共秩序发生抵触。沃尔夫本人主张在此种情形下,英国法院应顾及意大利的公共秩序拒绝承认奥地利的这一规定,而判决原婚姻关系有效。

总之,公共秩序制度是国际私法上一项被普遍肯定的制度。并且,由于各国政治、经济、宗教、历史、文化等的不同,其法律和道德的基础也不同,因此,公共秩序保留作为一项制度将长期存在。但同时,法律趋同化的倾向也将在一定程度上削弱公共秩序制度存在和发挥作用的客观基础。另外,在运用公共秩序保留时,应注意避免以狭隘的民族利己主义或狭隘的国家主义歪曲公共秩序的本意,即不得滥用公共秩序保留袒护本国公民或法人而损害他方当事人的正当合法的权利,否则便会阻碍国际民商事交往关系在平等互利的基础上和谐稳定地向前发展。正如有些学者所指出的,目光短浅的现代民族主义严重地损害了国际私法作为一个法律体系的价值;如果对什么是公共秩序没有合理的解释,会在很大程度上等于取消了国际私法的原则。②

---

① 李双元:《国际私法(冲突法篇)》,武汉大学出版社 2001 年修订版,第 283 页。

② 参见李双元、徐国建主编:《国际民商新秩序的理论建构》,武汉大学出版社 1998 年版,第 256—257 页。

四、中国关于公共秩序的理论与实践

《涉外民事关系法律适用法》第五条规定："外国法律的适用将损害中华人民共和国社会公共利益的,适用中华人民共和国法律。"就该条规定,结合中国的有关学说和实践,本书认为:

第一,《涉外民事关系法律适用法》第五条把公共秩序表述为"社会公共利益"。这里的"社会公共利益"是一个弹性条款,是一个抽象的概念,这跟国际上大多数国家的普遍做法是一致的。[①] 很早以前,不少学者就试图清楚地界定公共秩序的范围(内涵和外延),但是界定公共秩序范围的尝试却从未成功过。[②]这是因为,首先,公共秩序具有模糊性。公共秩序是一个主权国家为了捍卫其根本利益而对适用外国法设置的最后一道"安全阀",公共秩序的性质决定了它必须具有相当大的不确定性。其次,公共秩序具有地域性。国际私法从根本上讲是国内法,每个主权国家都可以从本国国情出发规定其公共秩序,到目前为止,还不存在普遍的为所有国家认同的"国际公共秩序"。最后,公共秩序还具有时间性。一国的公共秩序正是从其本国国情出发制定的,随着时间的推移、国内外形势的变化,一国的公共秩序也会作出相应的调整和变化。因此,一国的公共秩序不可能是固定不变的。国际私法上的公共秩序制度从某种意义上讲,其生命力正在于它的弹性、抽象性和不确定性,如果规定得很细、很具体、很明确,既可能挂一漏万,又可能显得呆板,不便灵活运用。要知道,公共秩序制度的实质在于排除违背一国对内对外基本政策的外国法,而一国的对内对外基本政策是不可能一成不变的,会因事、因地、因时而有所变化。《涉外民事关系法律适用法》第五条中的"社会公共利益",应该解释为包括中国法律的基本原则、道德的基本观念和国家的主权与安全。一般说来,如果出现下列情形之一的,即可认定违背了中国的社会公共利益(公共秩序):一是外国法中有种族歧视、民族歧视或性别歧视的规定;二是外国法中有多配偶制或允许直系血亲间结婚或三代以内旁系血亲结婚的规定;三是外国法中有跟中国法律中的其他强制性或禁止性规定相抵触的相关规定;四是外国法中有其他违背中国法律的基本原则、道德的基本观念和国家的主权与安全的规定。

第二,就立法模式而言,《涉外民事关系法律适用法》第五条的规定是采用直接限制外国法适用的立法方式。此种立法方式决定了《涉外民事关系法律适用

---

① 各国立法一般只是很概括地规定适用外国法不得违背内国的公共秩序,只有极少数国家的规定稍具体些。

② 戴西和莫里斯:《冲突法》,李双元等译,中国大百科全书出版社 1998 年版,第 118 页。

法》第五条规定的公共秩序仅有消极的功能,是一个消极的公共秩序条款,它只起到对某些外国法的防范或否定作用,也即一种安全阀的作用。应该说,《涉外民事关系法律适用法》第五条的立法模式,跟国际社会在公共秩序的立法模式上的多数做法是相吻合的。但这并非表示中国只有直接限制外国法适用的消极功能的公共秩序制度,而无积极功能的公共秩序条款。实际上,对外国法起到间接限制作用的积极功能的公共秩序条款也是存在的,即《涉外民事关系法律适用法》第四条"中华人民共和国法律对涉外民事关系有强制性规定的,直接适用该强制性规定",就是积极功能的公共秩序保留条款,对外国法也起到间接限制的作用。《关于适用〈中华人民共和国涉外民事关系法律适用法〉若干问题的解释(一)》第十条还作了进一步的解释:"有下列情形之一,涉及中华人民共和国社会公共利益、当事人不能通过约定排除适用、无需通过冲突规范指引而直接适用于涉外民事关系的法律、行政法规的规定,人民法院应当认定为涉外民事关系法律适用法第四条规定的强制性规定:(一)涉及劳动者权益保护的;(二)涉及食品或公共卫生安全的;(三)涉及环境安全的;(四)涉及外汇管制等金融安全的;(五)涉及反垄断、反倾销的;(六)应当认定为强制性规定的其他情形。"

第三,援用《涉外民事关系法律适用法》第五条规定的公共秩序以排除经中国冲突规范指引的外国法的适用,应认为是一种例外情况。因为国际私法上的冲突规范是适用外国法的法律根据,如果中国冲突规范指示某涉外民事关系应适用外国法作为准据法,便应遵守此种指示而适用外国法,而不问该外国法在具体问题上的规定跟中国法律有何不同。不能仅仅因为外国法的规定跟中国法律规定不同,或外国法的规定是中国法律未规定的,或外国法的规定不利于我方当事人的利益,就运用公共秩序保留制度排除外国法的适用;如果这样,所有的涉外民事关系一概适用本国法处理,国际私法也就无用武之地,毫无存在之必要,因为国际私法产生与存在的基础正是在一定条件下对某些范围的涉外民事关系可以或应当适用外国法。因此,在处理涉外民事关系时,中国法院适用经中国冲突法指引的外国法,应认为是一种正常现象,是一个原则。只在例外情况下,方能援用公共秩序条款来限制中国冲突规范的效力,从而排除有关外国法的适用。

第四,此种例外情况就是指外国法的适用结果会违背中国的公共秩序。前文已指出,在公共秩序适用标准问题上采用"结果说"已是多数国家国际私法的理论与实践,因此,《涉外民事关系法律适用法》第五条的适用标准当然应该而且只能采用"结果说",唯如此,既跟国际社会潮流相顺应,又合情合理,可以切实维护有关当事人的正当权益。这是因为,如果仅仅是外国法本身的规定不符合中国的道德基本观念或法律基本原则(如外国法中关于一夫多妻制的规定),就不分青红皂白,也不考虑个案的具体情况,一律排除有关外国法的适用,一则公共秩序的适用会太广太滥,二则有时也不利于保护弱势当事人正当权益(如第二个妻子在中国申请继承其夫在中国的遗产)。反之,如果适用该外国法,不但可以保护相关当事人的正当权益,而且事实上也无损于中国的公共秩序。只有外国法的适用结果(而非外国法内容本身)会违背中国的公共秩序,方可援用《涉外民事关系法律适用法》第五条以排除外国法的适用,也即应该采用"结果说"。

第三节　法律规避

一、法律规避的概念

法律规避,又称"诈欺规避",或称"诈欺设立连接点",1878 年法国最高法院判决的波弗莱蒙诉比贝斯柯(Bauffremont v. Bibcsco)案:法国王子波弗莱蒙之妻,原系比利时人,因与王子结婚而入法国籍,其后因夫妻不睦而别居,因为1884 年以前法国法禁止离婚,波弗莱蒙之妻为了达到离婚与罗马尼亚比贝斯柯王子结婚的目的,便只身前往德国并归化为德国人。归化德国的次日,即向德国法院诉请与法籍丈夫离婚并获得离婚判决,随后即在柏林与比贝斯柯王子结婚。波弗莱蒙王子在法国提起诉讼,要求宣布离婚与再婚为无效。法国法院最后认为,该离婚判决是借法律规避而取得的,应否定其效力,再婚当然也无效。

构成国际私法上的法律规避,应具备以下三个要件:第一,必须有行为人规避某种法律的故意,或者说,行为人必须具有逃避某种法律的目的;第二,被规避的法律必须是依内国冲突规范本应适用的法律,但系行为人通过构建一个新连接点的手段而达到的;第三,被规避的法律属于强行法的范畴,因为如属任意性法规,则并非必须在有关法律关系中适用,故不存在规避问题。

为规避法律而构造连接点的情况是多种多样的。

第一,改变住所或国籍。在内国有关冲突规范以住所为连接点的情形下,由一国住所改为另一国住所,以及在以国籍为连接点的情况下,由一国国籍改变为另一国籍。例如为规避原住所地法或原国籍国法中的结婚或离婚的有关禁止规定,而有意改换国籍或住所,使此等法律关系先在无相应禁止规定的地方成立,以造成既成事实,再返回原来国家生活。

第二,变更行为地。在适用场所支配行为原则的情况下,故意变更行为地,以采取某种为内国法所不允许的行为方式成立法律关系。例如在婚姻方式乃至婚姻实质要件依举行地法的情况下,当事人有意前往他国,得以按本国法不允许的方式结婚或成立按本国法不允许成立的婚姻。

　　第三,变更所在地。在物权关系适用所在地法的情况下,故意把一国法律规定不准为某种处分的物转移到无此种限制的国家,或者将占有的动产,从规定取得时效长的国家转移到取得时效较短的国家等。

　　第四,在适用宗教法规的情况下,当事人还有可能通过改变宗教达到规避原属宗教法中禁止规定的目的。

　　在涉外民事领域,当事人之所以可以通过构建另一连接点而达到规避法律的目的,是因为准据法是通过冲突规范中的连接点的指引而得以确定的,为此,有些国家曾试图通过国际努力来限制其发生。例如斯堪的纳维亚四国,就曾经缔结协定,规定缔约国一方公民在缔约另一方设立住所,需经两年以上,才算取得住所,以防止伪设住所的发生。

二、法律规避的性质

　　在国际私法上,法律规避的性质是指法律规避究竟是一个独立的问题,还是公共秩序保留问题的一部分,对此学者们有不同意见。一派学者,诸如克格尔、努斯鲍姆、巴迪福等认为法律规避是一个独立的问题,不应与公共秩序保留问题相提并论。尽管两者在结果上都是对本应适用的外国法不予适用,但它们的性质却是大不相同的:因公共秩序而排除外国法的适用,着眼于外国法本身的内容;因法律规避而不适用外国法,却是着眼于当事人的诈欺行为。与之相反的是,另一派学者,诸如梅尔希奥、巴丁、萨瑟等则认为法律规避属于公共秩序保留问题,是后者的一部分,在不适用外国法而适用内国法时,两者同样是为了维持内国法的权威。法律规避只是公共秩序的一种特殊情况,其特殊性在于适用外国法可能导致的"社会混乱"是由当事人通过欺诈行为引起的。[①] 1987年的瑞士冲突法在草案和最后文本中,均未见法律规避条款,而仅有公共秩序的规定,似也采此种立场。

　　许多中国学者认为,法律规避是一个独立的问题,并指出两者主要不同在于:法律规避是当事人故意通过改变连接点的行为造成的,公共秩序则是由于冲突规范所指定的外国法的内容及其适用的结果与冲突规范所属国的公共秩序相抵触而引起的。

三、法律规避的效力问题

　　早先的学说并不认为国际私法上的法律规避是一种无效的法律行为。例如

---

① 　转见韩德培主编:《国际私法》,武汉大学出版社1989年修订版,第85页。

瓦希特(Wächter)和魏斯等人就认为,既然双边冲突规范承认可以适用内国法,也可以适用外国法,全取决于连接点的指向,那么内国人为使依内国实体法上不能成立的法律行为或法律关系得以成立,前往某一允许为此种法律行为或成立此种法律关系的外国,设置一个连接点,使它得到成立,并未逾越冲突法所容许的范围,故不应把它视为违法行为。另外,处理什么法律关系采何种连接因素,是基于客观的情况,因此,即使当事人为了某一目的而改变连接因素,也并不与冲突法相抵触。①

但是,主张对国际私法上的法律规避行为应视作违法行为的学者则认为,国际私法上的法律规避,是为了逃避内国实体法的强制性规定,是一种违反公共秩序的行为。另外,法律规避是一种诈欺行为,根据"诈欺破毁一切"(Fraus Omnia Corrumpit)的原则,也应认其为无效。

在法律规避中,一般认为规避内国强行法的行为是无效的,很多国家的立法作了明文规定,如1979年《匈牙利国际私法法规》第8条。

但是,如被规避的是外国强行法是否也无效则无定论。虽同是法国法院,在1922年处理弗莱(Ferrai)一案时,却并不认为规避外国法律的离婚判决是无效的。弗莱及其妻均为意大利人,由于当时意大利法律只准别居,不准离婚,其妻为获得离婚判决而加入了法国籍,终于在法国获准离婚。② 但也有立法和判例将规避外国法律的行为视为无效。例如,1929年英国法院曾认为,规避美国禁止输入酒类法律的契约是无效的。1979年美洲国家组织第二次国际私法会议通过的《关于国际私法一般规定的公约》第6条也规定,"成员国的法律不得在另一成员国的法律基本原则被诈欺规避时作为外国法而适用",也是采取保护其他国家法律基本原则的立场。

四、中国的有关规定

《涉外民事关系法律适用法》对法律规避未作明文规定,但《关于适用〈中华人民共和国涉外民事关系法律适用法〉若干问题的解释(一)》第九条规定:"一方当事人故意制造涉外民事关系的连接点,规避中华人民共和国法律、行政法规的强制性规定的,人民法院应认定为不发生适用外国法律的效力。"

在广晟投资发展有限公司、北京北大青鸟有限责任公司与中国恒基伟

---

① 刘甲一:《国际私法》,三民书局1984年版,第152页;苏远成:《国际私法》,五南图书出版公司1970年版,第119页。

② 法国自1884年后允许离婚,意大利自1975年后允许离婚。

业集团有限公司、香港青鸟科技发展有限公司借款及担保合同纠纷案中,北京市高级人民法院一审认为,本案涉案合同《可转换债发行协议》项下的签约主体广晟公司、恒基公司、香港青鸟公司均为香港企业,内容亦是涉案款项用于在香港发行可转换债,但是在协议的履行中,涉案款项根本未用于协议约定的内容,未在香港使用,而是由签约主体授权内地企业放款、收款,涉案款项在内地企业之间流转。其行为实质是内地企业为规避企业之间不得借款的强制性管理规定,借用香港主体签约的这种方式而为之,应属无效行为。本案虽然当事人在《可转换债发行协议》中约定本案适用香港规定,但是由于《可转换债发行协议》是为规避内地法律而签订,不发生适用香港规定的效力,该合同争议应当适用内地法律。但是,最高人民法院二审认为,从本案情况看,难以认定本案当事人存在通过制造连接点以规避内地法律法规的强制性规定的故意,《可转换债发行协议》中有关准据法的约定合法有效,本案应根据香港规定确定《可转换债发行协议》的效力。就广晟公司与恒基公司之间《可转换债发行协议》的效力而言,广晟公司、香港青鸟公司向法庭提供香港特别行政区律师出具的法律意见书,均认可在香港特别行政区发行可转换债不需要香港金融机构的审批。本案主合同纠纷的审理应适用香港规定,北大青鸟公司以本案应适用内地法为前提,以"公司发行可转换债必须经国家证券监督管理部门审批,禁止公司私自以协议方式发行"为由,认为《可转换债发行协议》无效的理由不能成立。依据香港《放债人条例》的规定,从事借贷业务的出借人原则上应在主管部门取得相应的牌照后方能从事贷款行为,否则,其与借款人签订的借贷协议是无效或不能被执行的。但《放债人条例》附表一第二部"豁免管制之贷款"第五条规定,"根据公司条例注册之公司或任何商号或人士,其基本或主要业务并不涉及贷款者,在日常业务中提供之贷款",属于"豁免管制之贷款"。广晟公司的基本或主要业务不涉及贷款,其在日常业务中提供的贷款属于豁免管制之贷款,不存在依香港《放债人条例》应当认定无效的情形。亦不存在其他应当依法认定无效之因素的情况下,案涉主合同应认定合法有效。《可转换债发行协议》约定广晟公司可以指定付款人,恒基公司亦可以指定收款人,广东广晟公司依广晟公司的指定向恒基公司指定的北京恒基公司付款,系履行《可转换债发行协议》的行为。最高人民法院认为,一审判决仅仅根据案涉款项在广东广晟公司与北京恒基公司这两个内地企业之间流转的事实,就认定《可转换债发行协议》系以合法形式掩盖内地企业借贷的非法目的,进而认定该协议无效,缺乏事实和法律依据。参见最高人民法院(2012)民四终字第27号民事判决书。

另外,在中国银行(香港)有限公司与广西壮族自治区商务厅、刘经纶一般担保合同纠纷案中,法院审理认为,本案为保证合同纠纷,国家机关不得为保证人,国家机关违反法律规定提供担保的、未经国家有关主管部门批准或者登记对外担保的,担保合同无效。以上规定均属法律强制性规定。根据《涉外民事关系法律适用法》第四条"中华人民共和国法律对涉外民事关系有强制性规定的,直接适用该强制性规定",应当适用我国内地法律作为审理本案的准据法。参见最高人民法院(2013)民四终字第 23 号民事判决书。

第四节　外国法的查明和错误适用

一、外国法的查明

1. 外国法查明的概念

外国法的查明,又称为外国法内容的确定,在英美法系国家则称为外国法的证明,它是指一国法院根据本国冲突规范指定应适用外国法时,如何查明该外国法的存在和内容。任何法官都不可能通晓各国的法律,因此,当一国法官在审理涉外民事案件时,如依本国冲突规范的指定应适用外国法,就必须通过一定的方法来确定该外国法中有关规定是否存在,并且了解其内容。

2. 外国法的查明方法

各国对外国法究竟属于事实还是法律有不同的主张。依某些国家诉讼法的观点,了解法律和查明事实是截然分开的,法官应当知法,而且仅限于法律,至于事实,则应由当事人举证,法院只根据当事人所证明的事实加以认定并适用法律作出裁判。因此,在依冲突规范适用外国法时,就会产生这样一个问题,即该外国法应被视为法律还是事实? 如果把外国法视为法律,那么就应当用查明内国法内容的同样方法,由法官依职权查明其内容;如果把外国法视为事实,则应当用确定事实的程序来确定其内容,由当事人负举证责任。实践中,也有些国家采取折中主义,即外国法的查明既与查明内国法的程序不同,也与查明单纯的事实不同,法院既应依职权确定外国法的内容,同时当事人亦负有协助查明的义务。由于有这些互不相同的主张,外国法的查明方法大致可分为三类。

第一,当事人举证证明。普通法系国家及部分拉丁美洲国家采取这种做法。它们不将外国法看作法院应主动适用的法律,而是视其为当事人引用来主张自己权利的事实。外国法中有无相关规定及其内容,须由当事人举证证明,法官没有依职权查明的义务。证明的方法可以是当事人在诉状中引证该外国法,或请专家提供证言。当双方当事人对该外国法的内容有争执时,由法院断定哪一方的主张是正确的。

第二,法官依职权查明,无须当事人举证。欧洲大陆一些国家把外国法视为法律,认为法官应该知道法律,主张法官负责调查认定,无须当事人举证证明。

第三,法官依职权查明,但当事人亦负有协助的义务。采取这种做法的国家有德国、奥地利、瑞士、土耳其、秘鲁等。但是这种做法更重视法官的调查,对当事人的证据既可以确认,也可以限制或拒绝。如,1987年《瑞士联邦国际私法法规》第16条规定:"法官负责查明外国法的内容。法官可以要求当事人予以合作。"

应当说,上述第三种方法较为合理,原来坚持把外国法看作事实而要求由当事人举证的国家,逐渐转向采取上述第三种做法。

3. 外国法不能查明时的法律适用

与上述问题有关的是,经过上述各种途径和适当时间,外国法仍然不能查明,或经查明外国法无有关规定,应如何解决法律适用的问题。对此,也有不同的学说和实践。

第一,推定外国法与内国法相同。在外国法无法查明或经查明外国法没有相应规定时,英国法院的做法是以推定外国法与英国法内容相同为根据,适用英国法。

第二,以内国法为代替。如1978年《奥地利国际私法法规》便规定,"如经充分努力,在适当时期内外国法仍不能查明时,应适用奥地利法"。这也是大多数国家的做法。

第三,驳回请求。有的学者主张,内国冲突法既指示法官适用外国法,并未规定适用其他法律,所以在外国法无法查明时,应驳回当事人的请求或答辩。

第四,适用近似的法律。也有的学者认为,在外国法无法查明时,应适用与该外国法最近似的国家法律来裁判。在德国曾有这样一个案例,一个厄瓜多尔人,因其父的遗嘱剥夺了他财产继承中的特留份的权利,而发生争议。由于当时第一次世界大战刚刚结束,不能获得《厄瓜多尔民法典》规定内容的证明,结果德国法院认为,《厄瓜多尔民法典》是以《智利民法典》为模本的,因而最后适用了《智利民法典》的相应规定。

4. 中国有关外国法查明的规定

中国法院在审理案件时一贯实行"以事实为根据,以法律为准绳"的原则,当依据中国冲突规范的指定应当适用的法律为外国法时，人民法院有责任查明外国法的内容，当事人也有举证的责任。为此，《涉外民事关系法律适用法》第十条规定："涉外民事关系适用的外国法律，由人民法院、仲裁机构或者行政机关查明。当事人选择适用外国法律的，应当提供该国法律。不能查明外国法律或者该国法律没有规定的，适用中华人民共和国法律。"《关于适用〈中华人民共和国涉外民事关系法律适用法〉若干问题的解释（一）》第十五条规定："人民法院通过由当事人提供、已对中华人民共和国生效的国际条约规定的途径、中外法律专家提供等合理途径仍不能获得外国法律的，可以认定为不能查明外国法律。根据《涉外民事关系法律适用法》第十条第一款的规定，当事人应当提供外国法律，其在人民法院指定的合理期限内无正当理由未提供该外国法律的，可以认定为不能查明外国法律。"第十八条规定："人民法院应当听取各方当事人对应当适用的外国法律的内容及其理解与适用的意见，当事人对该外国法律的内容及其理解与适用均无异议的，人民法院可以予以确认；当事人有异议的，由人民法院审查认定。"

在蒂森克虏伯冶金产品有限责任公司与中化国际（新加坡）有限公司其他买卖合同纠纷案中，双方当事人在合同中约定应当根据美国纽约州当时有效的法律确定效力、管辖和解释，故应适用当事人在合同中选择的美国纽约州法律。蒂森克虏伯公司提交了《美国统一商法典》和相关判例，认为案涉合同应认定有效。中化新加坡公司虽对蒂森克虏伯公司代理人关于美国法律的说明不予认可，但对于蒂森克虏伯公司提交的相关美国法律并未提出异议。因此，对蒂森克虏伯公司提交的美国法律，法院予以确认。根据双方当事人提交并确认的美国法律，案涉采购合同并不存在应认定无效的情形，采购合同有效。参见最高人民法院（2013）民四终字第 35 号民事判决书。

二、外国法的错误适用

外国法的错误适用因两种情形而发生，一是依内国的冲突规范本应适用外国法而错误地适用了内国法，或者本应适用甲国法却错误地适用了乙国法，这叫"适用冲突规范的错误"。可以说是对内国冲突规范的"直接违反"。另一种是虽依内国冲突规范适用了外国法，但对它的解释发生错误，从而构成了对内国冲突法的"间接违反"。

错误适用外国法构成对法院国自身冲突规范的直接违反，应视其性质与违反内国法相同，各国的实践一般都允许上诉。

至于对解释错误能否上诉，各国的做法是不一致的。因为在一些国家中，一方面把这种外国法只看作事实,另一方面上诉审又只是"法律审",并不负审查与纠正下级法院认定事实错误的责任,因而它们都不允许上诉,如法国、德国、瑞士、西班牙、希腊、比利时、荷兰等国。但也有一些国家,诸如意大利、葡萄牙、奥地利、芬兰、英国、美国等,则允许对解释外国法发生的错误上诉。

中国尚未有这方面的立法及实践,但从中国上诉制度的目的看,对外国法的适用无论发生什么性质的错误,如果会造成严重的不合理的后果,应可以通过上诉甚至审判监督程序加以纠正为宜,这显然更有利于保护正当的国际私法关系。

扩展阅读:

1. 金彭年:《国际私法上的公共秩序研究》,《法学研究》1999 年第 4 期。

2. 田曼莉:《国际私法上法律规避问题之我见》,《法学评论》2000 年第 6 期。

3. 金彭年、汪江连:《从反致制度的本质看我国关于反致制度的取舍》,《浙江大学学报(人文社会科学版)》2004 年第 2 期。

4. 金彭年、吴德昌:《以强制性和禁止性规范为视角透视法律规避制度》,《法学家》2006 年第 3 期。

5. 肖永平:《论英美法系国家判例法的查明和适用》,《中国法学》2006 年第 5 期。

6. 谢晓彬:《现代国际私法理念下反致制度的发展前景评析》,《政法论坛》2008 年第 5 期。

7. 徐锦堂:《论域外法查明的"意志责任说"》,《法学评论》2010 年第 1 期。

8. 徐鹏:《外国法解释模式研究》,《法学研究》2011 年第 1 期。

9. 许光耀:《略论国际私法上的法律规避制度》,《法学评论》2012 年第 6 期。

10. 许庆坤:《国际私法中的法律规避制度》,《法学研究》2013 年第 5 期。

11. 林燕萍、黄艳如:《外国法为何难以查明——基于〈涉外民事关系法律适用法〉第 10 条的实证分析》,《法学》2014 年第 10 期。

12. 王军:《法律规避行为及其裁判方法》,《中外法学》2015 年第 3 期。

13. 李建忠:《论我国外国法查明方法规定的重构》,《法律科学(西北政法大学学报)》2019 年第 1 期。

本章习题:

1. 甲国法院在审理某涉外民事案件时,其法律适用表现为"甲国法——乙国法——丙国法",最后法院依丙国实体法作出判决,这一过程实际上是   (   )

　　A. 转致。　　　　　B. 识别。　　　　　C. 间接反致。　　　　D. 一级反致。

2.依我国司法解释,在借公共秩序排除本应适用的外国法后,应适用 （　　）

A.国际条约。　　　　　　　　　B.国际惯例。

C.该国法中近似规定。　　　　　D.我国国内法相应规定。

3.许多人认为下列哪项制度称为国际私法中的"安全阀" （　　）

A.识别。　　　　　　　　　　　B.反致。

C.先决问题。　　　　　　　　　D.公共秩序保留。

4.下列说法,正确的是 （　　）

A.是否援用公共秩序保留主要是看该外国法的内容。

B.是否援用公共秩序保留主要取决于该外国法的适用结果。

C.国内民法上的公共秩序与国际私法上的公共秩序的内涵是一致的。

D.公共秩序保留排除的对象为外国公法的适用。

5.构成法律规避的要件有 （　　）

A.当事人主观上有逃避适用某种法律的故意。

B.规避的对象为强制性或禁止性规定。

C.规避的方式为故意改变或制造某种连接点。

D.当事人适用有利于自己的法律的目的已达到。

6.反致。（名词解释）

7.公共秩序。（名词解释）

8.法律规避。（名词解释）

9.法律规避与公共秩序保留制度的联系与区别是什么?（简答）

10.我国现行法律与司法解释规定的外国法查明方法是什么?（简答）

参考答案

1	2	3	4	5	6	7	8	9	10
A	D	D	B	ABCD			略		

第四章　外国人民事法律地位

第一节　外国人民事法律地位概述

一、外国人民事法律地位的概念

外国人的民事法律地位,是指外国自然人和法人能在内国享有民事权利和承担民事义务的法律状况。

对外国人的民事法律地位,各国根据本国的国情、政策和利益,大都在国内立法中作出规定,但也有通过国际条约直接加以规定的。外国人在内国依据国内立法或国际条约的规定,能享有一定的民事权利和承担一定的民事义务,是外国人在内国得以从事民事活动的法律前提。因此,在内国的外国人能否成为民事法律关系及民事诉讼关系的主体,都须依照所在国法律或国际条约解决,本不涉及适用外国法的问题。不过,当外国人在内国取得了某种民事法律地位以后,究竟应该适用哪一国家的法律作为他们行使某项具体权利承担某项具体义务的准据法,却往往因为他们的属人法与所在国法律有不同规定而导致法律冲突。因此,尽管一国关于外国人民事法律地位的规范属于实体法范畴,但因为它是涉外民事关系中发生法律冲突的前提,故应属国际私法的重要内容之一。

二、外国人民事法律地位的变迁

赋予外国人一定的民事法律地位,并不是从来就有的,而是国际经济关系和国际交往的发展所要求的。在历史上,外国人民事法律地位曾几经变迁。

1. 奴隶制时期

奴隶社会的前期不承认外国人的民事法律地位。例如在古希腊时代,各城邦的法律并不保护外国人的婚姻和财产,甚至海盗抢劫外国人的财产,也不认为是违法行为。① 古罗马前期也同古希腊一样轻视外国人。罗马法只承认罗马市民是权利主体,外国人也被视同敌人。但是,随着社会分工的发展带来了商业的独立和生产力的进步,商品交换渐渐超越了一个国家的国界,内外国人的交往增多,这时再把外国人视同敌人已经行不通了。因此后期的奴隶制国家也承认外国人具有一定的民事法律地位。例如古罗马在征服了大片领土后,为了发展商业贸易,从公元前 3 世纪以后,逐渐给予外国人(外来人,即非罗马市民)一定的法律地位,开始用"万民法"来调整罗马市民与外国人,以及外国人与外国人的民事关系。② 即使在此时,也只把外国人(外来人)当作罗马帝国的属民对待,公元212 年,罗马皇帝卡拉卡赖(Caracalla)就颁布敕令宣告在罗马帝国境内的所有自由人都是罗马帝国的市民。③

2.封建制时期

封建社会是自给自足的自然经济占统治地位的社会,封君建国,闭关自守,各国之间很少发生经济、贸易和文化往来。不过,无论是东方国家还是西方国家,外国人经封建君主或国王的恩准或特许,都可以获得某些民事权利,诸如经商、求学等。当然,封建国家的内外国人的民事法律地位是有别的,采取的是差别待遇。

3.资本主义时期

到了资本主义时期,对外国人的民事法律地位,基本上适用相互待遇和平等待遇。商品经济是资本主义社会存在的必要条件,商品经济不仅要求国内通商自由,而且也要求国际通商自由。胡伯"国际礼让说"的提出,便是反映了第一个资本主义国家荷兰的资产阶级迫不及待地要求自由的国际贸易的愿望。在资本主义国家之间,为了便利商品交换,各国势必要求相互承认对方国家商人在内国的民事法律地位。这样,资本主义国家在外国人民事法律地位问题上就适用了相互待遇和平等待遇。1804 年《法国民法典》率先以国内法形式规定外国人享有平等民事法律地位的国内立法,其第 11 条规定:"外国人在法国享有与其本国根据条约给予法国人的同样的民事权利。"

当然,在垄断资本主义初期,资本主义列强凭借"炮舰"政策和经济实力,强迫弱小国家签订丧权辱国的不平等条约,打着"平等待遇""利益均沾"的幌子,也曾攫取过在当地国家的特权地位。但是,随着一大片社会主义国家的产生和广

---

① 何适:《国际私法释义》,三民书局 1983 年版,第 13 页。

② 郑玉波编译:《罗马法要义》,汉林出版社 1985 年版,第 149 页。

③ 郑玉波编译:《罗马法要义》,汉林出版社 1985 年版,第 153 页。

大发展中国家的独立,资本主义列强在弱小国家取得的"领事裁判权"等特权已不复存在。

第二节　外国人民事法律地位的几种主要待遇制度

目前,在外国人民事法律地位方面,主要适用国民待遇和最惠国待遇制度。此外,也常有国家在国际条约中规定互惠待遇和不歧视待遇制度的。

一、国民待遇

国民待遇原则,又称平等待遇原则,最早是指所在国应给予外国人与内国公民同等的民事权利地位。但后来又逐渐将这一待遇制度通过缔结国际条约,相互给予缔约另一方的法人、商船及产品等。如 1953 年《日美友好通商航海条约》就规定,国民待遇是在缔约一方领土内所给予的待遇,不低于该方的国民、公司、产品、船舶或其物品在相同情形下所享有的待遇。

国民待遇原则在国际私法上的意义,是保证在所在国领域内的内外国人之间的民事权利地位的平等,从而排除对外国公民和法人在民事法律地位方面采取低于内国公民和法人的待遇。

国民待遇原则最早是资产阶级国家为追逐全球商业利润而提出来的。自从 1804 年《法国民法典》率先在国内法中作出规定加以确认后,很多国家相继规定或采用了国民待遇原则。这也是 WTO 法律的一个基本原则。

当前,在各国交往中,国民待遇适用的事项是十分广泛的。从各国有关国民待遇的立法和实践来看,当今的国民待遇主要有以下三个特点。

第一,当今的国民待遇原则上是一种互惠的待遇,但并非一定以条约和法律上的规定为条件。因此,为了防止内国公民在外国受到歧视,多同时采取对等原则加以制约。

第二,依照国民待遇原则,外国人与内国人处于相同的民事权利地位,仅就一般原则而言,并非在具体的民事权利的享有上外国人和内国人完全一样,外国人在内国不可能与内国人享有完全相同的民事权利。事实上,采国民待遇原则的各国,为了自身的利益,总要规定某些限制。一般是规定某些民事权利只准内国人享有,不准外国人享有。例如,美国的许多州都规定外国人不得享有土地所有权等。

第三,当今的国民待遇范围常在条约中作出限制。为了不损害国家主权的独立与安全,各国除公认应赋予外国人在人身权和其他一些必需的民事权利方面的国民待遇外,还常通过双边条约或多边条约,把国民待遇的适用范围控制在一定范围内。从当前的国际实践来看,各国一般都把国民待遇限制在船舶遇难施救、商标注册、申请发明专利权、版权以及民事诉讼权利方面。例如,中国加入的 1883 年《保护工业产权巴黎公约》第 2 条便规定:"本联盟中任何国家的国民,在保护工业产权方面,在本联盟所有其他国家内应享有各该国法律现在授予或今后可能授予各该国国民的各种利益。"从各国实践看,在沿海贸易、领水渔业、内水航运、公用事业、自由职业等方面,一般各国都不给予外国人以国民待遇。

中国在处理外国人民事待遇地位问题时,一贯对国民待遇原则持肯定态度。《民事诉讼法》第五条规定:"外国人、无国籍人、外国企业和组织在人民法院起诉、应诉,同中华人民共和国公民、法人和其他组织有同等的诉讼权利和义务。"在中国缔结或参加的双边或多边国际条约中,也不乏此类规定。如《关于中国西藏地方和尼泊尔之间通商和交通协定》第四条规定,"双方对其领土内的对方侨民的正常权益依照侨居国法律予以保护",就是实行国民待遇制度。中国还常通过国际条约就特定事项规定相互赋予国民待遇。中国和美国的贸易协定就商标注册规定相互赋予对方法人和自然人以国民待遇。

二、最惠国待遇

1. 最惠国待遇的概念

最惠国待遇是指给惠国承担条约义务,把它已给予或将给予第三国或与之有确定关系的人或事的优惠,同样给予缔约他方(受惠国)或与之有确定关系的人或事。

在上述定义中,给惠国也称优惠授予国,是指承担给予最惠国待遇的国家,是优惠的给予者;第三国亦称最惠国,是指授予国已向之承担给予优惠国待遇的国家,是优惠的已接受者;受惠国是已经或将来要以任一第三国所享有的最优惠待遇为标准而享受优惠待遇的国家。条约中规定此种待遇的有关条款,称为最惠国条款。

第二次世界大战以后,最惠国待遇被各国广泛采用。为了促进这一法律制度的发展,1964 年联合国国际法委员会主持制定了《关于最惠国条款的条文草案》,于 1978 年在日内瓦国际法委员会会议上获得通过,并建议各国就此草案缔结一项国际公约。该公约草案共 30 条,就最惠国条款和最惠国待遇的概念,最惠国待遇的分类,最惠国待遇的法律依据、来源和范围,优惠权利的取得、终止和中断,以及有关限制或不适用最惠国待遇等方面都作了相应的规定。根据以上公约草案,并结合各国缔结的最惠国条款与实践,可以看出,最惠国待遇有以下特点。

第一,最惠国待遇是根据某一项双边或多边条约的规定,授予国给予受惠国约定范围的优惠待遇。

第二,当授予国给予任何第三国最优惠待遇时,受惠国即可根据最惠国待遇条款的规定,取得与该第三国相同的待遇,而无须向授予国履行任何申请手续。

第三,最惠国待遇是指一国对另一国的待遇,但这种待遇实际上是通过一国的自然人、法人、商船、产品等所享受的待遇表现出来的。所以《关于最惠国条款的条文草案》第5条便把最惠国待遇定义为"授予国给予受惠国或与之有确定关系的人或事的待遇不低于授予国给予第三国或与之有同于上述关系的人或事的待遇"。

第四,在最惠国条款中,一般都对最惠国待遇的适用范围作了规定。最惠国待遇一般是在经济贸易的某些事项上适用,诸如关税,航行,旅客、行李和货物的过境,铁路、公路的使用等。

第五,最惠国待遇制度,在国际私法上的作用在于保证在内国的其他各国公民或法人的民事权利地位的平等,从而排除或防止对某一外国公民或法人赋予的权利地位低于内国赋予第三国公民或法人的权利地位。最惠国待遇与国民待遇不同,前者是保证在内国和外国人之间的民事权利地位相等,后者是保证在内国的外国人和内国人之间的民事地位相等。

最惠国待遇制度在 WTO 中占有十分重要的地位。

2. 最惠国待遇的分类

最惠国待遇可作不同的分类,诸如互惠的和不互惠的最惠国待遇,有条件的和无条件的最惠国待遇等。

从受惠的边数来看,最惠国待遇可分为互惠(双边受惠)和不互惠(单边受惠)两种。互惠的最惠国待遇是指各缔约国之间相互给予最惠国待遇;不互惠的最惠国待遇是指缔约国一方根据条约义务单独给予缔约另一方以最惠国待遇,而不要求回报,即不从另一方享有最惠国待遇。目前,各国均采用互惠的最惠国待遇。

从受惠的条件来看,最惠国待遇可分为有条件的和无条件的两种。有条件的最惠国待遇是指在最惠国条款中规定,只要缔约对方未能像第三国那样,在接受某些优惠时提供同等的报偿,它就不把给予第三国的优惠提供给缔约对方。而无条件的最惠国待遇则指凡缔约一方无报偿地将新的优惠给予第三国时,也自动而且无报偿地给予缔约他方。有条件的最惠国待遇,只在1923年以前美国同其他国家签订的条约中出现过,但自1923年《美德友好通商条约》缔结后便不再采用了。目前各国普遍采用的是无条件的最惠国待遇。WTO所强调的最惠国待遇制度即属此类。

根据最惠国条款,受惠国仅能就该条款所规定的或该条款的主题所包含的人或事,为了自身或为了与之有确定关系的人或事的利益,取得该条款主题范围内的权利。

最惠国待遇适用范围通常根据两国之间的关系和经济情况加以确定。一般可在以下几个方面适用这一待遇制度:(1)国家之间的商品、支付和服务往来;(2)国家之间交通工具的通过;(3)彼此的公民和法人在对方定居及其法律地位和营业上的活动;(4)彼此的外交代表团、领事代表团、商务代表团的特权和豁免;(5)著作权、专利权和商标权的保护;(6)判决和裁决的相互承认和执行等。

3.最惠国待遇的例外

最惠国待遇的例外是指在某些情况下可以不把给予第三国的优惠提供给缔约对方。在缔结最惠国条款时,一般都规定了最惠国待遇的例外条款(包括WTO有关协议),指出一些不适用最惠国待遇的例外事项。这些例外事项通常包括:

第一,一国给予邻国的特权与优惠。

第二,边境贸易和运输方面的特权与优惠。

第三,有特殊的历史、政治、经济关系的国家形成的特定地区的特权与优惠。例如,欧洲的荷比卢经济联盟和斯堪的纳维亚国家间都有一些特权与优惠,均在最惠国待遇的例外之列。

第四,经济集团内部各成员国互相给予对方的特权与优惠。例如,欧洲经济共同体、北美自由贸易区的成员国间互相享有的特权与优惠。

新中国最早在1955年与埃及签订的贸易协定中采用最惠国待遇制度(适用于发给输出、输入许可证和征收关税方面)。目前因对外开放政策的实施,更在与许多国家签订的投资保护和贸易协定中广泛适用这一制度,当然也有例外事项的规定。如中国和法国关于相互鼓励和保护投资的协定中就规定,"(1)缔约各方承诺在其领土和海域内给予缔约另一方的投资者的投资以公正和公平的待遇;(2)缔约各方对于在其领土和海域内的缔约另一方投资者的投资,应给予不低于第三国投资者的待遇;(3)上述待遇不涉及缔约一方因加入自由贸易区、关税同盟、共同市场或其他任何形式的地区经济组织而给予第三国投资者的优惠待遇"。

三、互惠待遇

当今世界,无论是国民待遇或最惠国待遇,都是建立在互惠的基础之上。所谓互惠待遇,就是指一国赋予外国人某种优惠待遇,也同时要求自己的国民能在外国人所属的那个国家享受同样的优惠。互惠既可通过国内法加以规定,也可以通过国际条约加以规定。WTO也坚持这一原则。

互惠分形式上的互惠和实质上的互惠两种。通常情况下,国家之间就民商事领域签订互惠条款时,仅满足于形式上的互惠,即并不要求在缔约对方国境内赋予其公民的具体权利范围与这些国家赋予缔约对方国公民的权利范围相等。如果在互惠条款中专门规定的权利范围完全相等,那就是实质上的互惠了。

如果在国内法中有互惠的规定,当这种规定适用于外国人时,便应首先查明,该外国人的所属国家是否也有类似规定或也采取此类措施。如果对方未履行条约义务或无国内法上的这项规定,而对自己的公民实行歧视,便可采取对等措施。

四、歧视待遇和不歧视待遇

歧视待遇又叫差别待遇,是指一国把不给予内国或其他外国自然人或法人的限制性规定专门用于特定国家的自然人和法人,或者把给予内国或其他外国自然人或法人的某些优惠或权利,不给予特定外国的自然人或法人。实行歧视待遇的结果,会使在内国特定的外国自然人或法人处于既较内国自然人或法人,也较其他外国自然人或法人低的民事权利地位。为了防止在国际经济民事交往中一国对另一国实行歧视待遇,国家之间常通过条约规定相互不采用歧视待遇。

不歧视待遇又叫无差别待遇,是指国家之间通过缔结条约,规定缔约国一方不把低于内国或其他外国自然人和法人的权利地位或特别限制适用于缔约另一方的自然人和法人。例如,1985年《中华人民共和国政府和丹麦王国政府关于鼓励和相互保护投资协定》第三条第四款规定:“缔约任何一方保证,在不损害其法律和法规的情况下,对缔约另一方国民或公司参股的合资经营企业或缔约另一方国民或公司的投资,包括对该投资的管理、维持、使用、享有或处置,不采取歧视措施。”在1984年中国与英国政府签订的关于对所得和财产收益相互避免双重征税和防止偷漏税的协定中也明确规定了不歧视待遇,即缔约一方不应把高于内国国民、企业在相同情况下负担的税收加于缔约另一方的国民或企业。

扩展阅读:

1.单文华:《我国外资国民待遇制度的发展与完善》,《法学研究》1995年第6期。

2.臧立:《论国际服务贸易中的国民待遇问题》,《法商研究》1998年第5期。

3. 蒋新苗、蒋茂凝:《国民待遇原则在跨国版权保护中的适用与例外》,《知识产权》1999 年第 4 期。

4. 李新天:《论国籍冲突的解决原则》,《武汉大学学报(人文社会科学版)》2000 年第 3 期。

5. 曾华群:《我国对外资实行国民待遇原则的法律实践》,《厦门大学学报(哲学社会科学版)》2001 年第 4 期。

6. 姜茹娇:《我国国民待遇制度的现状及发展前景探析》,《政法论坛》2002 年第 4 期。

7. 徐崇利:《从实体到程序:最惠国待遇适用范围之争》,《法商研究》2007 年第 2 期。

8. 何隽:《知识产权公约中国民待遇的"例外"》,《清华法学》2013 年第 2 期。

9. 朱明新:《最惠国待遇条款适用投资争端解决程序的表象与实质》,《法商研究》2015 年第 3 期。

本章习题:

1. 就最惠国待遇制度而言,目前各国普遍采用的是   (   )

A. 无条件的最惠国待遇。

B. 有条件的最惠国待遇为辅。

C. 有条件的最惠国待遇为主,无条件的最惠国待遇为辅。

D. 无条件的最惠国待遇为主,有条件的最惠国待遇为辅。

2. 关于外国人民法地位的规范,一般属于   (   )

A. 冲突法范畴。   B. 实体法范畴。

C. 程序法范畴。   D. 国际法规范。

3. 当今在外国人民事法律地位方面适用较为广泛的制度有   (   )

A. 国民待遇。   B. 最惠国待遇。   C. 差别待遇。

D. 互惠待遇。   E. 歧视待遇。

4. 下列事项中不属于最惠国待遇通常适用范围的有   (   )

A. 一国给予邻国的特权和优惠。

B. 基于特定历史关系特定国家之间的特权和优惠。

C. 双边协定下的特权与优惠。

D. 经济集团内部存在的特权与优惠。

E. 边境贸易和运输方面的特权与优惠。

5.《中华人民共和国政府和意大利政府关于鼓励和相互投资保护的协定》中规定的"当缔约一方国民或公司的投资在缔约另一方领土内由于战争、其他武装冲突、全国紧急状态或其他类似事件而遭受损失,它们所享受的待遇不应低于任何第三国国民或公司所享受的待遇",属于　　　　　　　　　　(　　)

  A.国民待遇。   B.最惠国待遇。   C.互惠待遇。

  D.非歧视待遇。   E.有条件的最惠国待遇。

  6.外国人民事法律地位。(名词解释)

  7.国民待遇。(名词解释)

  8.最惠国待遇。(名词解释)

  9.试论最惠国待遇的分类。(简答)

  10.试论外国人在我国的民事法律地位。(简答)

参考答案

1	2	3	4	5	6	7	8	9	10
A	B	ABD	ABDE	BCD			略		

第五章　自然人

第一节　自然人的国籍

在国际私法中,准据法是通过冲突规范中的各种连接因素的指引得以确定的,国籍则是一个很重要的连接因素。有关身份、能力、亲属和继承等涉外民事关系的准据法,很多国家都以自然人的国籍作为连接因素。

一、国籍

国籍是指自然人属于某一国家的国民或公民的法律资格。在国际公法上,国籍是一个人对国家承担效忠义务的根据,同时也是国家对其实行外交保护的根据。

国籍在国际私法上的意义,首先表现在当事人是否具有外国国籍是判断某一民事关系是不是涉外民事关系的根据之一;其次,国籍是指引涉外民事关系准据法的一个重要连接因素;最后,国籍又是在外国的侨民的民事权益受到侵犯,侨民作为原告回到祖国进行诉讼时,国家行使管辖权的一种根据。因为,尽管原告随被告是诉讼法中一条公认的管辖权原则,但是在涉外民事领域,要求概依此原则起诉,有时又不太可能或不太合理。正因如此,欧洲的一些国家常常允许自己的侨民回到本国起诉。

二、国籍的冲突

在国际私法中,把一个人同时有两个或两个以上国籍的情况称为国籍的积极冲突,而国籍的消极冲突则指一个人同时无任何国籍的情况。国籍的冲突,完全是因各国对国籍的取得和丧失所采取的制度各异而发生的。

国籍的取得,可分为生来取得与传来取得。对生来取得国籍,有的国家采血统主义,有的国家采出生地主义,有的采合并主义。在采血统主义的国家中,也有双系血统主义和单系血统主义之别。在采出生地主义国家中,其认定生来取得国籍的标准也不免有差异。例如,依英国国籍法,凡出生在英国商船上的人,不论该船是否在外国领海或港口,均被认为是英国公民;而美国却认为在美国领海或港口内的外国商船上出生的儿童应取得美国国籍。因而在上述歧异存在的情况下,一个人出生有同时取得两个国籍的可能,也有同时取得三个或更多个国籍的可能。在国籍的传来取得的情况下,也可能出现国籍的积极冲突。

并且,由于各国对国籍的取得与丧失的规定互异,还可能出现一人无国籍的情况。如一国规定凡本国妇女与他国公民结婚,当然丧失内国国籍;而其夫方国籍法规定,外国妇女与本国公民结婚并不当然取得夫方的国籍,这个妇女就会成为无国籍人。

三、国籍冲突的解决

在解决自然人国籍的积极冲突和消极冲突时,必须首先明确的是,一个人是否具有某一国家的国籍,当然只能依该国国籍法来判定。这是因为,根据国家主权原则,关于居民的法律资格的确定,属于国家权力范围内的事情,通常由各国国内立法加以规定。这已成为国际法在国籍问题方面的一个公认的基本原则。

1.国籍积极冲突的解决

对于自然人国籍的积极冲突,各国在实践中多根据不同情况分别采取如下方法加以解决。

(1)一个人既具内国国籍,又具外国国籍时,国籍的解决,不论是同时取得或异时取得的,国际上通行的做法是主张以内国国籍优先,以内国法为该人的本国法。例如,1986年《德国民法施行法》便规定:"当事人同时具有德国国籍和外国国籍的,则以德国法作为其本国法。"其他如1898年《日本法例》第28条、1939年《泰国国际法》第6条、1948年《埃及民法典》第25条、1979年《匈牙利国际私法》第11条以及1982年《土耳其国际私法和国际诉讼程序法》第4条等也作了类似规定。

(2)在当事人具有的两个或两个以上的国籍且均为外国国籍时,如何确定其本国法,则各国的实践不一,归纳起来主要有三种做法。

第一,最后取得的国籍优先。1939年《泰国国际私法》作了类似规定,如其第6条第1款为:"在应适用当事人本国法时,如当事人非同时取得两个以上外国国籍,则适用最后取得的国籍所属国家的法律。"该条第2款又规定,"在应适用其本国法时,如当事人同时取得两个以上国籍,则应以住所所在地法为其本国法"。

第二,当事人住所或惯常居所所在地国籍优先。1979年《匈牙利国际私法》第11条第3款也作了类似的规定。

第三,与当事人联系最密切的国籍优先。在国籍发生积极冲突时,依最密切联系原则来作出判断,既为许多学者所倡导,也为许多国家的立法和实践所采纳。例如,1978年《奥地利国际私法法规》第9条第1款就规定,一个人同时具有几个外国国籍的,应以与之有最强联系的国家的国籍为准。其他如1966年《波兰国际私法》第2条第2款,1987年《瑞士联邦国际私法法规》第21条和1986年《德国民法施行法》第5条也采用这种做法。土耳其1982年《国际私法和国际诉讼程序法》第4条第3款也规定,"多重国籍人,不具有土耳其国籍的,则适用与其关系最密切的国家的法律"。

2.国籍消极冲突的解决

国籍的消极冲突可分为三种情况:生来便无国籍;原来有国籍,后来因身份变更或政治上的原因而变得无国籍;国籍无法查明。对国籍消极冲突下如何确定本国法问题,一般主张以当事人住所所在地的法律为其本国法。如当事人无住所或住所不能确定的,则以其居住地法为其本国法。采用这种立法的有1954年《关于无国籍人地位的公约》第12条、1939年《泰国国际私法》第6条第4款、1898年《日本法例》第28条第2款、1966年《波兰国际私法》第3条和1986年《德国民法施行法》第5条第2款等。1982年《土耳其国际私法和国际诉讼程序法》第4条第1款也作了类似规定,并且进一步明确,如居所无法确定或没有居所,则适用法院地法。

3.中国有关国籍冲突的规定

《涉外民事关系法律适用法》第十九条规定:"依照本法适用国籍国法律,自然人具有两个以上国籍的,适用有经常居所的国籍国法律;在所有国籍国均无经常居所的,适用与其有最密切联系的国籍国法律。自然人无国籍或者国籍不明的,适用其经常居所地法律。"

第二节 自然人的住所

一、住所在国际私法中的地位

住所在国际私法中占有重要的地位。自巴托鲁斯以后,直至1804年《法国民法典》颁布的数百年间,国际私法上的属人法本只指当事人的住所地法。即便在当今,英美法系国家仍采住所地法作为当事人的属人法。在采本国法主义的国家,住所也不失其重要性。因为这些国家在当事人国籍消极冲突的情况下,一般转而适用其住所地法;在一个复合法域的国家里,适用当事人的本国法最终也常转而适用当事人在该国内的住所地法。有的国家甚至还把住所作为指定某些财产关系的准据法的连接点。住所不但是确定法律适用的重要连接点,而且对确定国际民事诉讼管辖权更具重要意义,很多国家都规定行使民事管辖权的根据,首先是当事人在内国有住所。

二、住所的概念

所谓住所(domicile),是指一人以久住的意思而居住的某一处所。[①] 从各国的立法与学说来看,一般都认为住所包含主客观两个构成因素,即一是在一定的地方有居住的事实,二是在一定的地方有久住的意思。不过,由于判定一个人是否有在某地久居的意思比较困难,近年来已有一种更重视客观因素的趋势,例如,加拿大的魁北克民法典即取消了传统的意思因素,以"惯常居所地"为住所。[②]

英美两国内部法律不统一,一直以住所地法为属人法,故对住所的研究比较细致详尽。它们的判例对住所确立了以下几个原则:第一,任何人必须有一住所;第二,一个人同时不能有两个住所;第三,住所一经取得,则永远存在,不得废弃,除非已取得了新的住所;第四,只有具有行为能力的人,才享有设立选择住所的能力。

三、住所与国籍、居所、惯常居所在法律上的联系和区别

住所是私法上的概念,它是自然人进行民事活动的中心地,反映了居民与特定地域的联系。在理论上讲,自然人可自由地更换自己的住所。国籍则是公法上的概念,它确定自然人的政治身份,反映了居民与特定国家的联系,非经法定程序不得随意变更国籍。至于居所,也是私法概念,它是指居民暂时居住的某一处所,设定居所的条件比住所宽泛,不要求居民有久住的意思,只要有一定居住时间的事实即可。惯常居所是海牙国际私法会议很早就喜欢用的术语,它出现在许多海牙公约中。目前,惯常居所被越来越多地使用。有人认为它的含义与住所差不多,只要去掉住所概念中的人为因素,去掉现在对住所

---

① 见《法学词典》中"住所"条款,上海辞书出版社 1980 年版,第 334 页。

② 《中国大百科全书·法学》,中国大百科全书出版社 1984 年版,第 816 页。

中意向因素的强调即可。英国法院曾把它定义为："持续一定时间的经常的实际居住。"

住所、国籍和居所，在国际私法上，三者的联系表现为都是指引准据法的连接点。很多国家的立法都规定，在适用当事人本国法而国籍存在冲突时，以住所为指引准据法的替代连接因素，而在适用住所地法的场合，如果当事人的住所不明或没有住所的，则转而适用其居所或惯常居所地法。

四、住所的种类

在国际私法上，根据住所的取得方式，可将住所分为三种。

1. 原始住所（domicile of origin）

原始住所是指自然人因出生而取得的住所，故又称"生来住所"。在英国法上，自然人的原始住所是指出生时父之住所所在地；出生时父已死或非婚生子女，则以生母的住所为原始住所；如系弃婴，则以发现地为其原始住所。在未取得选择住所以前，原始住所始终存在，并不得因当事人的意思而放弃，即令当事人早已离开该地，但只要没有事实证明他已在另一国设立一个永久之家的意思和事实，属人法仍然是原始住所地法。

2. 选择住所（domicile of choice）

选择住所也称为"意定住所"，是指自然人因自主选择而取得的住所。在英国法上，选择住所成立的要素有三条：一是有独立性的人才能选择住所，未成年人、精神病人（在过去还包括已婚妇女）不能选择住所；二是对于新取得的住所有居住的事实，但不问居住的时间长短；三是对新取得的住所有永久居住的意思。久住的意思，一般是指无期限或非预定期间，同时也必然包括对原住所的永久放弃、毫无回复的意思。自然人在取得了选择住所后，原始住所即自动终止；但一旦失去或放弃选择住所，原始住所则又自动恢复。因此，戚希尔与诺思的《国际私法》一书指出，就英国的国际私法来说，原始住所甚至比国籍这个因素更为稳定。

3. 法定住所（statutory domicile）

法定住所是指依法律直接规定而取得的住所。在英国法上，法定住所又称"从属住所"（domicile of dependency），是指不具独立行为能力的人（dependent person，多指 16 岁以下的未成年人，精神失常的人）的住所，还有已婚妇女和军人的住所。大陆法系认为未成年人的法定住所应是父亲的住所，父亡则以父亡时的住所为住所，并不随其母或监护人的住所而变动。但英美判例则认为未成年人的住所既属"从属住所"，完全依赖于各该不具独立性的人在法律上依靠着谁,因而是可以变动的,如在父亲死亡后应为其母的住所。对于已婚妇女,现在已多允许她们有设定选择住所的行为能力。

美国关于住所的制度基本与英国类似,但有两点区别:一是美国不承认原始住所因选择住所的放弃而自动恢复的制度;二是虽也强调住所取得的意思条件,但并不太注重永久居住的意思。[1]

五、住所的冲突

住所的积极冲突,是指一个人同时具有两个或两个以上的住所;而一个人无任何法律意义上的住所,则称住所的消极冲突。住所的冲突,主要是由于各国有关住所的法律规定不同而产生的。大陆法系认为,某人是否在某国取得住所,主要看他是否在某地建立了生活根据地或业务中心。例如,1942 年《意大利民法典》第 12 条规定,民事上的住所系个人业务及利益中心地;1896 年《日本民法典》第 21 条规定,各人生活的住地为其住所;1804 年《法国民法典》第 102 条规定,一切法国人,就行使其民事权利而言,其定居之地即为其住所。而英国则强调住所取得的要件,主要在当事人是否有于某地久住即安一个唯一永久的家(sole permanent home)的意思。许多国家不允许一个人同时有两个以上的住所,但 1896 年《德国民法典》第 7 条第 2 款却规定一人也可同时于数地设立住所。德国法还允许无住所,而英国法则认为人必有一住所。此外,由于事实认定的不同也可能发生住所的冲突。如一弃婴被发现于甲乙两国交界处,两国均可认为该弃婴的住所在(或不在)自己国内。

六、住所识别标准

对于国际私法上的住所究竟如何认定,曾有各种不同的主张,但大多数学者及法院的实践是采用法院地法说,即主张依照法院地的住所概念认定当事人的住所究竟在何处。例如,1971 年《美国第二次冲突法重述》第 13 条规定,在适用冲突规范时,法院依自己(州)的标准判定住所,只有在(1)争议涉及外州的法院或机关的管辖权;(2)它们的这种管辖权正是根据当事人有住所在该州才行使的时候,才适用外州的住所标准。英国国际私法也认为,住所的确定只能依据英国法中的住所概念,而不能按外国法的概念来决定。

显然,依法院地的住所概念认定当事人的住所,一般情况下是完全合理的。

---

[1]　1971 年《美国第二次冲突法重述》,第 11—23 条。

七、住所冲突的解决

对于住所的积极冲突,其解决原则大体与解决国籍的积极冲突相似。即如发生内国住所与外国住所间的冲突,以内国住所优先,而不管他们取得的先后;而发生外国住所与外国住所间的冲突,如果它们是异时取得的,一般以最后取得的住所优先,如果是同时取得的,一般以设有居所或与当事人有最密切联系的那个国家的住所为住所。

对于住所的消极冲突,一般以当事人的居所代替住所;如果无居所或居所不明时,一般把当事人的现在所在地视为住所。

八、中国有关住所的规定

《民法典》第二十五条规定:"自然人以户籍登记或者其他有效身份登记记载的居所为住所;经常居所与住所不一致的,经常居所视为住所。"《涉外民事关系法律适用法》第二十条规定:"依照本法适用经常居所地法律,自然人经常居所地不明的,适用其现在居所地法律。"《最高人民法院关于适用〈中华人民共和国涉外民事关系法律适用法〉若干问题的解释(一)》第十三条规定:"自然人在涉外民事关系产生或者变更、终止时已经连续居住一年以上且作为其生活中心的地方,人民法院可以认定为涉外民事关系法律适用法规定的自然人的经常居所地,但就医、劳务派遣、公务等情形除外。"

九、《解决本国法和住所地法冲突公约》

国际私法上法律的域内效力与域外效力的矛盾,在属人法的适用上,是以本国法主义与住所地法主义的对立形式表现出来的。自巴托鲁斯法则区别说以来,直到 1804 年《法国民法典》颁布以前,在欧洲,所谓的属人法只是指当事人的住所地法。后来,随着《法国民法典》的颁布,特别是经意大利著名政治家兼法学家孟西尼的大力鼓吹,大陆法系各国便广为采用本国法作为属人法,而英美法系等国仍守成规,坚持住所地法原则。这样,便形成了在属人法方面本国法主义与住所地法主义之间分庭抗礼的对立格局。此种对属人法所采取的法律政策的不同,恰好反映了两大法系之间国家利害关系的对立。为了解决本国法和住所地法之间的冲突,以统一国际私法为己任的海牙国际私法会议经过努力,终于在1955 年 6 月 15 日于海牙订立了《解决本国法和住所地法冲突公约》。该公约第1 条开宗明义规定:"如果当事人的住所地规定适用当事人本国法,而其本国规定适用住所地法时,凡缔约国均应适用住所地的内国法。"从而表现出大陆法系与英美法系之间在属人法方面本国法主义与住所地法主义由过去的尖锐对立，渐渐趋向当今的调和妥协，而且出现了一定程度的住所地法优先的倾向。这反映出大陆法系对英美法系在属人法连接点上的重大让步，即国籍原则对住所原则的重大妥协。当然，作为大陆法系让步的条件，英美法系同意对"住所"作扩大解释而包括"习惯居所"（habitual residence）。应该说，由于在属人法的连接点上提高了住所和习惯居所的地位，对于国际贸易与商业行为显然是有利的。正因如此，欧洲一些新近颁布的国际私法立法，也抛弃了在属人法上绝对的、僵硬的做法，亦多兼采本国法与住所地法而为选择的适用。目前，该公约尚未生效，只有比利时、荷兰、法国、卢森堡、西班牙五国签署，其中前两国已批准了该公约。

第三节　自然人权利能力和行为能力

一、自然人的权利能力

1. 自然人权利能力的概念

权利能力是指自然人享有民事权利和承担民事义务的资格。权利能力和权利是既有联系又有区别的两个概念，后者是指构成任一民事法律关系的内容要素，是指民事主体在参加民事活动时依法所取得的实体权利，而前者是指构成民事法律关系主体的主体要素，即一个人能够取得民事权利的一种资格。因此，就权利能力而言，它是依附于公民人身的，与公民人身具有不可分离的性质。凡自然人，依照现代法的观点，是都有权利能力的。而权利则是可以与主体分离的，需要依一定的法律事件或法律行为为主体取得，并可为主体依法处分。

2. 自然人权利能力的冲突

由于现代国家都承认人的权利能力"始于出生，终于死亡"，总体而言，似乎不大可能发生法律冲突，但是对于在什么状态下叫"出生"和"死亡"，各国民法的规定不尽相同，仍会引起自然人权利能力的冲突。

例如，对于"出生"，有的主张在婴儿露头之时，有的认为在婴儿独立呼吸之时。1896 年《德国民法典》第 1 条规定人的权利能力始于出生之完成，西班牙民法则规定胎儿出生后需存活 24 小时以上才取得权利能力。因此，如果涉及的某一民事主体，依一国民法，认为已经出生而取得权利能力，而依另一国民法，却认为他还不成为一个人，因而不具权利能力，这就会发生自然人权利能力的冲突。

对于自然人的死亡，一般说来，在自然死亡方面不存在法律冲突，但在宣告失踪或宣告死亡方面，因各国规定不同而常导致冲突发生。例如，在宣告失踪或宣告死亡的时间上,法国规定,凡停止在其住所或居所出现并杳无音信者,经四年即可宣告失踪,日本却规定需满七年。并且法国和日本只有宣告失踪而无宣告死亡的制度,其宣告失踪的效力与宣告死亡相同。而我国《民法典》规定,公民下落不明满两年的,经利害关系人的申请可由人民法院宣告为失踪人;公民下落不明满四年的,或因意外事故下落不明满两年的,利害关系人可向人民法院申请宣告其死亡。另外,宣告失踪或宣告死亡发生效力的日期以及在实体法上的效力,各国也有不同规定。

此外,许多国家还有一种"推定存活"(presumption of life)的制度,它是针对有相互继承权的数人同时死亡,并且依事实情况不能确定其中谁死于后的这个问题而规定的。例如,1804年《法国民法典》第720—722条规定,如同时死亡者均不足15岁,推定最年长者后死;均在60岁以上者,推定年龄最低者后死;如既有15岁以下的又有60岁以上的,推定最年少者后死;且如年龄相等或相差不过一岁,而且其中既有男性也有女性时,推定男性后死等。英国1925年《财产法则》不分性别,仅在第184条规定,如年龄不同者同时死亡,推定年幼者后死。中国目前也不分男女,但从另外的角度(即有无其他继承人和辈分是否相同)规定,相互有继承关系的几个人在同一事件中死亡,如不能确定死亡先后时间的,应推定无继承人的先死;如他们均有继承人,则看他们的辈分是否相同——如辈分不同,应推定长辈先死,如辈分相同则应推定同时死亡,彼此不发生继承关系,而由他们各自的继承人继承。可见,因推定制度的规定不同,也会使自然人的权利能力发生冲突。

3. 自然人权利能力的法律适用

在自然人权利能力发生法律冲突时,对其适用的法律,有以下几种主张。

一是认为应适用于人的权利能力的法律是该法律关系的准据法所属国法律。其理由是,所谓权利能力,不外是特定的人在特定的涉外民事法律关系中能否享有权利和承担义务的能力问题,因此最妥当的,如权利能力涉及合同关系,则应适用合同准据法所属国的法律制度,如权利能力涉及物权关系,则应适用物权关系准据法所属国的法律判定,如权利能力涉及继承关系,则应适用继承关系准据法所属国法律判定等。[①]

二是认为应适用人的权利能力的法律是法院地法。此说的理由是自然人的权利能力关系到法院地法律的基本原则,关系到法院地的重要公益,故应由法院

---

① 洪力生:《论国际私法上能力的准据法》,载马汉宝主编:《国际私法论文选辑》(下),五南图书出版公司1984年版,第552页。

地法判定。①

三是认为应依当事人的属人法来解决他的权利能力问题。其理由是,权利能力是自然人的基本属性,特定的人的这种属性是受一国伦理、历史、社会、经济、政治等方面的条件决定的。因而只应适用当事人的属人法,尤其是本国法来判定。孟西尼把国籍因素提高到了国际私法指导原则的高度,并且认为"个人的权利是只能受到他出生的那个社会的法律审判",也属这种观点。

上述三种观点都有可取之处,但都不宜加以绝对化。在判定自然人的权利能力时,原则上应适用当事人属人法。因为只有这样,才有利于自然人权利能力的稳定,有利于发展国际民事交往。但在特定情况下,也并不能排除法院地法和有关法律关系准据法的适用。

4. 中国的有关规定

《涉外民事关系法律适用法》第十一条规定:"自然人的民事权利能力,适用经常居所地法律。"

二、涉外失踪或死亡宣告

由于宣告失踪或死亡能够引起一定的民事法律后果,甚至能终止自然人的权利能力,因此在讨论自然人权利能力的法律冲突时,对于失踪和死亡宣告的管辖权和法律适用的解决,也是国际私法上的一个重要问题。

宣告失踪或死亡的原因和条件,一般是依属人法(尤其是其中的国籍国法),但对涉及法院地境内的财产及法律关系的死亡宣告,则依法院地法解决。1896年《德国民法施行法》(第9条)、1898年《日本法例》(第6条)、1966年《波兰国际私法》、1978年《奥地利国际私法》、1979年《匈牙利国际私法》和1982年《土耳其国际私法和国际诉讼程序法》等,都持这种主张。

我国的《民事诉讼法》规定了关于宣告失踪、宣告死亡案件的特别程序,《涉外民事关系法律适用法》第十三条规定:"宣告失踪或者宣告死亡,适用自然人经常居所地法律。"

三、自然人的行为能力

1. 自然人行为能力的概念

自然人的行为能力,是指通过自己的行为取得民事权利和承担民事义务的

---

① 陆东亚:《国际私法》,正中书局1979年版,第163页。

能力,或者说,是自然人能够独立为有效法律行为的资格。民法上认为,要具有通过自己的行为取得民事权利、承担民事义务的完全的能力,必须达到一定的年龄,并且精神正常、心志健全。即只有能够理智地进行民事活动,认识到这种活动的后果,并能要求他对后果独立承担法律责任的人,才具备完全行为能力。而未具备或不完全具备这种条件的自然人,则分别属于无行为能力人和限制行为能力人。

2. 自然人行为能力的冲突

由于各国民法对具有完全行为能力、无行为能力和限制行为能力规定的条件不尽相同,在自然人行为能力方面的法律冲突也是常见的。例如,各国对成年年龄的规定,其中最低者为 18 岁,如德国、英国、法国以及中国;最高规定为 25 岁,如西班牙、智利等。也有规定 20 岁为成年的,如瑞士;规定 24 岁为成年的,如奥地利等。此外,各国对完全无行为能力和限制行为能力的年龄界限或宣告条件的规定也常有差异,这些都会导致自然人行为能力的法律冲突。

3. 自然人行为能力的法律适用

由于自然人的行为能力与他的身份地位有着直接的关系,而自然人的身份地位既包括他的自然状况,如是否成年、是否心志健全、精神是否正常等,也包括他的法律地位,如是否已婚、是否为婚生等。所以,在国际私法中,一般多主张依解决自然人权利能力冲突的同一原则,即依当事人属人法来解决自然人行为能力的法律冲突。

对自然人的行为能力适用当事人属人法的观点,自巴托鲁斯的法则区别说以来,为所有国家的国际私法所接受。此规则也是国际私法中为各国采用的少有的几个共同规则中的一个。只是对属人法的理解有所不同,如大陆法系中是指当事人的本国法,而英美法系中则是指当事人的住所地法。

按照自然人的行为能力依属人法的原则,在一般情况下,自然人只要依属人法有行为能力,无论到哪一个国家都应该被承认有行为能力;反之,如果依其属人法无行为能力,则无论到哪一个国家都应该被视为无行为能力。但是随着国际经济贸易关系的进一步发展和扩大,内外国人杂居和相互交往日增,为了保护相对人或第三人不因不明其属人法的规定而蒙受损失,保护商业活动的稳定与安全,各国在适用人之行为能力依其属人法这一冲突规则时,仍有以下例外或限制:其一是处理不动产的行为能力和适用于侵权行为的责任能力,一般都不适用当事人属人法而分别适用物之所在地法和侵权行为地法;其二是有关商务活动的当事人的行为能力也可适用商业行为地法,即商业活动当事人如依其属人法无行为能力,而依行为地法有行为能力,则应认为有行为能力。

我国《涉外民事关系法律适用法》第十二条规定："自然人的民事行为能力，适用经常居所地法律。自然人从事民事活动，依照经常居所地法律为无民事行为能力，依照行为地法律为有民事行为能力的，适用行为地法律，但涉及婚姻家庭、继承的除外。"

在成功、王飞与惠州市惠阳区南凯实业有限公司借款纠纷案中，最高人民法院认为，成功为我国香港特别行政区居民，但长年居住在深圳市，所以其行为能力问题应当根据《涉外民事关系法律适用法》规定而适用内地法律。参见最高人民法院（2013）执监字第 49 号执行裁定书。

四、连接点的改变对自然人行为能力的影响

第一种情况是，一个依其原属人法为未成年的人，在一个成年年龄较其原属人法规定低的国家取得了住所或国籍，依后一属人法他已成年，在这种情况下，一般都主张应承认他已成年而且有完全行为能力。反之，一个在成年年龄较低的国家已成年的人，因连接点的改变，依他的新属人法规定还未成年，依原属人法他已取得的完全行为能力能否得到保留，对于这种情形，有三种主张：一是根据保护既得权说，认为他的新住所国或新国籍国应承认他已取得的完全行为能力；但反对者认为，如果这样就会使该当事人处于比内国同等情况的人更为优越的地位，因而第二种观点认为其成年不能在连接点改变后仍保留；第三种折中的观点则认为，应根据个案的具体情况分别解决，总的原则是既不宜使此种权利无条件地得到保留，但也不宜使过去已成立的法律关系遭到否定（如当事人在过去取得成年后已成立的遗嘱、已缔结的婚姻、已承担的责任等）。应该说，第三种观点是可取的。

扩展阅读：

1. 肖永平：《国际私法中的属人法及其发展趋势》，《法学杂志》1994 年第 3 期。

2. 何其生：《我国属人法重构视阈下的经常居所问题研究》，《法商研究》2013 年第 3 期。

3. 肖永平、郭明磊：《全球化视野下的双重国籍——兼论我国国籍法的弊端与对策》，《武汉大学学报（哲学社会科学版）》2006 年第 5 期。

4. 袁发强：《属人法的新发展》，《法律科学》2008 年第 1 期。

5. 杜新丽：《从住所、国籍到经常居所地——我国属人法立法变革研究》，《政法论坛》2011 年第 3 期。

6. 刘仁山:《现时利益重心地是惯常居所地法原则的价值导向》,《法学研究》2013 年第 3 期。

7. 杜焕芳:《论惯常居所地法及其在中国的适用》,《政法论丛》2007 年第 5 期。

8. 杜焕芳:《自然人属人法与经常居所的中国式选择、判准和适用——兼评〈涉外民事关系法律适用法司法解释(一)〉第 15 条》,《法学家》2015 年第 3 期。

9. 张军旗:《个人的国际法主体地位辨析》,《东方法学》2017 年第 6 期。

10. 张磊:《承认双重国籍趋势下对效忠义务的反思》,《法学》2021 年第 1 期。

本章习题:

1. 一国国籍法规定,凡本国人所生子女具有父母之国籍。这种规定属于国籍立法中的　　　　　　　　　　　　　　　　　　　　　　　　(　　)

A. 出生地主义。　　　　　　　　　B. 血统主义。

C. 混合主义。　　　　　　　　　　D. 以上三项均不是。

2. 根据我国《涉外民事关系法律适用法》之规定,无国籍人本国法的确定方法　　　　　　　　　　　　　　　　　　　　　　　　　　　(　　)

A. 适用有经常居所的国籍国法律。

B. 在所有国籍国均无经常居所的,适用与其有最密切联系的国籍国法律。

C. 适用法院地法律。

D. 以上均不正确适用最先取得国籍的国籍国法律。

3. 各国在适用其自然人的行为能力依其属人法这一冲突规范时,例外限制有　　　　　　　　　　　　　　　　　　　　　　　　　　　(　　)

A. 处理不动产的行为能力。　　　　B. 缔结婚姻的行为能力。

C. 有关商业活动当事人的行为能力。　D. 侵权责任的行为能力。

4. 对于当事人具有的两个以上的国籍均为外国国籍这种情况,如何确定其本国法,各国的实践有以下几种不同做法　　　　　　　　　　　(　　)

A. 最后取得的国籍优先。

B. 与当事人有最密切联系的国籍优先。

C. 以当事人的住所取代国籍。

D. 当事人住所或惯常居所所在地国籍优先。

5. 对于自然人权利能力的法律适用,主要有以下几种不同主张　　(　　)

A. 适用各该法律关系的准据法所属国法律。

B. 适用法院地法。

C.适用当事人的本国法。

D.适用当事人的住所地法。

6.国籍冲突。（名词解释）

7.住所。（名词解释）

8.简述解决自然人国籍积极冲突的基本原则和办法。（简答）

9.简述国际私法关于解决住所冲突的基本原则和办法。（简答）

10.国籍冲突产生的原因有哪些？（简答）

参考答案

1	2	3	4	5	6	7	8	9	10
B	A	ACD	ABD	ABCD			略		

第六章　法　人

　　法人(legal person,artificial person)一般认为是指依法定程序成立,具有一定的组织机构,拥有独立的财产,能够以自己的名义享受民事权利、承担民事义务,并能在法院起诉、应诉的组织体。法人作为民事法律关系的主体,在国际经济交往和合作中发挥着重要的作用。但法人作为涉外民事法律关系的主体,其民事权利能力和民事行为能力尚需得到有关外国的认许。未经认许的外国法人在内国不得作为民事主体进行民事活动。不过,各国为了进行国际经济交往和合作,特别对已依他国法律成立的外国商业法人在内国的民事主体的资格,都是可以依法或依互惠原则加以认可的。

第一节　法人的国籍

　　正如同区分内国人和外国人的标准是国籍一样,区分内国法人和外国法人的标准也是国籍。国籍的概念,本是表明自然人与特定国家之间某种固定的法律联系的标志,在国际经济和民事关系中,也同样用到法人这个法律的创造物身上,而且其国籍的法律意义几乎与自然人的完全相同。

一、确定法人国籍的不同学说

　　由于国际经济活动范围日渐扩大,某一公司为甲国人集资所组成,但其登记注册地却在乙国,董事会或管理中心设于丙国,而实际经营的业务却在丁国的情况屡见不鲜。特别是跨国公司的出现,更给确定法人的国籍造成了极大的困难,因此出现了种种不同的学说。

1.法人住所地说

　　这一学说认为法人的住所在哪一国家,便应认为该法人属哪国法人,即住所在内国的就为内国法人,住所在外国的就为外国法人。但对于何处为法人的住所,学者的主张和各国的实践尚未能统一。不过反对者认为,住所是可由法人随意设定的,依法人住所定其国籍还有一个问题,就是可能使法人为了自己的私利而通过虚设住所以达到改变其属人法和规避法律的目的。

2. 组成地说以及与之直接相关的登记地说或准据法说

法人无非是模拟自然人而由法律赋予人格的拟制体(fictitious person),因此,法人的国籍应在其取得法律人格的地方即法人的组成地。不过,在实际生活中,有时一个法人的组成需要多数行为,而这些行为往往并不在同一国家进行,如一个法人的章程订立于甲国,设立的核准在乙国,则两国都可能视其在本国组成。为了弥补组成地说的不足,学者们又提出了登记地说和准据法说。登记地说主张某一组织在哪一个国家登记注册则为哪一国的法人;准据法说则认为法人依据哪一国法律创立即取得哪国国籍。

3. 法人设立人国籍说

此说认为,法人的国籍应依组成法人的成员或依董事会董事的国籍决定。其理由是法人不能离开设立的自然人而独立。加之各国民法对于外国人的权利能力常加一定限制,如果不以其组成人员的国籍定内外国法人的区别,外国人便会通过在内国组成法人,以取得外国自然人所不能享有的权利。过去,法国法院曾采此说。

4. 实际控制说

此说主张法人实际上由哪国控制即应具有哪国国籍。故对在战争时期用以判定敌性法人具有重要意义。在实际生活中,有时一些法人虽依敌国法律成立,并不足以判定其为敌性法人。反之,有些法人的股份虽为内国人所掌握,也不足以证明它就完全为内国利益服务。因此,持这种主张的人认为应透过这些现象,视法人实际上为哪一国所控制即为哪国法人。例如,1916 年及 1925 年,瑞典曾通过有关立法,禁止在瑞典组成而实际上为外国所操纵的公司取得瑞典的土地与矿藏,因为当时德国工业巨头常常躲在瑞典公司的背后,大量购买瑞典的森林及矿产资源,危害瑞典的民族经济。

5. 复合标准说

第二次世界大战后,随着法人在国际经济交往中的作用日益加强,出现了一种把法人的住所和法人的登记注册地结合起来定法人国籍的主张。采此说,或综合法人的住所和组成地两项标准定其国籍;或综合法人的住所地或设立地和准据法两项标准定其国籍。例如,我国《民法典》第六十三条规定,法人以其主要办事机构所在地为住所。依法需要办理法人登记的,应当将主要办事机构所在地登记为住所。又如日本一般采取准据法主义,但要取得日本内国法人的资格,除依日本法成立外,尚需在日本设有住所,凡不符合这两个条件均被视为外国法人,也采复合标准说。① 1970 年国际法院在审理巴塞罗那公司案时指出:对于公司的外交保护权,只能赋予该公司依据其法律成立并在其领土内有注册的事务所的国家。②

在现实生活中,各国并不只是依照某一种标准来判定法人国籍,往往依上述几种标准,根据具体的情况,结合本国的利益和需要灵活加以运用。

二、跨国公司的国籍确定

跨国公司(transnational corporation)也称多国公司或国际公司等,主要是指资本主义国家的大型垄断企业,以本国为基地,通过对外直接投资,在其他国家设立子公司或分支机构从事国际化生产和经营的国际垄断经济组织。

跨国公司一般由总公司或母公司和分布在世界各地的子公司或分支机构组成。因此,在确定跨国公司的国籍时,应该将母公司与子公司区别开来,将分布在不同国家的子公司逐个区别开来,而后按照内国确定法人国籍的标准,结合个案的具体情况分别确定跨国公司及其子公司的国籍。

三、中国确定法人国籍的实践与有关规定

解放初期,在清理外国人在华企业时,为了肃清帝国主义在华特权,主要采法人资本实际控制说,以法人资本实际控制于哪国人手中的情况来确定法人的国籍。例如,上海永安公司(现上海第十百货商店)原来成立时登记为美商,太平洋战争爆发后,又改为华商,抗战胜利后复登记为美商,但该公司实际上是中国人投资的,且一直为中国人经营掌握,因此,新中国成立后,中国政府将该公司定为中国私营企业,而未当作外国法人对待。

对外国法人国籍的确定,目前采注册登记国说。《涉外民事关系法律适用法》第十四条规定,"法人及其分支机构的民事权利能力、民事行为能力、组织机构、股东权利义务等事项,适用登记地法律。法人的主营业地与登记地不一致的,可以适用主营业地法律。法人的经常居所地,为其主营业地"。同时对于在外国已根据法律取得了该外国国籍的法人,中国也都承认其已取得的国籍,而不问该外国适用何种确定法人国籍的标准。

---

① 李双元:《国际私法(冲突法篇)》,武汉大学出版社 1987 年版,第 282—283 页。
② 黄惠康、黄进:《国际公法国际私法成案选》,武汉大学出版社 1987 年第 1 版,第 66—71 页。

第二节　法人的住所

在确定法人国籍时,许多国家采住所地说,主张以法人的住所地法作为法人的属人法。因此,对于法人住所的确定,在国际私法上也有其重要意义。只是对于何处为法人的住所,又有不同主张。

一、管理中心所在地说

该说又称主事务所所在地说。这种主张认为,法人的管理中心是法人的首脑机构,故法人的住所应该是它的管理中心或主事务所所在地。发达国家多采这种主张。例如,1896 年《日本民法典》第 50 条规定:"法人以其主事务所所在地为住所。"又如法国、德国的民法认为,法人的住所,就商业法人而言应在其商业事务管理中心地;就非商业法人而言,应是其履行职能活动所在地。1907 年《瑞士民法典》第 56 条也持此种主张。不过采此说确定法人的住所,本在内国从事经营活动的法人,欲规避内国法律的适用,只要将管理中心或主事务所设在国外,取得外国住所,即可轻易地达到目的,因此对此说也有反对的。我国《民法典》规定,法人以其主要办事机构所在地为住所。我国《公司法》也作了相似规定。

二、营业中心所在地说

此说认为,法人运用自己的资本从事经营活动的地方便是其以实现经营目的之所在,故法人的住所应是法人实际上从事经营活动的所在地。例如埃及、叙利亚等国便认为法人住所应在其营业中心地。与营业中心地说相近似的还有开发利用中心说,持此说的学者如毕耶认为,开发利用中心是法人实现其目的的地方,一个企业的中心往往并不在董事会或股东会开会的地方,而是在其进行活动的地方。[①] 不过,依此说也有不足之处,因有时一个公司,往往有几个中心营业点或开发利用中心。至于如从事保险业、运输业或银行业的法人,其营业范围常常跨越数国,更难确定其营业中心地所在。

三、法人住所依其章程之规定说

由于法人的登记,一般应于其章程中明确指明其住所,如 1907 年《瑞士民法

---

① 李双元:《国际私法(冲突法篇)》,武汉大学出版社 1987 年版,第 280 页。

典》第 56 条便规定,法人的住所,依法人章程的规定(而在章程无规定时,则以执行其事务之处所为法人住所)。在实际生活中,不少法人经常规定其营业中心地或管理中心地为住所,但也可能不在这些地方。如 1966 年法国最高法院受理有关某一银行国籍问题的案件,该银行的章程上便规定了住所在土耳其而营业中心却在英国。

四、成立地说

法人的住所类似于自然人的原始住所,即法人的住所在其成立地。英国、美国和印度等国即采此说。戚希尔曾指出:"每一个人,自然人和法人,在出生时取得原始住所,在自然人的情况下就是他父亲的住所,在法人的情况下,就是他出生(成立地)的国家。"①

此外,法人居所也是影响法人属人法的一个重要联结因素,在英国甚至被认为是"最重要的连接因素"。一般而言,法人居所与决定法人纳税义务或诉讼责任、诉讼费用担保、在战时敌对外国人身份等有关。

第三节　外国法人的认许

一、外国法人认许的概念

外国法人要取得在内国活动的权利,无论大陆法或普通法,都认为必须经过内国的认许。所谓外国法人的认许,即对外国法人以法律人格者在内国从事民事活动的认可,它是外国法人进入内国从事民事活动的前提。对外国法人是否许可其在内国活动,应分别从两个方面加以解决:一是该组织是否已依外国法成立为法人,二是依外国法已有效成立的外国法人,内国法律是否承认它作为法人而在内国存在与活动。前者涉及外国法人是否存在的事实,这当然只能依有关外国法人的国籍国法判定;后者涉及内国的法律和利益问题,即内国是否也在法律上承认其法人资格并允许其活动的问题。所以,国际私法上认许外国法人在内国活动,必须同时适用两个法律:一个是外国法人的属人法,另一个是内国的外国人法(它解决外国法人能否在内国活动,其活动的范围和权利的限制,以及对外国法人的监督等方面的问题)。

---

① 李双元、蒋新苗主编:《现代国籍法》,湖南人民出版社 1999 年版,第 173 页。

二、外国法人认许的程序

认许外国法人在内国活动时,一般采以下不同程序。

1. 特别认许程序

即内国对外国法人通过特别登记或批准程序加以认许。在实践中,奥地利等国采取这种主张。这种制度的好处在于有利于控制外国法人在内国的活动;而不足之处在于逐个认许,程序烦琐,不便于国际经济贸易活动的进行。

2. 概括认许程序(相互认许程序)

即内国对属于某一特定外国国家的法人概括地加以认可。例如,1857 年法国曾颁布一个法律,概括地承认,凡经比利时政府许可成立的法人,均可在法国行使其权利,对其他各国法人,也于同一法律中规定,只要在有互惠关系的国家成立的法人,也应承认。概括认许也可通过国际立法进行,即有关国家缔结国际条约相互认许其他缔约国的法人。例如,1956 年订于海牙的《承认外国公司、社团和基金会法律人格的公约》①以及 1980 年订于布鲁塞尔的欧洲经济共同体《关于相互承认公司和法人团体的公约》,都是有关国家通过条约规定了相互概括认许程序。

3. 一般认许程序

即凡依外国法已有效成立的法人,不问其属于哪国,只需根据内国法规定,办理必要的登记或注册手续,即可取得在内国活动的权利。

凡未经内国认许的外国法人不得在内国享有权利(但并不妨碍其享有诉讼权);如在内国为法律行为,该外国法人应与行为人负连带责任。

三、中国对外国法人认许的有关规定

自实行对外开放政策以来,外国公司、企业、个人来中国进行商贸、投资活动越来越多。

外商的活动主要有三种方式:(1)临时来华进行经贸活动;(2)在中国直接投资;(3)在中国进行连续的生产经营活动,以外国公司名义在中国设立分公司等分支机构。对于采取第一种方式的外国法人,中国立法采取自动承认其在本国的主体资格的政策,在程序上属于一般认许。在第二种方式下,因为这种企业均为中国法人,故不存在认许问题。对于第三种方式,以前,中国法律规定不甚详

---

① 1956 年《海牙公约》截至 2001 年 7 月 1 日已有五国签字:比利时、法国、卢森堡、荷兰、西班牙,其中比利时、法国、荷兰已批准该公约,但该公约至今尚未生效。

尽,散见于行政法规、政策之中。《公司法》颁行后,中国对外国法人认许的立法已有所发展。

《公司法》第十一章规定了外国公司的分支机构问题。根据《公司法》,外国公司在中国境内设立分支机构,必须向中国主管机关提出申请,并提交其公司章程、所属国的公司登记证书等有关文件,经批准后,向公司登记机关依法办理登记,领取营业执照。中国政府主管机关受理审查外国公司在中国设立分支机构的申请时,应当遵循三项基本原则:(1)该外国公司必须是在中国境外的某个国家或地区依法正式登记注册并开展营业活动,其到中国申请设立分支机构必须提交公司章程和由登记国政府登记机关签发的公司登记证书及有关证明文件;(2)该外国公司设置的分支机构,应当有明确的经营目的和业务范围,并不得违反中国的法律、法规和社会公共利益;(3)分支机构的经营活动应当符合中国的产业政策。《公司法》还规定了外国公司在中国申请设立分支机构时必须具备的条件,主要有:(1)外国公司分支机构必须有标明其外国公司国籍和责任形式的名称;(2)外国公司必须指定在中国境内负责该分支机构的代表人或代理人,作为其公司总机构在中国境内的代表,代理其参加在中国境内发生的诉讼或非诉讼活动;(3)外国公司必须按照规定向其在中国境内的分支机构拨付经营活动或业务活动所需资金,国务院规定了营运资金最低限额的,必须达到最低限额标准;(4)外国公司分支机构必须在本机构中置备所属的外国公司的章程。关于外国公司分支机构的法律地位,《公司法》第一百九十五条作出了明确规定:"外国公司在中国境内设立的分支机构不具有中国法人资格。外国公司对其分支机构在中国境内进行经营活动承担民事责任。"

可见,中国对待外国法人在中国设立常驻代表机构,采取的是特别认许程序,即必须先经批准,再行登记,而后才能以外国法人驻中国常驻代表机构的名义在中国境内进行活动。

第四节　法人权利能力与行为能力

一、法人权利能力和行为能力的法律冲突

各国民法关于法人权利能力和行为能力的规定是不尽相同的,例如,有的国家(法国和意大利等)承认无限责任公司是法人,而有的国家(如德国和瑞士等)则不承认无限责任公司是法人。德国商法认为登记是公司成立的要件,公司非经登记不得成立,而日本商法认为登记并非公司成立的要件,仅为对抗第三人的

要件。有的国家(如比利时和法国等)规定有限责任公司不能向公众发行债券,而德国则没有这种禁止规定。还有,如英国规定法人进行"权限外的行动"(即超出法人章程范围之外的行动)无效,而德国却无此限制。因此,法人的权利能力和行为能力的法律冲突势必产生。

需要指出的是,法人的权利能力和行为能力同时开始,并且二者的范围也是一致的。因此,对于法人的权利能力和行为能力的法律冲突,国际私法上采用同一冲突规则来解决,即适用法人的属人法。但外国法人在内国活动,首先必须遵守内国的法律,所以,在具体的权利能力和行为能力等问题上,也还得同时受内国的外国人法的控制和制约。

二、法人属人法的适用范围

一般来说,法人属人法应适用于以下几个方面。

第一,法人属人法首先适用于法人的成立和法人的性质。这与适用属人法来解决自然人是否已取得权利能力基于同一道理。因此,凡依其属人法已取得法人资格的组织,便也可在外国被认为是法人;反之,依其属人法不具有法律上人格的组织,在其他任何国家也不会被认为是法人。例如,英国不承认合伙是法人,法国则承认,因此一个在英国成立的合伙即使在法国也不会被承认为法人;反之,一个在法国成立的合伙,在英国也会把它当作法人看待。

第二,法人属人法适用于法人的权利能力。这包括法人能从事何种活动,能取得何种财产权利,法人能否进行其"权限外的行为",法人有无侵权行为责任能力,法人有无诉讼能力等问题。

但是,正如前面所指出的,对于法人的权利能力的范围及限制,各国都还要用自己的外国人法加以控制,因而一个甲国法人在乙国活动,其在乙国的权利能力范围,实际上必须重叠适用甲、乙两国的法律。因此,一个依其属人法能取得土地所有权的法人,并不能在禁止外国法人取得土地所有权的国家取得土地所有权。

第三,法人属人法适用于法人的内部体制和对外关系。

第四,法人属人法适用于法人的解散。因此,凡由其本国以法令加以解散的法人,别国也应承认此种解散的效力。

第五,法人的合并或分立对前法人债务的继承问题,也应该依法人属人法解决。

在山风(巴巴多斯)有限公司与北京中天宏业房地产咨询有限责任公司股东知情权纠纷案中,最高人民法院认为,山风公司作为中天公司的股东,对其与中天公司因股东知情权而产生的民事纠纷享有诉权，有权向人民法院请求通过民事诉讼解决该纠纷。《涉外民事关系法律适用法》规定："法人及其分支机构的民事权利能力、民事行为能力、组织机构、股东权利义务等事项，适用登记地法律。"山凤公司系巴巴多斯登记成立的公司，其民事权利能力和行为能力应当适用巴巴多斯法律。巴巴多斯公司登记机关登记的山凤公司董事为崔荣守、金秀荣，其决议授权崔荣守代表山凤公司起诉，故本案起诉符合受理条件。参见最高人民法院(2014)民申字第2136号民事裁定书。

在何智刚、陈颖与人马耀基公司证照返还纠纷案中，最高人民法院认为，马耀基是澳大利亚公民，何智刚是香港居民，本案属于与公司有关的涉外民事纠纷。案涉上海年富清洗有限公司在中华人民共和国上海市登记成立，一、二审法院适用我国法律处理本案争议，法律适用正确。参见最高人民法院(2012)民申字第1205号民事裁定书。

至于是否允许外国法人在内国活动及其活动的范围、对外国法人的监督以及外国法人在内国享有权利承担义务的限制等问题，则必须适用内国的外国人法。

三、中国的有关规定

《涉外民事关系法律适用法》第十四条第一款规定："法人及其分支机构的民事权利能力、民事行为能力、组织机构、股东权利义务等事项，适用登记地法律。"《关于适用〈中华人民共和国涉外民事关系法律适用法〉若干问题的解释(一)》第十四条规定："人民法院应当将法人的设立登记地认定为涉外民事关系法律适用法规定的法人的登记地。"

在英国无赛本社时尚控股有限公司、美国布克兄弟集团公司与国家工商行政管理总局(现国家市场监督管理总局)商标评审委员会商标争议行政纠纷一案中，布克公司提出，由于争议商标的注册人为587号无赛本社公司，提起本案诉讼的为002号无赛本社公司，二者并非同一法律主体，且002号无赛本社公司与商标评审委员会作出的《关于第3158776号图形商标争议裁定》并无法律上的利害关系，故无权提起本案诉讼。由于两家无赛本社公司均依照《英国公司法》在英国设立成立，根据《中华人民共和国涉外民事关系法律适用法》第十四条和《关于适用〈中华人民共和国涉外民事关系法律适用法〉若干问题的解释(一)》规定，最高人民法院认为适用设立登记地法律。因此，本案应适用《英国公司法》的相关规定对002号与587号无赛本社公司的主体资格进行审查和判断。根据英国公司注册处查询处出具的证明,587号无赛本社公司与002号无赛本社公司是不同的法律实体。虽然,002号无赛本社公司在本案中主张,其是对587号无赛本社公司的恢复,而非一家新成立的公司。但是根据英国公司登记处的证明可知,如果一家公司根据《英国公司法》被解散,然后在登记簿上恢复登记,该公司将保留旧的公司编号。因此,在公司登记号不同的情况下,如果002号无赛本社公司是对587号无赛本社公司的恢复,即应当持有符合《英国公司法》规定的与恢复登记程序有关的法律文件。然而,作为本案原告的无赛本社公司始终未能就其主张的恢复程序的存在提供证据予以证明。在这种情况下,根据公司登记地的法律规定,002号无赛本社公司与587号无赛本社公司各自具有相互独立的主体资格,不存在恢复登记的法律关系。参见最高人民法院(2014)行提字第5号行政裁定书。

此外,《涉外民事关系法律适用法》第十四条第二款还规定:"法人的主营业地与登记地不一致的,可以适用主营业地法律。法人的经常居所地,为其主营业地。"

在林枝春与朱正、天津中亚房地产开发有限公司、福建省人民政府驻天津办事处、福建省人民政府损害股东利益责任纠纷案中,最高人民法院认为,林枝春提交的证据材料不足以证明开宝公司的主营业地在中国内地,由于开宝公司系在香港特别行政区注册成立的公司,故依据《中华人民共和国涉外民事关系法律适用法》的规定,本案应适用《香港特别行政区法例》第32章《公司条例》。参见最高人民法院(2013)民申字第1302号民事裁定书。

扩展阅读:

1. 那力:《论确定法人国籍的法律原则及对我国有关立法的借鉴意义》,《吉林大学社会科学学报》1996年第3期。

2. 张玲:《跨国破产国际合作趋势研究》,《政法论坛》2003年第4期。

3. 谢尹琳:《跨国破产域外效力研究》,《政法论丛》2003年第6期。

4. 张庆元、孙志煜:《法人国籍变动视角:我国外国法人国籍的确定标准》,《武汉大学学报(哲学社会科学版)》2007年第1期。

5. 杜新丽:《跨国破产与国际商事仲裁的冲突与弥合》,《比较法研究》2012年第1期。

6. 郭燕明:《我国涉外法人法律适用的司法分歧与解决思路——〈法律适用

法〉第 14 条实施的实证研究》,《国际法研究》2017 年第 2 期。

本章习题:

1. 在目前,我国对外国法人国籍的确定,采　　　　　　　　（　）

A. 重叠标准说。　　　　　　　　B. 实际控制说。

C. 注册登记国说。　　　　　　　D. 法人住所地说。

2. 在目前,我国对中国内国法人的确定,采　　　　　　　（　）

A. 实际控制说。　　　　　　　　B. 法人住所地说。

C. 准据法说。　　　　　　　　D. 成立地和准据法重叠标准。

3. 根据我国有关司法解释,当事人有两个以上营业所的,应　　（　）

A. 任选其中一个营业所。

B. 用当事人的国籍取代营业所。

C. 用住所取代营业所。

D. 与产生纠纷的民事关系有最密切联系的营业所为标准。

4. 对于法人的住所,归纳起来,有以下几种主张　　　　　（　）

A. 国籍国说。　　　　　　　　B. 主事务所所在地说。

C. 营业中心所在地说。　　　　　D. 法人住所依其章程之规定说。

5. 法人属人法的适用范围一般包括　　　　　　　　　　（　）

A. 法人的成立和法人的性质。　　B. 法人的权利能力和行为能力。

C. 法人的内部体制。　　　　　　D. 法人的解散。

6. 外国法人认许。（名词解释）

7. 法人住所。（名词解释）

8. 法人属人法。（名词解释）

9. 简述我国关于法人国籍的主要规定。（简答）

10. 简述我国关于法人住所的主要规定。（简答）

参考答案

1	2	3	4	5	6	7	8	9	10
C	D	D	BCD	ABCD	略				

第七章　法律行为和代理

第一节　法律行为

一、法律行为的概念

　　法律行为系民事法律行为的简称，它是指民事法律关系的主体以设立、变更、终止民事权利和民事义务为目的的行为。法律行为属于法律事实的一种，法律事实是引起民事法律关系发生、变更和消灭的种种客观现象的总称。法律事实可以是与人的意志完全无关的客观情况（事件），也可以是与人的意志有关的行为，其中，法律行为是引起民事法律关系的发生、变更或终止的最普遍、最重要的法律事实。

　　"法律行为"一词首先由德国法学家贺古于 1805 年提出，1896 年的《德国民法典》正式使用"法律行为"一词对这一制度作了较为系统、全面的规定。然而，法律行为制度的实际创设远早于其现有概念的出现。古罗马《十二铜表法》就有个别对法律行为的规定，《查士丁尼法典》也有关于"适法行为"的规定。随着今天民商事交往的发达，法律行为制度也相应获得了充分发展和完善，世界各国的法律中大都对这一制度作出了明确的规定。我国《民法典》也在第一百三十五条、第一百四十三条中作了明文规定。

　　从不同的角度出发，法律行为可以划分为许多不同的种类，如单务与双务法律行为、有偿与无偿法律行为、单方与双方法律行为、要式与不要式法律行为、诺成性与实践性法律行为等。但不论何种法律行为，都必须遵循法律规定的成立要件。法律行为的成立要件分为实质要件和形式要件。其实质要件一般为：（1）行为人要具有相应的行为能力；（2）意思表示真实；（3）不违反法律或社会公共利益。法律行为的形式要件，主要指行为人意思表示应采取的法定形式，如口头方式、书面方式、默示方式等。

二、涉外法律行为的法律冲突

在国际民商事交往中,涉外民事法律关系大多是由涉外法律行为引发的。对于超出一国范围的法律行为,可能会产生法律适用问题。由于各国民商法对法律行为所作规定的歧义,它们各自适用必然会带来不同的效果。法律行为的法律冲突,大多表现为其成立要件的法律冲突。

1. 实质要件方面

(1)关于当事人的行为能力。各国对公民享有何种行为能力的年龄限制互有差别,对某些行为能力的主体范围的规定也有所不同。例如,各国一般只规定未成年人、禁治产人无订立合同的能力,而法国却对已婚妇女也作出限制。

(2)关于主体的有效意思表示。世界各国法律对意思表示都作了规定,然而略加考察,仍可以发现它们之间的冲突性规定。举例来说,关于合同的意思表示,即要约与承诺,各国规定各有不同。一种行为在甲国可能被认可为"要约",而在乙国却可能被视为"要约邀请";对于承诺的生效,各国更有"投邮生效""送达生效"等种种不同的规定。

(3)关于法律行为内容合法性。各国法律对此不仅都有各自严密的具体规定,而且还使用"善良风俗""公共秩序""社会基本利益"等法律原则对此加以弹性补充。由此一来,一项行为怎样才算合法,有时可能要完全依赖于各国根据自身利益来解释,这就很容易产生法律冲突。

2. 形式要件方面

世界各国在法律行为形式要件方面规定的差异也有多种表现。首先,各国对于要式法律行为与不要式法律行为各自范围的划分有所不同,有些法律行为在甲国被要求采用特定形式,而在乙国则很可能完全由当事人意思自治;其次,虽然各国对同一类法律行为都规定了特定形式,但这些特定形式却可能是互不相同的。例如,在婚姻成立的形式要件上,英国同时承认宗教仪式方式和民事登记方式,美国除前述两种方式之外,还实行事实婚姻方式,而其他一些国家或者只承认民事登记方式,或者只承认宗教仪式方式。

法律行为的法律冲突,远比上述表现多,限于篇幅,这里只作简单的介绍,更为详尽的介绍可散见于本书分论各章节。

三、涉外法律行为的准据法

涉外法律行为发生法律冲突时,就必须确定某种准据法来解决其法律适用问题。法律行为的准据法，从大的方面看，至少应分为法律行为实质要件的准据法和法律行为形式要件方面的准据法。由于在国际私法的普遍实践中，对于法律行为实质要件的准据法多依不同法律关系的性质而分别加以规定（如契约行为适用当事人自主选择的法律、物权行为适用物之所在地法等），因此这里着重研究法律行为形式要件的准据法。

　　一项涉外法律行为究竟是否需要采取特定方式以及采取何种方式，都关系到一项行为能否有效成立。对此，一般需要确定某种相对独立的准据法加以解决。综观各国的国际私法立法实践，法律行为形式要件的准据法选择方法，主要有以下几种。

　　第一，根据"场所支配行为"原则（locus regit actum），适用行为地法。"场所支配行为"是最古老也是最常用的原则。自巴托鲁斯创立法则区别说以来，关于法律行为的方式，一直沿用这个原则，各国立法也大都规定行为方式适用行为地法。不过，尽管"场所支配行为原则"被学者们称为各国普遍承认的习惯法或不存在争议的原则，但对其性质的认识却有不同的看法。有的认为它是强制性规范，因而在实践中采取绝对适用主义，即法律行为方式只适用行为地法，如阿根廷、智利、哥伦比亚、古巴、危地马拉、洪都拉斯、荷兰、西班牙等国；另一种主张则认为它是任意性规范，因而在实践中采取相对的选择适用主义，即法律行为方式既可适用行为地法，也可在一定条件下选择适用其他法律，如德国、瑞士、比利时、意大利、波兰、瑞典、日本等国。从当今的国际立法实践来看，各国大都倾向于认为"场所支配行为原则"是任意性规范，因而多采取相对的选择适用主义。

　　第二，以适用法律行为本身的准据法为主，适用行为地法为辅；或者以适用行为地法为主，而以适用法律行为本身的准据法为辅的原则。采用这种原则的国家实际上是把法律行为实质要件的准据法同时兼作法律行为形式要件的首要准据法，而把行为地法作为第二准据法，以供选择适用，或与此相反。例如，1978年《奥地利国际私法法规》第8条就规定："法律行为的方式，依支配该法律行为本身的同一法律，但符合该法律行为发生地对行为方式的要求者亦可。"1962年韩国《关于涉外民事法律的法令》第10条以及德国新旧两部《民法施行法》的第11条也有类似规定。

　　但也有采取相反做法的国家，即以适用行为地法为主，适用法律行为本身的准据法为辅。例如，1982年《土耳其国际私法和国际诉讼程序法》第6条规定："法律行为的方式适用行为完成地法，也可适用调整行为效力的法律。"

　　需要指出的是，不管是采用法律行为本身的准据法为主而以行为地法为辅的原则，还是采用行为地法为主而以法律行为本身的准据法为辅的原则，往往并无主次之分，即这两种准据法之间的关系是选择适用的关系，而非累进适用的关系。法律行为方式只需符合其中任何一种法律对行为方式的要求即告有效。

第三,采用多种连接因素,以更为灵活、更富弹性的方法确定法律行为方式的准据法。为使法院能依个案具体情况选择法律行为形式要件的准据法,自 20世纪 30 年代以来,对连接点进行软化处理或规定复数连接点以增加可选性的立法趋势出现了。此类冲突规范允许选择的准据法可以包括法律行为成立和效力的准据法、行为地法、属人法、法院地法等。1946 年《希腊民法典》第 11 条就规定:"法律行为的方式如果符合决定行为内容的法律,或者符合行为地法,或者符合全体当事人的本国法,皆认为有效。"

值得注意的是,某些特殊的法律行为的方式则不受上述各种一般原则的约束,做例外处理。如关于物权行为,特别是不动产物权的行为方式,包括登记或进行处分的法律行为方式,如土地抵押设定方式、房屋让渡方式、财产租赁方式等,一般只允许适用物之所在地法。例如,1898 年《日本法例》第 8 条规定:"(1)法律行为的方式,依决定其行为效力的法律;(2)不依前款规定,而依行为地法,亦为有效,但设定或处分物权及其他登记之权利的法律行为不在此限。"

此外,还有几个需要明确的问题。

第一,所谓法律行为本身的准据法,是指对该法律行为实质要件的准据法而言。然而,法律行为实质要件的准据法,又可分为成立与效力的准据法,如两者同一,就不会发生问题;但如果两者的准据法不同,究竟应适用行为成立的准据法,还是采用行为效力的准据法,这就让人产生疑问。一般认为,由于法律行为的方式与其成立要件关系密切,应由行为成立的准据法来解决。

第二,所谓行为地,究竟指哪国的法律,尤其在隔地法律行为的情况下会产生问题。因为隔地法律行为很可能是在甲国实施该行为,在乙国完成该行为,而行为结果却在丙国发生。这时就需要根据个案的具体情况,运用最密切联系原则和公共秩序原则等加以综合考虑,以确定适当的行为地法。

第二节　代　理

一、概述

我国《民法典》规定,代理人在代理权限内,以被代理人名义实施的民事法律行为,对被代理人发生效力。国际私法所调整的代理关系,是具有涉外因素的代理,即代理人和被代理人具有不同的国籍或者住所,或代理人和第三人具有不同的国籍或者住所,或代理行为实施地在另一国家或地区等。

由于各国的社会经济条件各不相同,对代理的法律规定往往有较大的差别,使涉外代理关系产生了较为复杂的法律冲突。

首先,在立法体例上,由于英美法系没有民法典,所以,鲜有关于代理一般法则的成文立法。在大陆法系,《法国民法典》将代理混同于委任,没有建立独立的代理法律制度;《德国民法典》和《日本民法典》,将代理与委任区别开来,把代理列在总则编,委任规定在债编,将代理规定为一种独立的民事法律制度。

其次,对代理关系的范围,英美法系和大陆法系有着很大的歧义。英美法中代理的范围相当大,根据《美国代理法重述》第1条,它包括:(1)雇主(master)与受雇人(servant)之间的雇佣关系;(2)非受雇人的代理人即独立缔约人(independent contractor)与被代理人之间的代理关系。同时,由于英美法中的家庭法律制度及信托制度在很大程度上代替了大陆法中法定代理的职能,所以,英美法中的代理主要是委托代理。而大陆法的代理包括法定代理和意定代理,雇佣关系则不属代理法的调整范畴。

最后,就实际内容而言,各国有关代理的规定区别也很大。例如,德国、瑞士及日本等国,均承认隐名代理。1804年《法国民法典》和1896年《日本民法典》有复代理的规定,1896年《德国民法典》和1872年《瑞士债务法》则没有此规定。关于狭义无权代理人责任的内容,有的国家允许相对人进行选择,或者请求狭义无权代理人履行债务,或者选择赔偿损失,如1896年《德国民法典》(第179条)和1896年《日本民法典》(第117条);有的国家只允许狭义无权代理人承担赔偿责任,1804年《法国民法典》(第1120条)及《瑞士债务法》(第39条)即采这种做法。又如,对于授权不明的责任,英美代理法一般援引"优势责任原则",确定由被代理人承担责任。

由于各国代理法的差异,在涉外代理中,必然发生法律适用问题。因为代理存在三方面法律关系:(1)被代理人与代理人的关系;(2)被代理人与第三人的关系;(3)代理人与第三人的关系。代理的法律适用就是确定以哪国法律来决定这三方面关系当事人间的权利义务,所以,在国际私法中,一般应就上述三方面关系分别确定其准据法。

二、被代理人与代理人关系的准据法

被代理人与代理人的关系,也即代理权关系,其准据法应依产生代理权的原因分别确定。如法定代理,代理人因与被代理人具有身份关系(如监护)而被法律赋予代理权,这时,代理权关系的法律适用,自然应依监护关系的准据法。

而意定代理,代理权一般来源于被代理人与代理人间的委托合同,属合同关系，故应依照适用于合同法律选择的冲突原则来决定代理权关系的准据法。①

代理权关系准据法的适用范围，包括(1)代理人的权限；(2)代理人请求报酬的数额；(3)本人或代理人得以终止代理关系的条件；(4)代理关系是否因本人死亡或受禁治产宣告而消灭；(5)狭义无权代理人应负的责任等。

关于合同的法律适用，现今国家多采用当事人意思自治原则，因而支配本人与代理人间权利义务关系的准据法，也当首先由当事人约定。当然，对当事人意思自治原则的限制，在此也应适用。在当事人未选择委托合同的准据法时，关于如何确定应适用的法律，各国立法颇不一致，判例与学说分歧很大。归纳起来主要有以下几种做法和主张。

其一，适用代理关系成立地法。例如，英国判例对于支配本人与代理人权利义务关系的法律，原则上是采取代理合同成立地法，一些美国的判例也采此做法。

其二，适用代理人代理行为地法。例如，1978年《奥地利国际私法法规》第49条规定："如适用的法律(当事人)未予指定，则依代理人按委托人为第三者明显可见的意旨而在其中行事的国家的法律；如果代理人受委托为几种行为，则依代理人在通常情况下按委托人为第三者明显可见的意旨而在其中行事的国家的法律；如果依上款规定仍不能作出法律的选择，依代理人在其中为代理行为的国家的法律。"美国一些州的判例也采纳代理行为地法。在英国，如本人与代理人居住于不同的国家时，有时也适用代理行为地法。

其三，适用代理人住所地法或营业地法。1966年《波兰国际私法》第27条第1款规定，如果双方当事人住所不在同一国内，又未选择法律时，则本人与代理人的代理合同适用缔结该代理合同时的代理人的住所地法。当事人未选择应适用的法律时，法院一般也适用代理人营业地法。

其四，适用代理合同的重心地法或最密切联系地法。《美国第二次冲突法重述》主张适用最密切联系地法。重心地和最密切联系地都是弹性连接点，采纳弹性连接点，对传统冲突规则进行软化改良，有助于克服单纯适用代理关系成立地，或代理人代理行为地，或其营业所、住所地法而产生的僵硬和个别不公。

三、本人与第三人的关系

本人与第三人的关系，即效果关系，实际上就是代理人与第三人所为的法律

---

① 大陆法系国际私法学界关于代理法律适用的著述并不多，而仅有的著述在代理权关系的准据法问题上，也只探讨意定代理中代理权源于合同而发生这一种情况，显然，这是片面的。而出现这种片面的根源，则可能是没有仔细阅读刘铁铮的《论国际私法上代理关系之准据法》，此文载刘铁铮：《国际私法论丛》，三民书局1991年版，第153页。

行为是否拘束本人的问题。

一般而言,若本人就代理人与第三人所缔结的契约应负责,必须满足两个前提条件:一是代理人有权拘束本人(即能证明代理权存在);二是代理人与第三人订立的合同有效(以下称为主要合同)。在国际私法上,主要合同的准据法,一般根据各国有关合同法律适用的原则加以确定,在此不作讨论。这里仅讨论应适用什么法律来判定代理人是否有权拘束本人,需要指出的是,它与主要合同的准据法不一定一致。

确定代理权是否存在的准据法的适用范围,通常包括:(1)代理人是否享有代理权或表见代理权;(2)代理权能否撤回;(3)若代理权能撤回,是否已有效撤回等问题。

关于代理人是否有权拘束本人所应适用的法律,各国常采不同的法律适用原则。

一是适用本人住所地法或调整本人与代理人内部关系的法律。代理人是否有权拘束本人问题的准据法,最古老的做法是采用本人的住所地法,其理由在于认为对本人最为有利。这种立法主义显然着眼于保护本人的利益,在 19 世纪末期为各国普遍采用。此外,一些学者也认为,代理与人的能力密切相关,代理制度的作用是扩张和补充人的行为能力。行为能力既然适用当事人的属人法,那么,代理关系也应适用本人的属人法,尤其是本人的住所地法。这种观点从另外一个角度对适用本人住所地法作出了阐释。也有学者主张,本人与第三人间的关系,应适用调整本人与代理人关系的准据法,即代理的内部关系的准据法。这种主张是构建在代理自治性基础上的。此种见解在实践上为卢森堡最高法院采用。

二是适用主要合同准据法。英国、法国采用这一做法,对采纳这一原则的原因存在着多种解释。有的认为,由于代理人与第三人所缔结的主要合同的准据法,或为代理人与第三人明示选择的法律,或为合同缔结地法,或为合同履行地法,都是第三人事先能预料到的,符合当事人的期望,因此,以此为本人与第三人关系的准据法,对第三人最有利。有些学者主张代理人是否有权拘束本人应视作主要问题(代理人与第三人缔结的合同)的附随问题,二者应受同一法律调整。法国巴迪福将代理人权限与代理内部关系联系起来,认为代理内部关系附属于主要合同,从而主张代理人权限、代理的内部关系以及主要合同均应受同一法律支配,这一准据法,就是代理与主要合同的履行地法。1940 年《蒙得维多公约》第 41 条规定,主要合同的准据法是规范代理整个外部关系的准据法,代理人是否有权拘束本人附属于主要合同,所以,其准据法是主要合同的准据法。

三是适用代理人代理行为地法。这也是一种着眼于保护第三人利益的法律适用原则。在美国，如果本人曾授权代理人在某地进行代理行为，或导致第三人合理地相信代理人有此代理权，则一般应适用代理人代理行为地法来判定本人是否应对代理人的代理行为负责。瑞士联邦法院也主张适用代理行为地法。有些国际条约，如1951年《比、荷、卢统一国际私法条约》第18条，也采纳了这种做法。

值得指出的是，鉴于代理关系的复杂性，对于某些特殊类型的代理中本人与第三人的关系，常单独另外考虑它们的法律适用问题。如船长的行为是否拘束船东，通常由船旗国法来决定。根据《美国第二次冲突法重述》第232条的规定："有关代理人移转土地或设定负担的权利，适用物之所在地法。"

四、代理人与第三人的关系

在代理关系中，代理人在代理权限内以本人的名义所进行的法律行为，其效果直接由本人承担。在通常情况下，就代理人与第三人的关系而言，代理人在代理行为完成后，即退居合同之外，与第三人并无权利义务。但是，如果代理人的行为构成对第三人的侵权时，则应依照侵权行为准据法的规定来确定代理人的责任。

另外，对于无权代理或越权代理行为，如果依据支配本人与第三人关系的准据法，本人对第三人不负任何责任时，那么，就发生适用哪国法律来调整无权代理人或越权代理人与第三人的关系问题。对此，学者见解颇有分歧。有的赞成适用代理人行为地法，有的主张采纳主要合同的准据法，也有的倾向于适用支配本人与第三人关系的法律，还有的认为应适用代理人的属人法。

五、《代理法律适用海牙公约》

为了解决代理的法律冲突问题，第十三届海牙国际私法会议于1978年3月14日通过了《代理法律适用海牙公约》，这是一部很有特色的关于代理法律适用的统一冲突法公约。该公约于1992年5月1日生效，截至2021年6月14日已有4个成员国：阿根廷、法国、荷兰和葡萄牙。

公约共5章，分别为"公约的范围""本人与代理人的关系""本人与第三人的关系""一般条款"和"最后条款"。以下分别加以扼要评述。

1. 公约的适用范围

公约第一章（第1—4条），规定了公约的适用范围。由于各国关于代理的概念、范围规定不同，为了避免解释方面的分歧，公约通过具体的给代理关系下定义的方式规定公约的适用范围。根据公约第1条规定，公约适用于由一方（代理人)有权代表他人(被代理人)与第三人进行交易活动所产生的具有国际性关系的准据法确定。只要是这样的代理关系,不管代理人是不是以自己的名义或以被代理人名义进行代理活动,都属于本公约的适用范围。公约这样规定实际上既包括了普通法上的隐名代理(undisclosed agency),也包括了大陆法系的间接代理(indirect agency)。而且,公约既适用于商业代理(Commercial Agency),也适用于非商业代理(non-commercial agency)。此外,公约还适用于所谓"假代理人"(falsus procurator)的行为以及"代理谈判人"(neqotiorum gestio)的追认。这是一个范围相当广泛的定义。

尽管公约规定了非常广泛的适用范围,但是,它也规定了与代理关系有关,但不属该公约适用范围的事项。公约第 2 条明确地列举了这些事项,其中主要包括有关当事人的能力,有关代理的形式要件以及一些法定代理等问题。而且,单位实体内部人员所谓的职务性"代理"也不属于公约的适用范围(公约第 3 条)。此外,该公约也不适用信托代理关系(trust)(公约第 3 条第 2 款),对于信托关系,海牙国际私法会议在第 14 届会议制定了一个专门公约(即 1985 年《关于信托及其承认的法律适用公约》)。

由于普通法系国家有关代理人在代理活动中所进行的侵权行为的责任问题也包括在代理关系中,因而一些学者提出究竟代理人侵权行为产生的责任是否也排除在公约适用范围之外的问题。公约对此并未明确予以规定,但普通法系和民法法系国家的学者都认为该问题不属于公约适用范围。

2. 代理人与本人内部关系的法律适用

在代理人与被代理人的内部关系的法律适用上,公约(第 5 条第 1 款)赋予代理人与被代理人选择准据法的权利(意思自治)。这种选择既可以是明示的,也可以是默示的(同条第 2 款)。如果当事人未自主选择准据法,公约规定应采用建立这一代理关系时,代理人营业地法律,若无该种营业地,则以其惯常居所地法作为准据法(第 5 条第 1 款);但是,如果代理人的主要活动地又是本人的主营业地,或其惯常居所地,则应以该国法律作为准据法(第 6 条第 2 款)。而且,如果代理人或本人有一个以上的营业地,则一律以他们与代理关系联系最为紧密的营业地为准(第 6 条第 3 款)。

公约(第 6 条)关于当事人未自主选择准据法时,准据法确定的规定,是制定公约时两种不同观点(即认为公约的规定应体现灵活性的观点和认为公约应主要坚持准据法的确定可预见性观点)折中调和的结果。本来在公约的初步草案中规定如果当事人未自主选择法律,则适用代理人营业地法律(或他有多个营业地,适用其中与代理关系联系最为紧密的法律),如果他没有营业地,适用其惯常居所地法律。这一规定体现了准据法的可预见性原则,然而,却遭到不少代表的批评。这些人认为这一规定过于机械、呆板，且过于为代理人的因素所左右（too agent oriented）。因此，在进一步讨论中产生了另外的建议。比如，有人认为代理人的营业地法律只能是在根据案件的情况显然没有其他一国法律与代理协议有更密切联系时才可以予以适用。会议最后基本达成一致认识，采用有限的"连接点组合"（grouping of contacts）的方法确定准据法，这些不仅是与代理人有关系的连接点，而且也包括本人的连接点。当然也有一些人提出反对意见，认为公约不能以这种方法统一代理的冲突法。

公约第 8 条规定了依本公约确定的准据法的适用范围。总的说来，代理的准据法适用于代理关系的产生、有效性、当事人的义务、履行的条件、不履行的结果以及代理义务的消灭等内容。

最后值得一提的是，公约（第 10 条）明确排除公约对因雇佣合同所产生的代理关系的适用，大大限制了公约关于代理人与本人内部关系准据法的适用范围。

3. 代理的外部关系的法律适用

确定代理的外部关系法律适用的关键问题，在于协调各方当事人的利益，实际上在公约中有机地协调好当事人各方利益却是非常困难的。在公约起草过程中，有人认为公约中确定代理外部关系的准据法的连接点应主要是甚至只能是与本人有关的连接点，从而对本人的利益予以最大限度的保护。当然也有人指出，公约中冲突规范的连接点，应该是代理人的行为地或者主要合同准据法的连接点。然而，由于这些建议都过于偏向对一方当事人利益的保护，而忽视他方利益，所以，无法为专门委员会接受。专门委员会因而不得不寻找折中的途径。在这种情况下，有人提出了一个具有两个连接点的选择性冲突规范的方案：其中第一个选择性连接点指向的是支配主要合同的法律（the law of the main contract），而第二个选择性连接点指向的则是代理人的行为地的法律。但由于上述第一个连接点（准据法）可能会导致实践中代理人与第三人选择主要合同地法律以侵害本人的利益，因而未获专门委员会采纳。

专门委员会最后采纳了德国和瑞士代表的建议，规定以代理人的营业地和行为地作为连接点，从而形成现在公约第 11 条第 1 款的规定。该款规定，在本人与第三人之间，有关代理人的代理权的存续及范围，代理人进行代理活动的效力等均适用代理人进行代理活动时其营业地的法律。但是，紧接着该款的规定，公约于本条第 2 款规定了一系列例外情况。这一款的规定是公约起草专门委员会采纳斯堪的纳维亚国家和日本代表的建议的结果。根据该款规定，如果存有下述情况，本人与第三人间的关系不适用代理人营业地法而适用代理人的代理行为地法（place of acting）：第一，如果本人在代理人的行为地有营业所或惯常居所，而且，代理人以本人的名义进行代理活动；第二，第三人在代理人的行为地有营业所或惯常居所;第三,代理人代理进行兑换活动或者进行拍卖活动;第四,代理人并无营业所。如果当事人(任何一方当事人)具有一个以上营业所,则以其中与代理人的有关活动联系最密切的一个为准(公约第11条第3款)。有人认为公约上述第11条第2、3款的规定符合对第三人予以充分保护的要求。

公约第12条规定了对上述第11条第2款第4项(即如果代理人没有营业所时,本人与第三人间的关系的准据法不是代理人的营业地法,而是其行为地法)的一个例外情况。根据这一条的规定,代理人根据与本人间的雇佣合同进行代理活动,且代理人没有自己的营业所,则以代理人所附属的本人的营业所所在地为其营业所所在地,并依该营业所所在地法作为本人与第三人间关系的准据法。公约之所以这样规定,是考虑到在这种情况下,第三人知道代理人与本人间的代理关系,因而无太大的必要通过适用代理人的行为地法对第三人的期望予以保护,相反,在这种情况下应对本人予以特别的保护。

公约第13条则是对公约上述第11条第2款所作的一个例外规定。但是,这一条却不影响第11条第2款第3项及与它有关的第12条的规定。根据第13条规定,如果代理人与第三人在不同的国家并通过电报、电话等长途通信媒介进行交易活动,则以代理人的营业所所在地为其行为地,或者如果没有营业所,以其惯常居所地为其行为地。

根据公约第15条规定,支配本人与第三人关系的准据法同样适用于代理人与第三人间由于代理人行使其代理权,超越代理权或进行无权代理的活动所产生的关系。

根据公约第14条的规定,对于代理外部关系的法律适用是允许按照意见自治原则,经当事人合意选择准据法的。

4. 其他问题

本公约第四章(第16—22条)规定了与公约适用有关的一些基本问题,如公共秩序保留、公约的保留,内国法强制性规定的优先适用等。这些规定中值得在这里专门指出的是,第16条关于内国法律有关代理的强制性法律规范优先适用的规定。根据该条规定,法院应该给予任何一个与特定的代理关系有重要联系的国家的强制性法律规定以优先适用的效力。在实践中,这一规定既应适用于具有公法性质的规范,也应适用于在私法关系方面国内立法为保护被代理人、代理人或第三人的利益,所作的强制性法律规定。而且,这一规定实际上排除了当事人依本公约(第5、14条)规定进行法律选择时,规避有关国家强制性法律规定的可能性。最后,公约倾向于实体法指定说,不接受反致、转致和间接反致。

六、中国有关代理法律适用的规定

《涉外民事关系法律适用法》第十六条规定："代理适用代理行为地法律，但被代理人与代理人的民事关系，适用代理关系发生地法律。当事人可以协议选择委托代理适用的法律。"

在宁波刿界岭高速公路有限公司与阿尔皮内建筑有限责任公司其他合同纠纷案中，最高人民法院认为阿尔皮内公司系外国公司，本案为涉外建设总代理协议纠纷。根据最高人民法院《关于适用〈中华人民共和国涉外民事关系法律适用法〉若干问题的解释（一）》的规定，本案应根据涉外民事关系发生时的有关法律确定应当适用的法律。最终适用当事人在案涉总代建协议中约定的中华人民共和国法律。参见最高人民法院（2013）民四终字第12号民事判决书。

扩展阅读：

1. 邓杰：《试论国际私法中行为方式的法律适用》，《法商研究》2000年第1期。

2. 宣增益：《国际代理法律适用研究》，《政法论坛》2002年第6期。

3. 谢新胜：《代理的法律适用规则探析》，《武大国际法评论》2006年第1期。

4. 林强：《涉外代理关系准据法的确定》，《法学研究》2020年第6期。

本章习题：

1. 对法律行为实质要件的准据法，一般应适用 　　　　　　　　　　（ 　 ）
A. 行为地法。
B. 法院地法。
C. 当事人意思自治原则。
D. 依不同法律关系的性质而确定的法律。
2. 对于不动产物权的行为方式，包括登记或进行处分的法律行为方式，一般只允许适用 　　　　　　　　　　（ 　 ）
A. 当事人属人法。　　　　　　　　B. 法院地法。
C. 物之所在地法。　　　　　　　　D. 行为地法。
3. 对于本人与代理人的关系，首先应适用 　　　　　　　　　　（ 　 ）
A. 本人的属人法。　　　　　　　　B. 代理人的属人法。

C. 当事人意思自治原则。　　　　D. 最密切联系原则。

4. "场所支配行为"原则起源于　　　　　　　　　　（　　）

A. 巴托鲁斯的法则区别说。　　B. 戴西的既得权说。

C. 胡伯的国际礼让说。　　　　D. 萨维尼的法律关系本座。

5. 关于本人与代理人之间权利义务关系的准据法,归纳起来,主要有以下几种做法　　　　　　　　　　　　　　　　　　　　　　　　　　（　　）

A. 适用代理关系成立地法。

B. 适用代理人为代理行为地法。

C. 适用代理合同重心地或最密切联系的法律。

D. 适用代理人住所地法或营业地法。

E. 适用法院地法。

6. 法律行为。（名词解释）

7. 场所支配行为原则。（名词解释）

8. 代理行为地法。（名词解释）

9. 简述本人与代理人关系的准据法的确定。（简答）

10. 简述本人与第三人关系的准据法的确定。（简答）

参考答案

1	2	3	4	5	6	7	8	9	10
D	C	C	A	ABCD			略		

第八章　财产权

第一节　物　权

一、物权的概念及分类

涉外物权关系在国际私法中占有极其重要的地位。尽管在英美法学中,物权法被纳入"财产法"这个更为广泛的范畴,但在财产法中,物权法仍占据首要的地位。所谓物权(*right in rem*),指对物的直接管领和支配,并排除他人干涉的民事权利。物权一般包括所有权、抵押权、质权、留置权、地上权、地役权等。物权按不同标准可作自物权与他物权、完全物权与限定物权、用益物权与担保物权、主物权与从物权等多种分类。

物权,不论为不动产物权或动产物权,在通常的意义上指就有体物设定的权利。

在物权关系中介入外国因素后,由于各国物权法上的规定不同,往往会发生法律适用上的冲突,需要解决法律选择问题。在物权的法律适用上,也有"统一说"和"区别说"的不同主张与实践。前者认为不论动产、不动产,均应适用物之所在地法,而后者认为不动产固应适用物之所在地法,而动产却不应如此。但目前,适用最为广泛而且起着主导作用的冲突原则还是"物之所在地法"原则。[①]

---

① 但对这种物权法律适用的趋同性,不能简单地理解,而应该看到在各国的立法和实践中,还存在着种种差异。有关的论述参见李双元、周辉斌、黄锦辉:《趋同之中见差异——论进一步丰富我国国际私法物权法律适用理论问题的研究内容》,《中国法学》2002 年第 1 期。

二、"物之所在地法"原则的产生和发展

"物之所在地法",拉丁语表达为 *lex loci rei sitae*,*lex sitae* 或 *lex situs*,该原则是 14 世纪意大利"法则区别说"(statute theory)首先提出来的,但当时只适用于不动产,对动产物权则另外适用"动产随人"(*mobilia sequuntur personam*)或"动产附骨"(*mobilia ossibus inhaerent*)的冲突原则,意思就是动产物权应随人之所至,用当事人的住所地法(即原属城邦的法则)来解决。其所以如此,主要是由于法则区别说时代,动产还不具有不动产那样的重要性,因而可以作为属地管辖的例外。到 19 世纪,这一古老的对动产、不动产分别适用不同法律的原则仍为某些国家的民法典所坚持(如 1865 年《意大利民法典》第 7 条;1889 年《西班牙民法典》第 10 条;1811 年《奥地利民法典》第 300 条;《阿尔巴尼亚民法施行法》第 6 条等)。但从那时以后,对动产、不动产统一适用物之所在地法渐居主导地位。

例如,英、美等国过去被认为统一适用物之所在地法这一原则。只是在美国有些州的民法中,还保留着过去从 1865 年《意大利民法典》抄来的公式,如《加州民法典》就规定,"如动产所在地法无相反规定,应认为仍应根据所有人而适用其住所地法"(1872 年、1942 年修订后仍保留这种规定)。中南美洲国家、亚非国家,也都一致采用物之所在地法原则。

可见,不动产物权依物之所在地法虽早已是冲突法中得到普遍承认的原则,但对动产物权适用物之所在地法则有一个发展的过程。其原因主要在于 19 世纪末期,随着国际民商事交流的规模和频率大大加强,流动资本增加,动产数目增大,跨国性的动产交易致使动产所有者住所地与动产所在地经常不一致,一个动产所有者的动产可能遍及数国,并涉及数国的经济活动,而动产所在地也不愿意用所有人的属人法来解决位于自己境内的动产物权问题。这样,"动产随人"的规则便逐渐遭到了许多学者的反对和批判。他们相继从不同方面指出这一原则的缺陷。如有学者认为,在国际性民商事交往中,物的所有人的住所经常发生变化,购买人或受让人是很难知道所有人的住所到底在什么地方,即使知道,也很难了解其住所地法的具体内容,不如亦适用物之所在地法更易于为当事人所掌握。且就一项权利归属有争议的动产来说,如双方当事人住所不在同一国家,究竟适用其中哪一人的住所地法也不好确定。而在适用当事人的国籍国法作属人法时,在跨国贸易大量发生的情况下,动产所有人可能久已与其国籍国没什么联系,仍得在有关交易中受其本国法的制约,此于所有人并不一定有利。加之物应受其所在国家的法律支配,也是国家主权原则的要求。拉沛尔还曾指出:物之所在地法不仅应为所有国家所尊重,而且应适用于所有财产,只有这个法律才最

适合解决所有财产的物权方面的问题。

在历史上,萨维尼更是坚决反对对动产物权适用与不动产物权不同的另一个冲突原则。在论述他的观点时,他认为,不区分不动产与动产,统一适用所在地法,早与法则区别说的"物法"观念相联系了。他认为:"该惯用语意在表明主要用于支配物权的法律将适用于位于立法者领域内所有的物……然而长期以来,这个正确原则的承认却受阻于一个武断的区分,而这种区分破坏了该原则固有的效力和一贯性。"他还进一步指出:"对动产不适用物之所在地法而适用住所地法这种区分最不足取之处总是被其维护者所规避和隐瞒。他们只说人的住所决定支配(动产)的本地法(local law),但这里的,'人'指的是什么?""毫无疑问,人是指与该物有法律上利害关系的人。但这是个非常模糊的概念,因此整个原则即使被承认,也是十分不确定、不明确的。对于利害关系人,我们也可以理解为所有者,但仍令人困惑的是,在财产转让中,它指的是以前的还是现在的所有人? 同样在财产关系中,有两个对立的当事人,均对财产提出主张,那到底谁是所有人? 当然我们也可以完全放弃对所有人的考虑,仅将物的占有者视为利害关系人,这固然可以使问题变得简单容易。但除了所有权外,还要考虑其他物权,每种物权在其存在或在其被主张时,又会产生一个新的物的利害关系人。由于不同的利害关系人具有不同的住所,这样,指导我们的住所地原则,即使其本身理由充分,也仍是非常模糊的……对问题的实际解决没有什么效果。"①

尽管物之所在地法原则已成为解决不动产、动产物权关系法律适用的主导原则,但对其根据,上面所介绍的观点主要均侧重于实际操作上的便利,从理论上讲,学者们的主张分为如下几种。

一是主权说。齐特尔曼和弗兰根斯坦等主张物权适用物之所在地法是所在地国家主权的需要。他们认为这个原则是"从自然本身得出的必然结论"。因为,"在物与法律之间,除所在地的关系外,并没有其他法律上的关系存在"。持此说的人们还认为,任何国家都有自己的主权,而主权是不可分割的,物权关系依物之所在地法即是主权在物权关系法律适用方面的体现。因为任何国家都不愿意让外国法适用于本国境内的物,否则,主权将丧失其不可分割的性质。

二是法律关系本座说。萨维尼主张此说,他从各个方面分析了物权关系的本座应是标的物之所在地法,任何人要取得占有、使用或处分其物,就必须依赖于物之所在地,并自愿受制于该地关于物权关系的法律规定(故此说又被称之"自愿受制说")。

---

① [德]萨维尼,李双元等译:《现代罗马法体系(第 8 卷)》,法律出版社 1999 年版,第 94—97 页。

　　三是利益需要说或实际需要说。法国学者巴尔和毕耶等持此主张。他们认为,法律是为集体利益制定的,物权关系适用物之所在地法是维护社会的需要。如果包括动产和不动产在内的物权不受物之所在地法支配,则物权的取得、占有都将陷入不确定状态,对其保护也将是不利的,社会的利益亦将因此遭受损害。主张此说的还认为:物权是具有"对世效力"的,即它应受到每一个人的尊重。如果土地所有权按照现在所有人的属人法来决定,则同一土地上的权利就将因所有人的不同或所有人住所的不同而随时发生变更,所有权的附随的权利与义务如相邻关系等,也会因上述情况的出现而发生改变,这显然是不符合公共利益和实际需要的。

　　但总的来说,上述各说都未能综合揭示物权关系适用物之所在地法的客观依据,尽管各说亦均从不同侧面说明了这一冲突原则的不同理论依据。物权关系依物之所在地法,由物权关系本身性质决定。首先,物权关系是一种最基本的体现所有制的法律关系,各国主权者无疑都希望用自己的法律控制位于其境内的物权关系;其次,物权关系的权利人要圆满地实现其权利,谋取财产上的利益,也只有适用物之所在地法最为合适;再次,物权关系只能由物之所在地法提供最有力的保障;最后,就境内的物权关系去适用外国法,在技术上也有许多困难。但在下面的论述中可以看到,与主权说对立的,可能还有比物之所在地法联系更为紧密的法律;与本座说对立的,当事人有时并不一定"自愿受制"于物之所在地法;与利益或实际需要说相对立的,有时其他法律也许更符合社会与个人的利益需要,从而表明,在坚持物之所在地法这一主导原则外,物权的法律适用也需要保持必要的灵活性。

三、物权法律适用的复杂性与物之所在地法的内涵及其他表述形式的差异

　　前面已经讲到,关于动产和不动产物权的法律适用,起主导作用的原则当是物之所在地法,但由于它们所涉及的问题和情况可能是非常复杂的,不是单靠一个原则便可完全解决的。加上立法的着眼点与要求的不同,各国法律的规定除在一些最基本的问题上有一致的看法外,其差异也是不能忽视的。对此,中国国际私法学上的阐述,明显地长期存在着简单化的倾向,认为除极少数例外情况,似乎凡有关物权的所有问题,均可由物之所在地法支配,而且对什么是"物之所在地法",理解上也有片面性。这无疑阻碍了中国国际私法物权法的发展。

1. 德国

　　1896 年《德国民法施行法》本无物权方面的规定,到 1986 年的国际私法仍

未及此。到了 1999 年才在《关于非合同债权关系和物权的国际私法立法》中设了三条规定,除其第 43 条仍在原则上坚持物权依物之所在地的法律外,第 44 条却规定,"对地产的侵害而产生的损害赔偿请求"应适用该法第 40 条第 1 款有关侵权行为法律适用的规定,那就是原则上要依行为实施地法(受害人也可以要求不适用该法,而适用结果发生地法);它的第 45 条是关于运输工具的,即对于飞机应适用其国籍国法,对于船舶应适用注册国法(否则为船籍港法或始发地法);对于机动车辆应适用入境许可国法。更值得注意的是,该法第 43—45 条又依最密切联系原则,特别规定:如果某国法律与各该物权有比这三条所规定的法律更密切联系的法律,则可适用该国的法律(第 46 条)。德国 1999 年新法涉及物权的法律适用的条文虽仅此而已,却已明确地表示,物权除与物之所在地法有密切的联系之外,还可能存在着与之有更加密切联系的法律。但与物权还有更密切联系的法律,该法未提出具体衡量标准,而交由法院自由裁量,这显然在坚持物之所在地法为主导原则的前提下,又赋予了物权法律适用上的灵活性,从而突破了传统的物之所在地法的意思。①

2. 意大利

在新国际私立法中,1995 年意大利法对物权的规定则较详细:如"动产与不动产的占有权、所有权及其他物权,适用物之所在地法"(第 51 条),但运输中的物之物权要适用目的地法(实际上以此为其所在地)(第 52 条);无形财产权要适用使用地法(第 54 条)。可见这一立法的一个明显特点是,它在强调不动产及有形动产物权要适用所在地法外,对无形财产要求一概适用使用地法,而不区分此种财产权的取得、转让、合法使用与非法使用等不同情况。故亦非一概适用物之所在地法。

3. 白俄罗斯

1999 年《白俄罗斯民法典》第七编涉及物权法律适用的规定,有些地方也很具特色,其内容涉及:(1)关于所有权和其他物权的一般规定,内容之一是"如法律无其他规定",动产和不动产的所有权与其他物权均适用财产所在地法。这表明该法对动产和不动产物权的法律适用,显然还有其他冲突规则。(2)关于所有权与其他物权的产生和消灭,如通过法律行为实现的,要适用行为地法(这也是很特别的规定)。(3)关于交通工具及其他应进行登记的财产的所有权与其他物权,应适用登记地法。(4)运输中的动产的所有权及其他物权,可

---

① 在这一点上,与《美国冲突法重述》中除原则上适用物之所在地法外,还另外规定物权亦可适用"物之所在地的法院将会适用的法律",似有异曲同工之妙。

适用当事人约定的法律,无约定时适用发送地法(这就把当事人意思自治纳入了物权法范畴,下同)。(5)对所有权和其他物权的保护,权利人可选择财产所在地法和法院地法,可是如涉及在白俄罗斯登记的不动产,则要适用白俄罗斯法。可见,在白俄罗斯,物之所在地法虽占主导地位,但同时也还有其他的冲突原则(甚至包括当事人意思自治)在起作用。

4. 瑞士

在 1987 年颁布的《瑞士联邦国际私法法规》中,其有关规定亦同样表现出这一特点。例如,其第 99 条虽然规定,"不动产物权由不动产所在地法支配",但对不动产排放物引起的损害请求,却得依该法关于侵权行为的有关规定处理。第 105 条对无体动产如债权、有价证券或其他权利的抵押,也规定"由当事人选择的法律支配"(只是法律选择不得用来对抗第三人),同样引进了"意思自治原则"。而在当事人未选择法律时,债权与有价证券的抵押则应由抵押债权人的习惯居所地法支配,而"其他权利"的抵押应由适用于该权利的法律(即该权利的准据法)支配。

5. 美国

美国对物权或财产权的法律适用就更有特点了,主要表现在以下几个方面。

有关不动产、动产物权法律适用的规定,目前最为详尽的当属 1971 年《美国第二次冲突法重述》。该重述缺乏对知识产权的规定,即便如此,它仍有 28 条 52 款之多的条文,涉及的问题有:(1)在流通票据方面,有出票人和受票人的义务,背书人和出票人的义务,流通票据权利的转让,提示、付款、拒绝和拒绝通知;(2)财产总则;(3)不动产,包括土地权益转让的有效性和效力,转让文书的解释,土地权益衡平法上的转让,依法律规定之土地权益的转让,土地权益因对抗占有或时效而被取得,土地抵押、土地抵押赎回权的取消,土地留置、行使依法律规定产生的权利而转移土地权益,依代理权而转移土地权益;(4)动产,包括动产权益转让的有效性和效力,转让对于先前既有动产权益的效力,动产权益因对抗占有或时效而取得,动产被移至他州对所有权的影响,体现于证券中的动产,权利在证券中的体现,为债权人的利益而自愿转让,动产担保权益的有效性及效力,动产被移至他州对担保权益的影响,就转移至他州动产所做交易对担保权益的影响,担保权益的执行及赎回,(就动产)行使依法律规定的权利,(就动产)行使经双方同意而产生的权利等。

之所以对物权要规定得如此详尽,无疑表明重述的编纂者们认为,要将物之所在地法适用于所有物权关系,显然也是行不通的。正是有鉴于此,《美国第二次冲突法重述》在物之所在地法这一古老的冲突原则之外,又提出了一个可以与之相并列的适用于物权的另一重要冲突原则，即"物之所在地法院将予适用的法律"。这一原则目前虽尚未在国际实践中产生广泛的影响，但可以预计，它在将来是可能成为物之所在地法的另一种重要准据法表述公式的。① 此外，该重述还把"根据具体情况，当事人在某物中之权益，由就该特定争议依照（该重述）第6条规定所确定的与该物及当事人有最密切联系的州法律或内州法来决定"作为解决财产权关系的"一般原则"，而没有提应由物之所在地法作为解决财产权关系的一般原则。这样，在该重述中，物之所在地法、"物之所在地法院将予适用的法律""与该物和当事人有最密切联系的地方的法律"便都成了解决物权关系法律适用的基本冲突原则。这一点，应该是很有理论与实务上的研究价值的。

6. 英国

要特别注意的是，即使在适用物之所在地法时，有些国家还认为它应该包括物之所在地的冲突法，而非仅指物之所在地的实体法。如戴西和莫里斯的《冲突法》一书就认为，虽然在英国"所有不动产（土地）权利或与之有关的权利（但有例外），由该不动产所在地的法律（物之所在地法）支配"，但对一般原则，该书认为，"应当记住，物之所在地法……并不一定是指土地所在国的内国法，而是指土地所在国法院对特定案件的判决所适用的任何法律"，即"在某种情况下，有可能是其他国家的内国法"。② 该书还进一步指出："差不多所有学者一致认为，在涉及外国土地时，物之所在地法不仅指所在地的内国法，而同时也包括所在地的冲突法规则。"③例如，关于处理国外土地的能力问题，英国法院就不会机械地只适用物之所在地的内国法。该书曾举以下案例来说明这个问题，即在 Bank of Africa v. Cohen 案中，一已婚妇女 W 的居所与住所和她丈夫一样都在英格兰，她在英格兰订立了一项合同，约定她同意将位于约翰内斯堡的土地抵押给一家英国银行，作为该银行已支付和将来可能支付给她丈夫的贷款的担保。后来，银行起诉要求履行这一合同时，W 抗辩称，根据在南非该地实行的法律，已婚妇女没有为其丈夫作担保的能力（除非她从该合同中获得某种金钱利益；或她从事商业活动；或她已明确地放弃了该地法律赋予她的这种保护。而对她来说，当时这些例外都不适用）。可是审理本案的法官机械地坚持物之所在地法原则，仍然判决该抵押合同无效。该书认为，这一判决不但其理由不能令人满意，而且判决结果也

---

① 如对该重述涉及不动产、动产、财产继承、夫妻财产的所有规定作一统计，使用"物（或财产）之所在地法院将予适用的法律"作系属公式的，约达 30 个条款。

② 在这时，便会在适用物之所在地法的一般原则的前提下，产生反致情况。

③ 该书所指的学者包括戚希尔和诺思，美国的利夫拉尔（Lefliar），法尔肯布利奇，格雷斯伍尔德（Griswold）以及 1971 年《美国第二次冲突法重述》的编纂者们。

是错误的。不过该书所依据的理由更为广泛，即（1）该书认为在本案中要处理的不是抵押而是抵押合同的问题。对于合同，即使涉及的是土地，英国有一条确定的原则就是要由合同自体法决定，在涉及土地的合同中，其自体法虽然通常就是土地所在地法，但也不一定都是如此；（2）该书也运用"政策利益分析说"，认为南非该地的法律，其政策利益不在于保护当地的已婚妇女，而在于保护当地的土地；加之，该地的法律也不能适用于住所在英国的已婚妇女；（3）更何况该妇女显然完全明白自己的所作所为是欺骗银行。故依戴西和莫里斯所说，即使是处理不动产，涉及有关当事人的行为能力，对位于英国的土地，固然要绝对依英国法，而对于外国的土地，英国法院所称的物之所在地法，便是指物之所在地法院所要适用的任何内国法（即其冲突法可能指向的任何内国法）。对于处理不动产的法律行为的形式效力以及这种处理的实质有效性问题，都应坚持上述原则。对于取得时效，不论是涉及位于英国的土地还是外国的土地，均只适用物之所在地的内国法（但涉及外国土地的诉讼或其他程序的时效期限，却可能要由作为法院地法的英国法来决定）。

根据该书的介绍，在动产领域，比如关于动产的转让，只要动产所在地没有发生变化，如果受理案件的法院又是非物之所在地法院，那么它在适用物之所在地法时，也是指依物之所在地的冲突规则已经适用或将要适用的任一国家的法律，而不能机械地理解为只是物之所在地的内国法。因而，如果英国法院必须对一位住所在意大利的意大利人在伦敦进行的转让位于法国的动产的所有权的效力作出判决时，则它不一定要适用法国的内国法，而应该是法国法院将要适用的某国法——它可能是作为行为地的英国法，也可能是作为原所有人属人法的意大利法。这也就构成了一般意义上所理解的物之所在地法的例外情况，从而发生反致的现象。

最后，还必须看到，物之所在地法在无体动产或无形财产上的适用，也不是机械的唯一的原则。英国一些学者指出，如果对有体动产一概适用物之所在地法，在此种所在地带有极短暂性时，也会带来不便。如戚希尔和诺思的《国际私法》就举例，暂时存放在那不勒斯港的一个仓库里的货物，被其所有人伦敦一商人通过一个在英国有效的合同出卖给另一商人，如果认为这批货物的权利的任何问题都要适用意大利法，未免太勉强。除此之外，在英国和在许多别的国家一样，法律认为一个对他人的"请求"（a claim），不仅仅只是一种权利（right），而且还可以是另一种权利的客体或标的（subject-matter），在这种情况下，对于该权利，债权人也享有所有权（ownership），因而债权人既可以把他对债务人的请求权出抵给自己的债权人，也可以把它转让给第三人，正如同出抵或转让有体动产一样。由于它们是无形的，其所在地就不是物理上可感知的了，从而给适用物之所在地法带来困难。因此，有必要讨论以此种"财产权利"为客体的物权关系应适用何种法律。实际上，就各国法律制度来看，在发生此类以债权作为客体的无体动产所有权的转让时，至少有以下四种准据法可供选择——债权本身的准据法，有关当事人的属人法（住所地法），行为地法以及物之所在地法。

四、物之所在地的物理或人为的确定

以物之所在地法来调整物权关系，首先需要解决如何确定物之所在地的问题。确定物之所在地对于不动产来说，或者对于有体物来说，都不会有太大困难，但对于无体物，或对于诉讼产（chose in action）来说，就比较困难了。过去许多学者都认为"属于个人的动产"无场所（has no locality）。这也是早先之所以主张对动产适用所有人属人法的一个方面的原因。戚希尔与诺思就指出，"据说，动产必须由所有者的住所地法支配，是因为动产既然可以按照所有人的意志把它从一个地方转移到另一个地方，因而在任何时间里，它们位于什么地方乃是一种偶然性"。但是为了适用所在地法，首先必须赋予它们场所。正如杜摩兰所指出，必须赋予动产以一种人为的场所，因为它们本没有什么是可以固定的。

在适用物之所在地法的情况下，关于某有体物或无体物位于什么地方，这个问题只能由法院地的法律来判定。对此，各国的普遍实践可归纳为以下几点。

1.就不动产和有体动产而言，物之所在地应为它们物理上的所在地。

2.对于处在运动或运输过程之中的有体动产，确定其所在地比较困难，各国一般采取下面两种办法：第一，对某些有体动产，不定其所在地，而交由其连接点指定应适用的法律决定。如1978年《奥地利国际私法法规》第33条对运输工具作了特别规定："经备案或登记于一注册处的水上或空中运输工具的物权，除第2款另有规定外，依注册国的法律；铁路车辆依在营业中使用该车辆的铁路企业有其主营业所的国家的法律。"戴西和莫里斯在其《冲突法》中也指出，对于商船，有时可以认为其所在地是其注册港，而对民用飞机，有时可以认为其所在地是其注册国。第二，在冲突规范中对动产的所在地加以时间上的限定，如1948年《埃及民法典》第18条规定："占有、所有以及其他物权，不动产适用不动产所在地法，动产适用导致取得或丧失占有、所有或其他物权的原因发生时该动产所在地法。"1987年《瑞士联邦国际私法法规》第100条规定："动产物权的取得或丧失，由这种取得或丧失所产生的事实发生时的动产所在地支配；而动产物权的内容及行使由动产所在地法支配。"

3.对于无体动产，总的原则是应认为其所在地是在该项财产能被追索或执行的地方。戴西和莫里斯在《冲突法》一书中，对各类无体动产的所在地确定问题作过归纳。

（1）债，其所在地应被认为在债务人居住国；如为银行债务，其所在地应被认为在账户保存地所属国；

（2）盖印契约（specialties）之债，其所在地为契约所在地，而不是债务人居住地。政府依法令发行的债，在英国也认为是盖印契约，其所在地在其登记地；

（3）判决确定之债（judgment debt），其所在地为判决存档地；

（4）流通票据及可通过交付转让的证券（negotiable instruments and securities transferanble by delivery），其所在地代表这种证券的票据现实所在地。

另外，公司股票（shares in companies），其所在地是公司登记注册地。对死者财产的利益，在实行将遗产交付给管理人或执行人管理制度的国家，其所在地为管理人居住地，而在不实行该制度的国家，即死者住所地。信托权益（interest under trusts），其所在地为信托财产所在地，或受托人居住地（信托在英国法中是指一个人把自己的财产交托给另一个人保有，后者叫受托人。这种保有还可以是为了第三者的利益，这时收受财产利益的人叫信托受益人。在信托关系中，受托人对信托的财产享有物权，但受益人对受托人本身有反对权，受益人有权要求受托人履行信托所订定的条件。合伙中的份额（shares in a partnership business），其所在地为合伙业务执行地。如合伙在几个国家进行，则为其业务所在地。商誉（goodwill of a business），在资本主义国家也是一种资产，可以把它连同商店一起出顶，出顶后出顶人不得再使用该商号，受顶人不但享有该商店，而且享有该商号，其所在地为商店所在地。专利权与商标权，其所在地为依决定此种权利产生的法律能作有效转让的地方。

当然，戴西和莫里斯的《冲突法》一书所述英国法的观点，并非国际私法中的定论或各国均认同的看法。但这些论述，至少又从另一个角度表明，即使适用物之所在地法于无体财产，这个所在地在不少情况下仍是有关当事人的住所或居所地、有关法律行为的实施地等。

可见，在适用物之所在地法时，动产物权所在地的确定也是一个十分复杂且多有分歧的问题。

五、物之所在地法的适用范围

物权关系适用物之所在地法，虽然是各国普遍采用的做法，但从各国的立法与司法实践来看，物之所在地法的适用范围仍有一些限制，并非能绝对地支配所有的物权关系。因此，我们在讲到"物之所在地法的适用范围"时，也不可使用"绝对化"命题，而只可能界定它的"大致适用范围"。因为在许多情况下，都有可能适用别的冲突规则。一般来说，物之所在地法通常适用于下列情形。

1. 对于物为动产或不动产的识别

各国冲突法普遍认为，物之所在地法应适用于物为动产或不动产的识别。但也非毫无差别。例如，在英国的国内法中，一般仅对财产作"real property"和"personal property"的划分，而不分为"movable property"和"immovable property"。可是，在国际私法中，它却是放弃前一种区分，仍接受后一种区分的。此外，对物的性质的识别，通常均仅规定"应依物之所在地法"，并无其他限制。可是，在1928年《布斯达曼特法典》（第112条）中却明确规定："关于动产不动产的识别，始终适用属地法，但不得妨碍第三人已取得的权利。"1996年《列支敦士登国际私法》第31条则规定：应依物之所在地"有效的"法律决定某物是动产还是不动产。依此规定，如争议的财产的性质涉及过往的法律关系，而当时的法律已被废除，则当依现行有效的法律进行识别。

在通常的意义上讲，所谓动产与不动产的区别，就在于它们是否能从一个地方移至另一个地方。然而在现实的经济关系中，各国的法律制度往往并不只进行这种简单的划分。例如，1811年《奥地利民法典》就将房屋上的固定附着物、池塘里的鱼、森林中的走兽都视作不动产。法国民法认为，尚未收割的收获物及尚未摘取的树上果实，为不动产；但谷物一经收割，果实一经摘取，即使未运走，也成了动产。不动产所有人为使用经营该不动产而设置的物，诸如耕畜、农具、鸽舍中的鸽、养兔园中的兔、蜂巢中的蜂群、池塘中的鱼等，按其用途皆应视为不动产。[①] 对于土地利益，法国和英国许多国家的法律均视作不动产。斯托里曾经指出，尽管依物的自然性质来划分动产和不动产，与依物之所在地法律观点来划分动产和不动产，都会发生许多问题，但是如果某种权利在其所在地被认为是土地的一部分，那么在任何地方，即令对它的特征有不同的看法，也只能当作土地的一部分来对待。这就为财产或物的性质的识别提出了一项基本原则，即应依物之所在地法的观点。这当然是因为识别本身不是目的，识别的目的在于确定对冲突规范范围中所指的法律关系应该适用的法律。在物权法律关系中，如果不依物之所在地法的观点进行识别，从而导致适用非物之所在地的法律，其判决无疑是得不到物之所在地法院的承认与执行的。

把有体物区分为动产和不动产并作出正确的识别，在国际私法上有着重要的法律意义。例如，在许多国家的法律制度中，动产所有权的转移时间或方式以及就动产设定的抵押，均与不动产很不相同。特别是在继承制度中，许多国家采分割制，对动产与不动产继承适用不同的准据法。

---

① 1804年《法国民法典》第520、524条。

2. 物权客体的范围

在一国境内,诸如土地、矿藏、森林、厂房等,哪些财产可以成为外国自然人、法人或外国国家所有权的客体,这当然必须由物之所在地法决定。巴迪福就指出,标的物的所有权的确定,也与所有权制度不可分割,所以可以据为己有的物的确定,皆归入属物法则,受物之所在地法制约。1998 年《委内瑞拉国际私法》第 27 条便明确规定,"财产权的设立、内容及范围,概依财产所在地法"。

3. 物权的内容和行使

如什么样的权利才构成物权? 占有权、地上权、地役权、永佃权是否都可以作为物权? 如果这些权利都属于物权,其内容又如何? 这类权利能否转让给第三人,能否继承等问题,也是由物之所在地法来决定的。此外,如物上请求权(或称物权请求权)①,其内容也有主张依物之所在地法的。因为这种请求权完全是为了实现物权的本来内容,所以它也属于物权的一般效力。例如,在异地动产买卖合同关系中,货物已交运而买主破产,货款未付,卖主是否有权要求返还该货物? 这种获返还是否属于物权的内容? 应该选择什么准据法? 各国看法并不是完全一致的。折茂丰认为,依《日本法例》第 10 条精神,日本主张适用货物到达地法,当作物权处理,但英国主张适用契约准据法。也还有人指出,这种情况,可视其他因素而分别处理:如只纯粹是取返权问题,可适用契约准据法;如有第三者介入,则应适用物之所在地法。1999 年《德国关于非合同债务和物权的国际私法立法》第 43 条第 2 款也规定:"如果权利的标的物已到了另一国家,财产权利的行使必不得违反该另一国的法律。"

4. 物权的取得、变更和消灭的条件

第一,物权的得失或变更往往由于物权的法律行为而发生,但作为这种物权法律行为的根据可能是债权法律行为,因此,多主张对其中独立的物权行为(如物的交付、权利的登记等),其成立与效力依物之所在地法;而对因转移物权而产生债务的债权行为,则不应受物之所在地法支配。1999 年《白俄罗斯民法典》第 1120 条、第 1121 条更是规定,对"作为法律行为标的财产的所有权及其他物权",其"产生和消灭"应适用行为地法。只有不是因某一法律行为而产生的财产所有权及其他物权(如因时效、继承等),才应适用其时的财产所在地法。巴迪福认为,法国的判例明白确定,对于契约,即使是创设物权,一律受当事人

---

① 所谓物上请求权,又称物上诉权或对物诉权,是指物权的权利人在其权利内容与现存状态不合致时,对于使不合致的人,请求除去此种不合致原因的权利。在行使此种权利时,如其请求不得结果,可诉请法院裁判。物上请求权又分返还请求权和保全请求权。

自由选择的法律支配;但被创设的物权,则应受物之所在地法支配,包括该契约所产生的物权的内容,物权创设的条件——诸如不动产的登记、动产的交付等。

第二,关于物权的行为能力,概依《日本法例》第 3 条的一般行为能力解决,即适用当事人属人法。大陆法各国一般也是如此。但出于对本国贸易安全的保护,1986 年《德国民法施行法》第 7 条主张可兼采行为地法。19 世纪前半叶,法国还有关于不动产设立抵押权的当事人行为能力适用物之所在地法的判例,但后来改为用属人法来解决不动产行为能力问题。大陆法各国常依一般行为能力解决,即适用当事人属人法。英美法则主张按动产和不动产个别解决行为能力问题,对不动产行为能力概依物之所在地法,至于动产行为能力,美国冲突法主张依物之所在地法,英国冲突法已倾向于适用转让时动产所在地的法律。

第三,关于物权行为方式,诸如土地抵押设定方式、房屋让渡方式、财产租赁方式等,一般均主张依行为地法,但也有主张依行为究竟属物权行为或债权行为分别解决准据法的。

第四,物权的取得、变动与消灭还可由法律行为以外的事实(如果实分割)或事实行为(如无主物的占有、遗失物的拾得、埋藏物的发现等)而产生。对于这一类问题,一般都主张只适用物之所在地法。例如,对于动产的取得时效,人们认为,即使在原所在地法规定的条件未得到满足的情况下转移到了一个新的地方,也应适用新所在地法的时效制度。

第五,动产物权的变动,还常因动产变更了所在地(即所谓动态冲突)而产生麻烦。一般认为,如动产已依原所在地甲国法规定的条件做了处分后,其所在地变成乙国,则即使此种处分未满足乙国法的要件,也应认为处分有效;反之,如在甲国的处分不符合甲国法律规定而转至乙国,则即使能满足乙国法律规定的要件,也不应认为已有效转移。但这只涉及物权的取得,至于物权的内容则仍应受新所在地法支配,巴迪福就持此主张。[①]

第六,物遭灭失的风险,由于各国均认为应由所有权人承担,因而在这里确定所有权转移的时间至关重要。一般均主张依物权准据法(即物之所在地法)而不是依债的准据法来判定所有权转移的时间。不过,1958 年订于海牙的《国际有体动产买卖所有权移转法律适用公约》第 2 条规定,出卖人对出卖物风险负担的终止应该适用买卖合同准据法。

---

① [法]巴迪福:《国际私法各论》,曾陈明汝译,正中书局 1975 年版,第 186—189 页。

5. 物权的保护方法

物之所在地法一般还适用于物权的保护方法。如所有权人对无权占有或侵占其财物者能否请求返还;所有权行使遭到妨碍能否请求排除障碍;对被侵占之物上的孳息能否请求取得;以及排除他人所有权侵害的请求权行使的方法与手续等问题,一般应依物之所在地法。但1999年《白俄罗斯民法典》第1123条规定,对于所有权及其他物权的保护,权利人可以选择适用财产所在地法或法院地法。

六、物之所在地法适用的例外

物之所在地法也不是解决一切物权问题的唯一冲突原则。这是由于某些标的物的特殊性质或处于某种特殊状态之中,使适用"物之所在地法"成为不可能或不合理。

1. 运送中的物品的物权关系

运送中的物品处于经常变换所在地的状态之中,难以确定到底以哪一所在地法来调整有关物权关系。即使能够确定,把偶然与物品发生联系的国家的法律作为支配该物品命运的准据法,也未必合理。而且,运送中的物品有时处于公海、公空,这些地方不受任何国家的法律管辖,并不存在有关的法律制度。因此,运送中物品的物权关系不便适用物之所在地法。在实践中,运送中物品的物权关系法律适用问题主要有如下解决办法:(1)适用送达地法。如1987年《瑞士联邦国际私法法规》第101条规定:"对运送中的货物的物权的取得与丧失,由目的地的法律支配。"土耳其的国际私法也作了类似规定。(2)适用发送地法。(3)适用所有人本国法。如1939年《泰国国际私法》第16条第2款规定:"把动产运出国外时,依起运时其所有人本国法。"在理论上,还有学者主张适用交易时物品实际所在地法或转让契约的准据法。

不过,运送中的物品并不是绝对不适用物之所在地法的。在有些情况下,如运送中物品的所有人的债权人申请扣押了运送中的物品,导致运送暂时停止,运送中的物品因其他原因长期滞留于某地,该物品的买卖和抵押也可适用该物品的现实所在地法。

2. 船舶、飞行器等运输工具之物权关系

由于船舶、飞行器等运输工具处于运动之中,难以确定其所在地,加上它们有时处于公海或公空,而这些地方无关法律存在,因此,有关船舶、飞行器等运输工具的物权关系适用物之所在地法是不恰当的。国际上,一般主张有关船舶、飞行器等运输工具的物权关系适用登记注册地法或者旗国法或标志国法,如1978

年《奥地利国际私法法规》第 33 条第 1 款规定,水上或空中运输工具的物权依注册地的法律,但铁路车辆依在营业中使用该车辆的铁路企业有其主营业所的国家的法律。又如中国 1995 年《民用航空法》第一百八十六条规定:"民用航空器抵押权适用民用航空器国籍登记国法律。"中国 1993 年《海商法》第二百七十条规定:"船舶所有权的取得、转让和消灭,适用船旗国法律。"第二百七十一条规定:"船舶抵押权适用船旗国法律。船舶在光船租赁以前或者光船租赁期间,设立船舶抵押权的,适用原船舶登记国法律。"值得注意的是,上述主张一般并不排除所有权人或他的债权人把在外国领水内的船只依其实际所在地法予以处置的权利,也不排除权利人依物之所在地法行使法定留置权或法定扣押权。

3.外国法人终止或解散时的物权关系

外国法人在自行终止或被其所属国解散时,其财产的清理和清理后的归属问题不应适用物之所在地法,而应依其属人法解决。不过,外国法人在内国境内违反内国的法律而被内国撤销时,该外国法人的财产的处理就不一定适用其属人法了。

4.与人身关系密切的财产

在涉外遗产继承问题上,有的国家对遗产不分动产与不动产,概依被继承人的属人法处理,而排斥物之所在地法的适用。如 1989 年修订的《日本法例》第 26 条规定:"继承依被继承人的本国法。"1928 年《布斯塔曼特法典》第 144 条也作了与此类似的规定。但有的国家将遗产区分为动产和不动产,分别适用不同的准据法,即动产适用被继承人死亡时的住所地法,不动产适用遗产所在地法。中国的规定即如此。夫妻财产制中的动产、亲子关系中产生的抚养费等动产物权,各国规定,一般只适用属人法。

5.无主土地上物的物权

当某物处在不受任何国家的法律管辖的场所,诸如地球的南极、公海或月球的外层空间等,无物之所在地法可言。对此类物权问题,一般主张依占有者属人法处理。

6.国家财产

国家及其财产在国际交往中享有豁免权,具有特殊的法律地位,已成为国际公认的原则。因而涉及国家财产所有权问题时,适用该财产所属国家的法律,而排除物之所在地法的适用。

七、中国关于物权法律适用的规定

根据《涉外民事关系法律适用法》的规定,不动产物权适用不动产所在地法律;当事人可以协议选择动产物权适用的法律,当事人没有选择的,适用法律事实发生时动产所在地法律;有价证券,适用有价证券权利实现地法律或者其他与该有价证券有最密切联系的法律;权利质权,适用质权设立地法律。

在搜房控股有限公司与孙宝云合同纠纷案中,搜房公司不服北京市高级人民法院(2012)高民终字第1879号民事判决,申请再审时提出,尽管孙宝云起诉时《涉外民事关系法律适用法》尚未实施,但根据最高人民法院《关于认真学习贯彻执行〈中华人民共和国涉外民事关系法律适用法〉的通知(一)》第三条的规定,如果行为发生时相关法律没有规定的,可以参照《涉外民事关系法律适用法》的规定。

本案系有价证券纠纷,搜房公司是在美国纽约证券交易所挂牌的上市公司,孙宝云欲实现的股票期权必须根据美国纽约证券交易所的上市规则进行登记、增发和披露,即有价证券实现地在美国。因此,应当适用美国法律审理本案。合同履行地和有价证券权利实现地在美国,根据最密切联系原则,本案也应当适用美国法律。最高人民法院认为:本案是涉外合同纠纷。孙宝云与搜房公司基于《股票期权协议》而产生的合同关系发生于《涉外民事关系法律适用法》实施之前,应当适用行为发生时的法律确定合同准据法。当事人在该协议中没有约定处理争议所适用的法律,而协议签订地、被授予股票期权人孙宝云住所地及其为获得股票期权提供劳动服务的地点均位于中华人民共和国境内,一、二审法院认定与协议具有最密切联系的国家的法律为中华人民共和国法律,从而适用中华人民共和国法律解决本案争议并无不当。本案纠纷涉及的是合同履行争议,不是物权纠纷中的有价证券权利争议,不应适用物权冲突规范的规定。搜房公司认为应参照《涉外民事关系法律适用法》第三十九条的规定,确定法律适用的申请再审理由不能成立。参见最高人民法院(2013)民申字第739号民事裁定书。

第二节　信　托

一、信托概述

信托,是指将自己的财产委托给足以信赖的第三者,使其按照自己的希望和要求,进行管理和运用的法律制度。

信托的历史悠久，早在古埃及和古罗马时期，就已经有了信托的萌芽。① 其正式形式最早起源于 11 世纪英国的用益权制度。当时英国的宗教盛行，由于人们普遍相信基督教教义的规定，即人们在活着时多做贡献，死后方可升入天堂。于是，教徒们死后纷纷将遗产（主要为土地）赠与教会。因为其时统治者不能对教会征税，长此以往严重地影响了封建郡主和诸侯们的利益。到了 12 世纪，英国国王亨利三世便制定了没收法，禁止教徒死后将其土地等财产赠给教会，否则予以没收。教会为摆脱这一束缚，即操纵当时的衡平法庭，参照罗马法的有关规定，由上议院大法官颁布了"用益权法"，允许教徒死后将土地等财产转让他人代管，而把土地财产的收益交给教会或其子女，这样一来就产生了信托的雏形。英国历史上著名的"十字军征战"和玫瑰战争时期，教士们在出征前，纷纷把他们的土地等财产委托给亲朋或教会代管，以便其家属子女的生活有所保障。这两次战争大大促进了用益权制度的传播和发展。

16 世纪时，用益权制度逐渐演变为信托。以土地为主的信托逐渐发展为财产信托，个人信托也随之发展为专门的法人信托，营利信托也逐步取代了无偿信托。

信托与委托、代理等一样，都是一种以为他人管理财产为主要内容的法律关系，这些制度具有许多共同之处。然而，信托与委托、代理等又有极其重要的不同点。

首先，信托是以财产为中心构成的法律关系，而在委托和代理的法律关系中，财产因素并非必要。其次，信托不仅限于财产的管理和处理权，财产的所有权本身也要转让给受托人，而委托则仅将财产的管理和处分权授予受托人。再者，信托是将财产的管理和处分权全部托付受托者，而代理关系中，当本人将代理权授予代理人后，并未失去对财产的管理权和处分权，二者在财产的管理和处理权上是交织在一起的。最后，信托、委托和代理虽然都是建立在当事人相互信任的关系上，但因为在信托法律关系中，财产权本身也转让给受托人，因此，信托关系当事人之间是一种更为可靠的信任关系。

在信托中包含了一系列不同的法律关系，大致可概括为三种：第一种是财产委托人与受托人之间的关系；第二种是受托人与受益人之间的关系；第三种是受托人和第三人的关系。

信托的财产可能是动产，也可能是不动产，或二者兼有。信托依据不同的标准，可作多种不同的分类：根据信托意图的不同，可分为公益信托和私益信托，公益信托是指完全以实现慈善事业为信托意图，并以全社会或部分社会公众为受

---

① 参见江平、米健：《罗马法基础》，中国政法大学出版社 1987 年版，第 339 页。

益人的信托,也称为慈善信托;私益信托是指仅以特定的自然人或法人为受益人,并为实现特定利益而设立的信托。根据信托设立的时间,可分为生前信托和遗嘱信托;根据信托设立的期限,可分为永久信托和期限信托;根据信托成立的方式,可分为明示信托、默示信托、推定信托。其他的分类还有可撤销的信托和不可撤销的信托、任意性信托和非任意性信托等。

信托从其产生时,主要以民事信托为主,随着商品经济的发展,开始出现了以营利为目的的商事信托,出现了专门办理商事信托的公司、单纯地进行财产管理的英国式信托,已经发展成带有融通资金性质的信托。

二、信托的法律冲突及法律适用

随着国际民商交往的发展,信托制度不仅在普通法系各国广泛传播,而且一些大陆法系国家也在略加修正之后,采用了灵活的信托制度。中国于 2001 年制定了《信托法》。因此,甲国的委托人将其在乙国的财产委托给在丙国的受托人,而受益人却在丁国的情况很容易出现。然而,信托制度并非各国都有,即使存有信托制度的国家,其有关信托的法律规定也不尽一致,常常因此发生法律冲突。

首先,对于信托中的财产权转让,有的国家法律规定,受托者取得信托财产的完全所有权,成为所有者,而受益者只拥有向受托人请求支付债权的权利。另一些国家法律规定,受托者取得的财产权并非完全的所有权,而是对信托财产排他性的管理权,而受益人不仅拥有向受托人请求支付债权的权利,而且拥有对信托财产的一定限度的直接支配权。

其次,对于信托成立的方式,有的国家允许宣言信托,即宣布自己为特定信托的受托人,这在英美国家是允许的,在日本却遭到禁止。

再次,关于信托财产的范围,各国对于可以进行信托的财产范围的规定不尽相同。有的国家对信托财产的种类并不加以限制,而有些国家则把信托财产限定为金钱、有价证券、金钱债权、动产、不动产、土地使用权和土地租赁权。

最后,对于信托当事人的能力问题,有的国家规定委托人不可同时又是受托人,或者受托人不可同时又是受益人,只有当其为众多受益人之一时方可;有的国家对经营信托业务的人的资格有严格限制,有的只允许银行兼营信托业务,有的则不允许信托公司兼营银行业务;有的只允许法人经营信托业务,有的国家同时也允许自然人经营信托业务。

由上可知,信托不仅仅是一项契约行为,也不仅仅是一项财产转让行为,信托通常要延续很长一段时间,其间产生了一系列的权利、义务关系。尽管信托主要与冲突法中的物权相关,但是,它们不仅包括了与物权有关的冲突法问题,也会引起与债务或人的能力有关的冲突法问题。①

信托本身是一个较为复杂、综合性的法律概念,它所引起的许多问题要受不同的法律支配。关于信托的法律选择问题多产生于受托人和受益人之间的关系中,它常常被称为信托的内部事项。关于信托的法律选择问题也会涉及委托人与受托人之间的关系,因为它与信托的成立相关。在信托关系中,受托人与第三人的关系往往被称为信托的外部事项,法律选择规则支配这类事项,主要是决定受托人是否已取得财产的所有权或是否已有效地取代委托人,以进入与第三人有关的债权债务合同。

有关信托的冲突规则经历了一个发展演变过程。由于早期的信托大多是有关土地财产的信托,因此,物之所在地法理所当然地被用来支配信托的主要效力。英国和加拿大的法院在 20 世纪上半叶往往并不考虑很多的连接点和可供选择的法律。法院满足于单纯适用物之所在地法或委托人的住所地法,尤其是当物之所在地法或委托人的住所地法同时也是法院地法时,更是如此。这样一来,有时法律冲突完全被忽视。

二战以后,各国有关信托的法律冲突规则发生了显著的变化。法院开始倾向于采用更多的连接点,准据法的系属公式也因此变得复杂起来,信托自体法理论应运而生。这种理论主张信托自体法是当事人欲使信托受其支配的法律,若当事人无此明示选择,且不能依情况认定当事人选择的意向时,信托自体法应是那个与信托有最密切、最真实联系的法律。但是,对不动产来讲,物之所在地法仍是主要的冲突规则,因为不动产所在地往往有强制性法律规定。

在信托的准据法选择过程中,大多数学者认为应根据分割制原则,对于信托的不同性质的各个方面,分别由不同的法律来支配。信托准据法的适用范围主要包括:信托的效力、信托的管理、信托的解释等。

人们主张应将信托的效力与信托的管理事项区分开来,分别适用不同的法律。

1. 关于信托的效力问题

信托的效力往往分为形式效力和实质效力两个大的方面。信托的形式效力主要指信托的成立方式是否有效。对于遗嘱信托来说,就是看遗嘱的成立是否有效;对于设定信托来说,又常常涉及信托合同的形式效力。通常,决定信托形式效力的准据法为信托自体法、合同履行地法或遗嘱人最后居所地法,而且,信托的形式效力只要符合其中之一的规定,均为有效。一般情况下,决定信托形式

---

① See D. W. M. Waters, Law of Trust in Canada, The Craswell Company Ltd. (1984) 2nd, edition, pp. 1123—1128.

效力的准据法同样可以用来支配由此而生的信托的实质效力,但是也存在某些例外,如委托人已经明确选择了支配信托实质效力的法律。

一项有效的信托不仅要依靠一个有效的成立方式,同时也依赖于信托财产的转让是有效的。如前所述,信托可以通过两种途径成立,一种是宣布自己为特定信托的受托人;而另一种是委托人将财产转让给受托人。在这种情况下,都存在一个先决问题,即受托人是否有法律上的权利来管理受益人的收益。这一法律选择问题,通常要由适用于财产转让的一般冲突规则来支配,如动产或不动产所在地法。如果信托的成立方式依据支配它的准据法是有效的,然而物之所在地法却不允许受托人管理财产,甚至在物之所在地的法律体系中根本不存在信托这一法律制度,那么这一信托就不能有效地成立。这样看来,似乎信托主要与财产转让有关,因此,适用于物权的法律选择规则应同样适用于信托。然而,这样做的后果之一就是忽视了信托的不同特征。信托财产性质的变化、受托人或受益人住所或居所的变化、信托管理地的变化,都会给物权冲突规则的适用带来一定程度的困难。

人们普遍认为,在缺乏当事人对准据法的选择时,信托的自体法将支配它的效力,而且遗嘱信托的自体法应是遗嘱人最后住所地法,生前信托的自体法应是与信托有最密切、最真实联系的法律。

设定信托的当事人的能力,对信托效力也有至关重要的影响。如果信托的当事人不具备实施信托的行为能力,则该项信托同样不能有效成立。一般认为,信托当事人的行为能力由其各自的属人法支配,或由信托自体法支配。

2. 关于信托的管理问题

有关信托管理的法律选择规则非常模糊,主要原因在于:第一,在信托管理事项和信托效力事项之间并没有十分明确的界限;第二,对于信托管理的准据法存在很大争议,有人主张由信托管理地法支配,而有人认为应由信托自体法支配;第三,即使管理地法得以适用,管理地如何确定仍有争议。

对于信托管理事项的范围,人们的认识也不尽一致。戴西和莫里斯的《冲突法》(第 12 版)认为,应将下列事项纳入信托管理的范围:(1)受托人的权利义务;(2)受托人违约的责任;(3)何为收益,何为资本;(4)如何确定受托人的投资为正当投资;(5)谁可以任命一个新的受托人;(6)谁不能被任命为受托人;(7)法院对于信托的权力,即指定受托人的权力,给予忠告的权力等。而他们认为,信托的效力事项主要包括:(1)设定人的行为能力;(2)信托成立的方式;(3)信托是否属公益性质等。

他们所作的分类具有一定的代表性,但是我们仍需要运用识别制度来判断究竟哪些事项属于信托的效力事项,哪些事项属于信托管理事项。在大多数情况下,这并不困难。但是,也有一些问题可以同时归入任何一类事项,例如对于受托人的权利义务。现在有许多人并不同意戴西和莫里斯的划分,他们认为,不论一个问题是否被归为管理事项,它不能排除依管理地法认为是管理事项的情况,因为信托管理地法带有某种强行性。

信托合同或遗嘱中一般都明确地或隐含地表明支配信托管理事项的法律,但在没有这类表示时,就必须找到一种法律选择规则来确定支配信托管理的准据法。有人认为应适用信托自体法,即支配信托效力的法律应当同样支配信托的管理。这种观点主张不需要对信托效力和信托管理规定不同的法律选择规则。但是,越来越多的学者倾向于把管理地法作为准据法。这种做法在英美国家的司法实践中也有所反映,如在 Re Wilks 一案中,英国的遗产信托管理人受托管理一个在安大略死亡的遗嘱人的财产,依英国法,他可以推迟出售这些信托财产,虽然依支配信托和遗嘱效力的安大略法不允许他这样做。

然而,对于采用信托管理地法作为信托管理的准据法也并非毫无争议,完美无缺。信托管理地法作为准据法主要存在两个问题。

首先,当信托的效力由信托自体法支配时,可能管理地并没有信托制度。有人认为,在这种情况下,法院应适用支配信托效力的法律。其次,关于如何确定信托管理地的问题。在管理地很容易确定时,我们可以直接适用信托管理地法;但是,当死亡人在两个以上的国家都有财产,并分别加以管理时,这种情况下,遗嘱信托的受托人可能会发现他的投资权利根据两个不同的管理地的法律是不同的。在数个受托人分别居住在不同的国家或受托人为一家信托公司,并在世界各地设有分支机构时,对于特定信托的管理,虽然主要由一家分支机构来承担,但这一机构同时需要其他机构的协助。

澳大利亚的学者曾提出,对于信托管理事项适用物之所在地法,但这种做法是极为不方便的,因为在物之所在地发生变化时,准据法也会随之发生变化。然而,在信托财产所在地同时为法院地时,物之所在地法可能会被适用,因为物之所在地法很可能对信托人能够投资的财产范围有强制性的规定。

对于指定受托人,一般认为应由法院地法支配,而不管信托自体法或信托管理地法的规定如何。

3. 关于信托的构成及其解释问题

信托的构成是指构成一项有效的信托必须具备哪些基本要素。这些基本要素一般包括确定的信托财产、确定的受益人、确定的信托意图、信托的受托人。其中,既有客观的要素,如确定的信托财产、受益人和受托人,也有主观的要素,如信托意图。对信托的客观要素,当事人一般较少发生争议,而对于信托的主观要素进行解释时,往往会发生很大的争议。信托意图具有确定受托信托财产权具体范围和限制受托人财产权行使方式的法律效用。在全部信托条款中,信托意图条款具有核心地位。

一般情况下,信托的构成及解释的法律选择规则对于生前信托、遗嘱信托、动产或不动产信托都是同一的。法院会极力寻求当事人的信托意图,以发现他们想要适用的法律。在缺乏明确的表示时,法院应对当事人的信托意图作出推断。在推断当事人信托意图时,应参考下列因素:原始文件或行为的作成地,信托财产所在地,信托公司的登记,信托的管理地等。在无法推断信托人意图时,法院应根据信托自体法来解释信托,即在生前信托的情况下,适用与之有最密切和最真实联系的法律;在遗嘱信托的情况下,应适用遗嘱人设立遗嘱时的住所地法。

三、《关于信托的法律适用及其承认的公约》

通过以上论述,我们可以清楚地看到,在国际私法领域,有关信托的规则很少而且极不统一。这就迫切需要各国之间进行国际合作,加强有关信托的国际统一立法工作。

1985年第15届海牙国际私法会议制定了《关于信托的法律适用及其承认的公约》。信托作为一种法律制度,并不像合同制度那样为各国普遍采用,它主要存在于普通法系国家。这一《海牙公约》正是试图解决在一些国家存在,在另一些国家却不存在的法律制度,随着国际法律交往实践所产生的问题。

该《海牙公约》共有五章32条,其中第一章规定公约的适用范围,第二章规定信托的准据法,第三章规定对信托的承认,第四章是关于一般条款的规定,第五章则是海牙公约所通用且内容一致的最后条款。

首先,关于公约的适用范围。公约第1条规定,本公约规定适用于信托的准据法的确定及其承认。

关于公约是否只适用普通法上信托制度的问题,公约的规定是否定的。它不仅适用于普通法中的信托制度,也适用于符合公约第2条规定标准的其他法系的类似制度,如日本、埃及、波兰、卢森堡和委内瑞拉等国家中存在的类似普通法系信托的法律制度。在起草该公约时,国际清算银行的代表强烈反对公约适用于"商事信托",他认为普通法系非常不严格的商事信托会危及对大陆法系国家当事人或第三人的保护。但公约中没有明确规定不适用于商事信托,因为商事信托的概念难以界定,公约采取了一些其他措施将商事信托排除在适用范围之外。

公约仅适用于当事人自愿设立的,且有书面文件为证的信托,但是,公约也允许成员把公约的适用范围扩大适用于法定信托。

其次，关于信托的准据法及其适用范围问题。对于如何确定信托的准据法，公约首先使用当事人意思自治原则，但如果当事人所选择国家的法律中不存在信托制度，那么这种选择无效。

如果当事人没有选择信托的准据法，或当事人的选择被认为无效时，公约规定应适用与信托有最密切联系的国家的法律。公约还列举了在实践中据以确定与信托有最密切联系的法律的几种因素：信托管理地、信托财产所在地、受托人居所或营业所、信托的目的及其目的实现地。

公约第 8 条规定了信托准据法的适用范围，即信托准据法支配信托的有效性、解释、效力及其管理。公约也采用了分割制原则，即信托的某一可分割事项，特别是管理事项可由不同的法律支配。

由于信托关系可能会延续很长一段时间，在其存续期间，信托准据法可能发生变更，公约规定信托准据法的变更应由支配信托有效性的法律来确定。

再次，关于信托的承认问题。如前所述，信托并非一种各国普遍采用的法律制度，因此，公约各成员之间、成员与非成员之间便会发生对信托的承认问题。公约规定了承认信托的基本原则，即根据公约第二章中关于信托准据法的规定所产生的信托，应被承认为信托。该项承认至少意味着信托财产为独立的资金，受托人能以受托人的身份起诉或应诉。

公约还进一步规定了信托承认的内容，即受托人个人的债权人不得请求以受托财产清偿债务，受托财产不构成受托人无力还债或破产时的清算财产等。

公约同时规定了不承认信托的情况：如果与信托有最密切联系的国家没有信托制度，对这种信托可不予承认。

最后，公约规定了一些特殊事项，如尊重各国（地区）强行法、公共秩序保留、排除反致等。

公约已于 1992 年 1 月 1 日生效。截至 2021 年 6 月 14 日，已有 16 个国家与地区签署了该公约。其中澳大利亚、加拿大、意大利、马耳他、荷兰和联合王国先后批准了该公约，同时从 1997 年 7 月 1 日起，公约扩展适用于中国香港。

四、中国的相关立法

中国于 2001 年 4 月制定了《信托法》，该法第三条规定，委托人、受托人、受益人在中华人民共和国境内进行民事、营业、公益信托活动，适用本法。如果把它理解为一条单边冲突规范，它表明在中国的涉外信托关系一律适用中国法律，这显然不够合理。《涉外民事关系法律适用法》第十七条规定："当事人可以协议选择信托适用的法律。当事人没有选择的，适用信托财产所在地法律或者信托关系发生地法律。"涉外信托关系，应根据后者来确定准据法。

扩展阅读：

1. 黄进：《论国际私法上的物权问题》，《法商研究》1995 年第 3 期。

2. 周玉华：《国际信托准据法研究》，《法律科学》1999 年第 2 期。

3. 李双元、周辉斌、黄锦辉：《趋同之中见差异——论进一步丰富我国国际私法物权法律适用问题的研究内容》，《中国法学》2002 年第 1 期。

4. 吕岩峰：《论国际物权关系的适当法——物之所在地法原则之理析》，《吉林大学社会科学学报》2007 年第 1 期。

5. 孙南申：《跨国证券投资中的法律适用问题》，《政法论坛》2010 年第 2 期。

6. 宋晓：《意思自治与物权冲突法》，《环球法律评论》2012 年第 1 期。

7. 陈国军：《论意思自治原则在动产物权法律适用中的限制》，《政治与法律》2017 年第 5 期。

8. 朱京安、范书江：《论物权法定与意思自治之缓和——评我国涉外物权法律适用中引入意思自治的合理性》，《西北大学学报（哲学社会科学版）》2020 年第 2 期。

本章习题：

1. 物权的取得、转移、变更和消灭，一般应适用　　　　　　　（　　）

A. 物之所在地法。　　　　　B. 所有权人的住所地法。

C. 所有权人的本国法。　　　D. 目的地法。

2. 在适用物之所在地法时，对于商船，一般认为其所在地为　　（　　）

A. 该商船的停泊港口。　　　B. 该商船的航程目的地。

C. 诉讼法院所在地。　　　　D. 该商船的注册港。

3. 对于无体动产所在地的确定，总的原则是　　　　　　　　　（　　）

A. 法院所在地。　　　　　　B. 所有人的住所地。

C. 当事人合意选择的地方。　D. 该项财产能被追索或被执行的地方。

4. 物之所在地法是物权关系中最普遍适用的法律，它的适用范围主要包括

　　　　　　　　　　　　　　　　　　　　　　　　　　　　（　　）

A. 动产与不动产的识别。　　B. 物权性质的认识。

C. 物权客体的范围。　　　　D. 物权的内容和保护方法。

5. 在下列各项中，依我国最高人民法院的司法解释，应适用物之所在地法的有　　　　　　　　　　　　　　　　　　　　　　　　　　（　　）

A. 不动产的租赁和买卖。　　B. 不动产的所有权和买卖。

C. 不动产的使用。　　　　　　D. 船舶飞行器等运输工具的买卖。

6. 物之所在地法。（名词解释）

7. 简述物之所在地法的产生与发展。（简答）

8. 简述我国关于物权法律适用的一般规定。（简答）

9. 简述我国有关民用航空器及船舶物权的法律适用的规定。（简答）

10. 简述涉外信托的法律适用。（简答）

参考答案

1	2	3	4	5	6	7	8	9	10
A	D	D	ABCD	ABC			略		

第九章　合　同

第一节　涉外合同法律适用的理论分歧

一、涉外合同的概念

合同,或称契约,是指双方当事人为设立、变更或消灭某种权利义务关系的协议。它是民法上的债得以发生的重要依据,是国内民事流转中普遍借助的手段。而涉外合同是产生国际私法上的债的最重要的根据,在国际民事流转中占重要的地位。

涉外合同或国际合同是因合同行为或合同关系中介入了外国因素而发生的,但是,如何判断其"国际性",从而确定一项合同是否为国际合同,人们却有着不同的看法。戚希尔和诺思的《国际私法》认为,按照英国1977年《不公平合同条款法》(*Unfair Contract Terms Act*)第26条的规定,如果两个同国籍人,即使在外国缔结了一个纯粹由他们双方在国内履行的合同,也不是涉外合同。1994年的《国际统一私法协会国际商事合同通则》在前言的注释中首先就"国际合同"问题写道:"一份合同的国际性可以用很多不同的标准来确定。在国内和国际立法中有的以当事人的营业地或惯常居所地在不同的国家为标准,而有的则采用更为基本的标准,如合同'与一个以上的国家有重要联系''涉及不同国家之间法律的选择',或是'影响国际贸易的利益'。"

二、涉外合同的法律适用的理论分歧

涉外合同的法律适用问题一直是一个非常复杂的问题,这是因为:(1)合同具有人为的观念上的色彩,很不容易判断它究竟与哪个一定的场所相关联;(2)合同种类繁多,人们必须决定是否可以不问合同的性质和种类,统一用一个

冲突规则指定不同种类合同的准据法;(3)涉外合同中包含的连接因素也可能是十分复杂的,一个合同,可能是由甲国人和乙国人在丙国签订,约定由丁国船舶把位于戊国的一宗货物运往己国而以辛国货币付款,那么在这所涉众多连接因素中,怎样判定其中哪一国家的因素最具有决定意义;(4)双方当事人之间的协议要成为一种法律上有效的合同关系,必须具备一定的要件,如合同当事人必须具备行为能力,合同必须以符合法律规定的方式签订,合同双方的意思表示必须真实、自愿和一致,合同的内容必须合法等,对于这些问题的解决,必然会提出根据在遵守法律的前提下契约自由的原则,究竟是完全把法律适用交由当事人"意思自治",还是只允许在某些问题上"意思自治"? 只允许把上述合同行为或合同关系的几个方面作为一个整体适用一国的法律,还是允许将上述几个主要方面加以分解或切割而适用不同国家的法律?

正因为涉外合同及其法律适用问题如此复杂,解决它的法律适用问题的理论和实践也是多种多样的。从已有的理论和实践看,解决合同的法律适用,在方法上首先便面临几种相互对立的理论和实践。

1."分割论"与"单一论"

"分割论"与"单一论"的对立主要体现在两方面:(1)对于同一合同来说,"单一论"主张对整个合同适用同一法律,"分割论"主张把合同诸因素(至少把缔约能力、合同形式和合同的成立与效力三个大方面)加以分割,选择适用不同的法律;(2)对于不同性质的合同,"单一论"主张不分合同类型,采用一个冲突规则来指引准据法,而"分割论"主张区分合同不同种类,分别选择准据法。

首先,对立的第一个方面。

早在法则区别说时代,巴托鲁斯便主张对合同的不同部分分别适用不同的法律,例如他认为对于合同的形式及合同的实质有效性,可适用缔约地法;而对合同的效力,如当事人一致同意在某地履行,则应适用该履行地法,而在当事人无此种明示或默示的约定时,则可适用法院地法;而对当事人的能力,他主张应适用当事人住所地法(即当事人原属城邦的法则)。在这一学说的基础上,后来许多国家的学说与实践,都主张对合同当事人的缔约能力适用当事人属人法,对合同的形式适用缔约地法,对合同的成立及效力适用合同准据法。此外,在1875年美国法官亨特(Hunt)在 Scudd v. Union National Bank of Chicago 一案中,也采用一种分割理论,认为契约的解释与有效性应适用缔约地法,而履行应适用履行地法(该案涉及一个口头允诺是否有效的问题)。这种分割方法在比尔教授的影响下,写进了1934年的《美国冲突法重述》,并继而被1971年《美国第二次冲突法重述》所沿用。英国学者戚希尔和诺思主张对特殊问题采用特殊规则,"自体法通常是恰切的,但法院在考虑特定问题时得超越自体法"。例如,关于不合法性问题,法院不仅要考虑自体法,也要考虑履行地法。1928年《布斯塔曼特法典》和1989年《瑞士联邦国际私法法规》都采用了分割方法。

此外,还有其他的分割方法:(1)如萨维尼所主张的,合同义务既然是以履行地为其本座,在双方合同中,每一方当事人的履约义务就应分别适用各自的住所地法。(2)还有一种德国学说,认为适用于合同的,除了合同准据法,还有一种"辅助准据法",其适用范围只包括履行细节(details of performance)等。因为在他们看来,这类问题与其依合同准据法,不如依履行地法更为方便明确,这也是一种分割的方法。

合同法律适用的单一论认为,一项合同无论从经济还是从法律观点看,都应是一个整体,因而其履行、解释等都只应由一种法律支配。从当事人的主观愿望来讲,他们也不可能期望将一个合同分割为若干方面,分别受制于不同的法律。在普通法上,人们都承认,合同自体法决定其实质和形式的有效性、解释、效力和解除问题。丹麦著名学者兰多也认为这是一项指导原则,他指出,冲突法关于合同事项的一致原则被英国及其他英联邦国家、法国、瑞士,比利时、荷兰、卢森堡三国,以及斯堪的纳维亚国家的法院所采用,并被吸收进20世纪60年代波兰、葡萄牙以及1975年联邦德国的立法中。① 1980年欧共体《关于合同债务法律适用公约》和1986年海牙国际私法会议通过的《国际货物买卖合同法律适用公约》都可以认为是采取单一论的主张。

其次,对立的第二方面。

随着经济生活的多样化,国家既欲开放市场而又不愿放弃对市场的干预,合同的种类和性质呈现出愈来愈繁杂的境况。第一,各国实体法在消费合同和劳动合同领域,为确保消费者和受雇人的正当利益,对当事人的合同自由进行了种种限制。而这种实体法上的限制不可能不对涉外合同的法律适用产生影响,最直接的后果就是上述种类的合同当事人的意思自治受到了限制,从而产生了非商业合同和商业合同在选法上的区别。第二,在确定合同重心的时候,有的类型的合同很容易确定,有的则因其诸因素分布于许多国家而难以确定。前者如不动产租赁合同及劳动合同(工作地为合同重心)等,后者如居住于不同国家的商人通过邮电通信订立的合同等。这样就形成了在选法上易于场所化的合同和不易场所化的合同的区别。第三,有的合同往往由国际统一实体规范调整,常有统一的格式,而有的类型的合同,如分期付款买卖合同,不动产租赁合同,又很少发生在国际贸易领域,这样就形成了国际贸易合同和非国际贸易合同的区别。第

---

① 韩德培主编:《国际私法》,高等教育出版社、北京大学出版社2000年版,第195页。

四,有许多国家将引进外资和技术的合同以及各种国际运输合同与一般的国际贸易合同也加以区别。这样就形成了上述第二方面的对立,即主张不分合同种类统一采用一个冲突规则来指引准据法与主张区分合同种类分别选定准据法的对立。

过去那种不区分合同的种类、性质,只用一个共同适用的冲突规范的做法,已经受到了巨大的冲击。目前,许多国家在合同的法律适用问题上,已将分割方法置于首位,逐渐放弃了原来的机械做法。

2. 主观论与客观论

主观论主张把合同的法律适用交由当事人主观选择来定,而与此对立的客观论反对当事人的意思自治,而主张应依客观的连接因素决定合同的准据法。

在合同的法律适用上,从巴托鲁斯时代起,对于合同的成立与效力,长期由缔约地法支配。由于资本主义自由经济发展的需要,早在 16 世纪法国的法则区别说时代,便产生了合同的准据法应由当事人双方自主选择的法律支配的思想,并且认为当事人既可以在合同中自由约定彼此的权利义务关系,当然也应该有权约定合同应适用的法律,从而形成了主观论的"意思自治"理论。但是与此相反的是客观论的观点。持这种理论的学者认为,合同只应依客观连接因素来决定其应适用的法律,而不能让当事人自主的意思在这个领域发挥作用。相比较而言,客观论的渊源较早,后被主观论取而代之。但是,近来客观论经修正后卷土重来,人们又倾向于在主观论的基础上,吸收客观论的合理成分,将二者加以结合,来确定合同的准据法。

但是,必须指出,这些原本相互对立的理论和实践,在它们的进一步发展中,都未能相互否定和相互排斥,而是交错存在,互为补充,互相结合,从而使合同法律适用的方法,大大地丰富了起来。比如对于合同的法律适用,虽然应该允许进行一定的分割,因为完全不允许分割在实际生活中,只会给合同的成立和履行带来诸多的不利因素。但是,首先,漫无限制的分割却肯定会引起法律适用的不稳定、不明确、不简便。其次,由于国际私法上合同关系的复杂多样,试图不顾这种客观情况,而像过去那样只用某一个绝对的法律选择规则来指引任何合同的准据法,不但对国家不利,对当事人也是不利的。但总不能在合同的法律适用上,放弃某些主导的原则,使当事人和法院在这个问题上感到毫无规律可循。最后,对合同准据法的确定,固然目前普遍以当事人的"意思自治"为基本制度,但在许多场合下,依据客观的连接因素,也占有十分重要的地位。

第二节　合同准据法的历史发展

一、三个历史阶段

前面曾经讲到,在国际私法上,所谓合同准据法,只指适用于合同的成立和效力的法律。这个观点,也为中国理论界所接受。[①] 关于如何确定合同的准据法,如果从历史发展的角度来看,大致经历了三个主要阶段。

第一个阶段是以缔约地法为主的单纯依空间连接因素决定合同准据法的阶段。自从法则区别说产生后直到 16 世纪杜摩兰提出意思自治说被实践所接受,一直在合同法上占统治地位。以缔约地定准据法,在某种意义上,也反映了中世纪封建属地主义的残余还未完全肃清的客观形势。这种情况持续到 19 世纪上半叶才告结束。

第二阶段是以意思自治原则为主,强调依当事人主观意向决定合同准据法的阶段。尽管在 16 世纪杜摩兰就提出了这一学说,以后又有胡伯的支持,但直到 1856 年《意大利民法典》颁布,才在该法中得以明确规定。这种从依缔约地等空间场所因素定合同准据法向依当事人的自主选择定准据法的转变,应该说是完全以那个时代资产阶级极力标榜的"契约自由"为契机。

第三阶段是以自体法或特有法(proper law)为代表的用更为灵活的冲突规范指定合同准据法的阶段。在这一历史阶段,尽管当事人的自主选择仍被认为是一种最普遍适用的合同准据法系属公式,但由于国际经济技术交流与合作关系和通信交通工具的高度发展,合同关系的内容和性质,以及合同的种类更趋复杂多样,各国对不同性质合同所采取的政策也有所不同,于是在法律选择上需要进一步向多样化和灵活的方向发展。

在当今世界,缔约地虽然在许多场合下对合同准据法的决定仍有一定的作用,但"意思自治""合同自体法""最密切联系""特征履行"等学说,却占有极为重要的地位。因此,下面将着重分别讨论"意思自治""合同自体法""特征履行说",而在讨论这三个问题时,都将涉及"最密切联系"的问题。

---

① 参见李浩培:《合同准据法的历史发展》,载《国际私法讲稿》(下),司法部国际私法师资进修班参考资料;唐表明:《比较国际私法》,中山大学出版社 1987 年版;韩德培主编:《国际私法》,武汉大学出版社 1989 年版;李双元:《国际私法(冲突法篇)》,武汉大学出版社 1987 年版。

二、意思自治

(一)意思自治(autonomy of will)原则的提出

在法国大革命以前,法律长期处于不统一状态,内容分歧较大,加上各地封建势力在法律适用上均采属地主义,这些对商业发展都是十分不利的。杜摩兰为了克服这种弊端而主张在契约关系中适用当事人自己意欲适用的法律。他的这一思想到 17 世纪又为荷兰学派所吸取。尽管在当时,杜摩兰并未用"意思自治"来给他的理论命名,甚至他也许根本未产生过这种观念,但后人却把这种观点命名为"意思自治说"。

对于在合同准据法的选定上适用当事人意思自治原则的主张(the principle of autonomy of the parties),后来遭到很多人的批判和反对。其中主要的反对意见认为,当事人之间的协议要具有决定应适用法律的效力,首先还必须解决用什么法律来赋予这种协议效力的问题。反对者还认为,意思自治理论在这里给予私人一种通常只能由立法来实现的权利。

但是,由于在实际生活中,意思自治理论符合资本主义追逐贸易自由的需要,因而到 18—19 世纪时,便相继为许多国家所采用。人们认为,允许当事人自己决定合同适用的法律,并不是因为他们是立法者,或他们享有立法者的权力,而仅仅因为这是法院地的冲突规则所要求的。

这种意思自治说在 1804 年《法国民法典》"契约自由"原则中得到反映,到 1865 年《意大利民法典》中,更被明确地提到处理合同准据法选择的首要原则的高度,该法典第 25 条规定:"因契约发生的债,双方当事人有共同国籍者,适用其本国法;否则,适用缔约地法。但在任何情况下,如当事人另有意思表示,从当事人的选择。"这一自治学说,在 1976 年 Robinson v. Bland 案中,又为曼斯菲尔德(Lord Mansfield)引入英国普通法;在 1825 年于 Wayman v. Sourtbard 案中,为法官马歇尔(Marshall)引入美国,并得到斯托里的肯定。现在,它已是所有国家选择国际性合同准据法所一致接受的原则。

(二)当事人协议选择法律的时间、方式、范围

1. 当事人选择法律的时间

关于当事人选择法律的时间,一般认为既可以在订立合同时选择,也可以在订立合同之后选择。新近的国际公约和国内立法都表明,多数国家反对对当事人选择法律时间加以限制,而允许当事人在合同订立后选择法律,甚至以新选择的法律代替原来所作的选择。这是因为,首先,即使当事人未作选择,他们之间

的合同关系仍然受支配该合同的法律支配,因此,并不一定要在订立合同前确立支配其权利义务的法律。其次,允许当事人事后选择或事后更改以前所作的选择,是当事人的自由,更符合意思自治原则的本意。最后,允许事后选择及更改,既能给当事人一定的补救机会,又能增加当事人对法院的信赖,有利于纠纷的解决。不过,从国内到国际立法的情况看,当事人在合同订立后选择或变更选择的权利也受到一定限制,即不得使合同归于无效或使第三人的合法利益遭受损害。

2. 当事人选择法律的方式

当事人选择法律的方式,即明示或默示选择的问题。以合同中的法律选择条款或在合同之外的专门法律选择协议表达选法意图,因其透明度强,具有稳定性和可预见性,而为各国普遍肯定。但对于默示选择,各国理论和实践却无定论。其态度大致可分三种。

第一,土耳其、尼日利亚、秘鲁、中国等少数国家只承认明示选择,不承认任何形式的默示选择。

第二,1971 年《美国第二次冲突法重述》有限度地承认默示选择。

第三,承认默示选择,允许法官在审理时推定当事人的意图。多数国家和国际公约持此种态度,如法、英、德、奥、瑞士以及 1978 年海牙《代理法律适用公约》和 1986 年《国际货物买卖合同法律适用公约》等。默示选择之所以得到承认,其根本的原因在于这些国家的法律传统。它们本来就重视法官在司法过程中的作用,尊重当事人在合同关系中广泛的自由,而且,早期意思自治学说的支持者就把其理论建立在当事人意图的基础上,如斯托里在其 1834 年的《冲突法评论》中指出:"这一理论的基础是,在一国缔结合同的每个人都被理解为将自己置于该地法律之下,并默示同意其合同上的诉讼。"

3. 当事人选择法律的范围

当事人根据意思自治原则所选择的法律应是实体法,而不包括该国的冲突法,这是目前多数国家立法和国际公约一致认可的。如 1980 年欧共体订于罗马的《关于合同债务法律适用的公约》(简称《罗马公约》)第 15 条就规定:"凡适用依本公约确定的任何国家的法律,意即适用该国现行的法律规则而非适用其国际私法规则。"这是因为允许当事人自行选择某一国法律,就在于使当事人能预见合同的法律后果,使当事人的合法权益得到其所期待的法律保护。如果将冲突规则包括在内,则可能导致不确定。

关于当事人选择法律的空间范围,即当事人能否选择与合同没有客观联系的法律,长期以来是有争议的问题。欧洲大陆的学者多主张,为了避免当事人通过选择规避法律,只能选择与合同有客观联系的法律。一些国家的法律也从连接点的空间范围上对当事人的法律选择作出限制,如《波兰国际私法》和《美国统一商法典》。但以英国为代表的大多数国家不要求选择与合同有客观的联系。目前,日本、泰国、奥地利、丹麦、比利时、德国、瑞士等国的立法都没有这种限制。1978 年的海牙《代理法律适用公约》也都没有禁止当事人选择与合同无客观联系的国家的法律。

(三)意思自治的限制

1. 意思自治要受本应支配合同的法律中强行法的限制

尽管过去也有许多人鼓吹当事人的自主选择是无限制的,但是从杜摩兰提出这一原则时起,包括杜摩兰自己在内,绝大多数法学家都认为当事人自主选择只能在任意性法律范围内进行,而不得违背法律中的强制性规定。往后,国际私法更通过立法与判例,把这种限制制度化,并发展得十分系统、完整。

这里首先可以举 1804 年《法国民法典》第 3 条的规定为例。根据该条第 1 款的规定,凡属警察与治安的法律,均不得因当事人的意思而加以违背或规避。其次,根据第 2 款,凡合同的标的涉及位于法国的不动产,也不得适用意思自治而受他国法律支配。最后,根据其第 3 款的规定,关于法国人的身份与能力,也不得因当事人的自主协议而适用非法国法。可见,自主选择法律首先应受法律性质——为强行法还是任意法——所限制。

2. 当事人协议选择的法律必须有合理的根据

在许多大陆国家的法律中,还有另一种限制,就是当事人不得选择与契约毫无实际联系的法律。这表明选择法律在空间上也是受限制的。在 1971 年《美国第二次冲突法重述》中,美国学者就强调指出,允许当事人在通常情况下选择准据法,并不等于给他们完全按照自己的意愿去缔结契约的自由。当事人选择法律时,必须有一种合理的根据(reasonable basis),而这种合理的根据,该书认为主要表现为当事人或合同与所选法律之间有着重要的联系,即合同在该地缔结,或合同在该地谈判,或合同在该地履行,或合同标的位于该地,或当事人的住所、居所、国籍、营业地在该处,否则,选择应被法院认为无效。

3. 当事人协议选择法律必须"善意""合法",且不违反公共秩序

在实践中,就连英国法对当事人选择法律的自由也是有严格限制的。在维他食品公司诉乌纳斯轮船公司(Vita Food Products Int. v. Unus Shipping Co. 1939)中,一加拿大公司(被告)与上诉人订一合同,约定租用被告所有的船只从纽芬兰装运货物去纽约,提单上规定,契约由英国法支配,并约定被告对于他的船员因过失而造成的损害免责。最终因船长的过失而使货物受损。案件上诉到英国枢密院,赖特法官认为该合同虽与英国毫无关系,但当事人选择了英国法,就不妨碍对合同适用英国法。并且尽管纽芬兰的法律规定,当事人的每一提单都应明示受 1924 年《海牙规则》的调整,而该提单却没有作这样的明示,因而依纽芬兰法,上述免责约定是无效的,赖特法官认为在该合同中,当事人约定适用英国法,是符合"善意""合法""无规避公共政策"三种条件的,应予承认,而英国法是承认这种免责约定的。在这三项限制中,除了"公共政策"这一标准在很大程度上取决于法官的自由裁量外,对于"善意"和"合法"两项标准,也可能包含各种各样的含义,如不是有意地虚构连接因素,不得反复无常,不是企图规避与契约有重要联系的国家法律中的强行性规定等,均可解释为包括在"善意""合法"的概念之中。这从当事人主观意念上也作了限制。

4. 当事人协议选择法律必须公平、合理

当代社会中,一些大的垄断企业已越来越多地运用"附和合同"(adhesion contract),它是有关企业向用户或顾客提供货物或服务的标准合同,它仅供对方考虑接受与否,毫无协商余地,而且关于合同的法律适用也作了规定。在这种情况下,合同另一方明显处于不利地位,合同中的法律选择可能并不代表双方的合意。这种不公平、不合理的做法,将会损害合同另一方的合法权益,尤其是在劳动合同和消费合同中更是如此。现在,许多国家根据保护本国劳动者和消费者利益的政策,从冲突法上对附和合同中对劳动者或消费者不利的法律选择予以限制。

5. 意思自治在几种特殊合同的法律适用中的限制

(1)雇佣合同。雇佣合同是雇主与雇员签订的合同,其中,雇员一方通常是合同的弱方,因此,在法律适用问题上应该考虑他被雇主操纵的可能。对于雇佣合同当事人的意思自治问题,需要作出限制。如 1980 年欧共体《关于合同债务法律适用的公约》规定,在雇佣合同中,当事人的选择不得剥夺法律的强制性规则对受雇人所提供的法律保护。并且,在当事人没有选择法律时,应适用履行合同时受雇人惯常履行其工作国家的法律。如果他并不惯常在一个国家工作,则适用他受雇的营业所所在地法。瑞士法律也规定,劳动合同由劳动者惯常完成其工作地的法律支配。德国及其他欧洲国家也基本上采纳了上述《关于合同债务法律适用的公约》的规定。

(2)消费合同。这种合同的特殊规定是为保护消费者利益的需要。保护消费者利益是当今国际社会的潮流,这一潮流也影响到了消费合同的法律适用。如《德国民法施行法》第 29 条第 2 款规定,此类合同当事人选择法律的结果,不得剥夺消费者习惯居所地法律强制规则所赋予的保护。没有法律选择时,受消费者习惯居所国法支配。1986 年海牙《国际货物买卖合同法律适用公约》第 2 条也将提供私人消费的合同排除在适用范围之外。而瑞士更将当事人的选择排除在外,主要适用消费者习惯居所地法。

(3)保险合同。保险合同从一定意义上讲是提供服务的合同,因而也可以认为是一种消费合同。为保护投保人的利益,通常不采用当事人意思自治原则,而是适用投保人或被保险人习惯居所地法。

(4)有关不动产的合同。关于土地及其附着物、建筑等不动产的合同,几乎任何国家都接受这样的规则,即有关不动产的合同受不动产所在地法支配。这主要是因为不动产所在地法与不动产本身的联系更为密切,一般具有较大的利益。不动产的处置甚至与所在地的国计民生有重大关系。不过,1980 年《关于合同债务法律适用的公约》在这方面的规定比较宽松,它允许当事人选择适用处置和使用土地的合同的法律,在没有选择时,推定适用合同与土地所在地有密切联系之法。瑞士国际私法规定,有关不动产或其使用的合同,由不动产所在地的法律支配,但也允许当事人选择法律。

(四)当事人未选择法律时的处理

在完全采用意思自治作合同准据法的冲突原则时,还可能遇到当事人没有选择法律的协议或者这种选择法律的协议无效的情况。这时,在立法和司法实践中,有三种不同的处理方法:一种是如日本等国家,明确规定应适用什么地方的法律;一种是主张按最密切联系原则由法律或法院确定应适用的法律;还有一种就是法院应根据各种情况推定当事人如果当时考虑到这个问题时可能选择什么法律(即推定)。由于第一种方法会使合同因适用法律的确定方法又返回到机械的僵固的冲突原则中去,而第三种方法又会使法院或法官的主观臆断发挥作用,因而,目前越来越多的实践均主张采用第二种方法,即在立法上明确地把最密切联系原则作为意思自治原则的补充加以规定。

所以,实际上,在解决合同的准据法选择的问题时,只用"意思自治"这个冲突原则,也不能完全适应客观实际的需要。于是,历史进入了以"合同自体法(或合同特有法)"为代表的,用完全开放的、灵活的冲突规范来指定准据法的新阶段。

三、合同自体法

合同自体法(proper law of the contract)学说最先为英国国际私法学家所提出,并被认为是英国法学家对国际私法的一大贡献。这是一个很不好译成中文的词,过去,中国的学者多将其译为"合同的准据法",但"合同的准据法"在英语中被称为"the applicable law of contract"。可见,applicable law 和 proper law 是两个不同的概念。由于"proper"在英语中有"适合的""适当的""恰当的" "专门的""固有的""自己的"等意义,韩德培教授主张根据后面几个意义,把 "proper law of the contract"译为"合同自体法"。这一译法表明中国的学者已经 注意到了 applicable law 和 proper law 的不同,这很符合英国学者所提出这一学 说的原意。但因"自体法"这个词也含有为"自身所专有的法律"的意思,所以也 可译为"合同特有法"。

至于什么是合同的自体法或特有法,在英国的学者中也存在分歧。韦斯特 勒克(Westlake)在其所著《国际私法》一书中指出,合同自体法是支配合同内在 有效性和效力的法律,是与合同有最真实联系的法律。戴西却认为合同自体法 或特有法应该由当事人意思自治来决定,他在 1896 年所著《冲突法》(第 1 版)中 认为,所谓合同自体法,就是合同双方当事人打算,或能合理地认为他们打算使 合同受其支配的那一个或那几个法律。直到该书的第 9 版(1973 年),修订者莫 里斯教授仍然坚持这种观点。但该书的第 10 版中,莫里斯教授则试图把韦斯特 勒克的客观论和戴西的主观论融为一体,把合同自体法解释为:"当事人意欲使 合同受其支配的法律,而在当事人无此明示选择且不能依情况推定当事人选择 的意向时,应是那个与合同有最密切、最真实联系的法律。"该书第 12 版仍持这 种观点。莫里斯指出这一原则可分解为三个规则:(1)当事人已明示选择的法 律,该法律一般应被适用;(2)当事人无明示选择,但依情况可以推断出他们所选 择的法律时,该法律应被适用;(3)当事人既未明示选择,又不能依情况推断他们 所选择的法律时,适用与合同有最密切、最真实联系的法律。

这表明,尽管英国国际私法学者已注意到不可能只采用意思自治来表述已 经大大发展的适用于合同的冲突原则,从而提出了自体法的新概念,但在论证何 为"合同自体法"时,仍然出现了主观论和客观论的对立。不过,从当前来看,英 国学者大多数倾向于采意思自治为主的同时兼采最密切联系原则作为补充来确 定合同的自体法。

在戚希尔和诺思的《国际私法》第 12 版中,关于合同的自体法,已有新的认 识。该书指出:"就英国来说,直到前不久,仍采用这种冲突原则,并认为它是用 来表述那个可用以支配合同问题法律的最简洁明了的方式。合同的'自体法' 的理论起源于普通法,并且为了应对合同法律适用问题的困难,由许多判例法 发展起来的。在理论或学说上,它被认为既深奥(sophisticated)又兼有灵活性 (flexible)。这一理论的关键特征如下:即当事人可以选择自体法,其选择权仅 受到极少的限制。而在当事人未作明示选择时,以及未被法院推定其所作的 选择时,则将运用一种客观的检验方式确定适用的法律。这就是通过探求那个与交易有密切联系的法律从而把合同场所化或地域化起来的理论。这一旦以自体法作为基础的理论，便把只注意当事人意图（意向）的主观论与探求合同的场所化的客观论构成了一孪生的理论（twin theories）。一些专门规则则是用来解决各种特别问题的。自体法通常是中肯、适当的，但却常要求法院在考虑特定问题时，超越自体法。例如，在关于违法的问题（illegality issue）时，就要求法院不仅关注依自体法为违法的问题，而且要考虑到依履行地法也是违法的问题。此外，一些特殊的合同如保险合同，也存在一些特别的规则。这些规则不是为自体法而作的特别规定，就是完全偏离自体法而作出的特别规定。"

目前，尽管合同自体法的做法仍在一些场合适用，但合同的法律选择已立足于成文法。这是由于英国接受了1980年欧共体制定的《关于合同债务法律适用公约》（简称《罗马公约》），并在1990年根据该公约颁布了《合同（准据）法》，从而开始把涉外合同准据法的选择建立在成文法的基础之上，并在很大程度上取代了这一领域的普通法和"合同自体法"的理论。不过依该成文法，合同当首先适用当事人自主选择的法律，以及在当事人无选择时，合同应适用与之有密切联系的法律，这两个最基本的规则，仍是与"合同自体法"理论相一致的。

"自体法"这一概念，在美国并不流行。在美国，通常只喜欢用"英国合同""马萨诸塞合同"来表示在英国或麻省订立的合同。并且，在过去（如《美国冲突法重述》）完全采合同缔结地主义，不承认当事人选择准据法的权利。但1971年《美国第二次冲突法重述》已完全摒弃了过去的观点，也把当事人的自主选择作为重要的原则，同时又采用"最重要联系"原则作为补充。该重述第186条规定，合同应适用的法律应是当事人协议选择的法律，只要这种选择符合第177条所规定的原则。其第187条的规定是：（1）当事人选择用于判定他们之间的合同权利义务的法律，应予适用，只要有关问题的当事人已通过明示条款将此包括在他们的协议之中；（2）如果有关的问题，当事人未把它包括在协议的明示条款中，但只要被选择的法律与当事人或其交易存在着实质联系并有合理的基础，且适用该被选择的州的法律不与当事人或合同有更为重要的利益的州的基本政策相抵触，则被选择的法律应予适用；而在第188条中又规定了缺乏当事人有效的选择时，应选取那个有最重要联系的州的实体法。

在立法中明确采用最密切联系原则作为意思自治补充的还有1980年欧共体《关于合同债务法律适用的罗马公约》第3条和第4条规定：于首先肯定应适用当事人自主选择的法律之后，也规定在缺乏当事人选择时，合同适用与之有最密切联系的法律。

从以上的叙述可以看到，对于依最密切联系来选择合同准据法，在一部分学者和韦斯特勒克是把它当作一个独立的原则提出的，他完全排除当事人的意思自治;而在戴西等人的学说和英国、美国的实践中,它是当作当事人意思自治原则的补充提出的,就目前各国的实践来看,都采用后一种观点。我国在原《涉外经济合同法》中也大体如此(因为中国对少数性质的合同是完全排除当事人意思自治的)。

目前,在合同法上面临的一个重要问题,乃是如何判定哪个国家的法律与合同存在最密切联系,由此,学者们又提出了"特征履行"学说。

四、特征履行说

在历史进入到探讨什么是最适合于合同的法律阶段时,在美国,出现了利益分析或政策导向(political-oriented)学说①,在欧洲,则出现了特征履行理论(doctrine of characteristic performance)。②

特征履行说又称特征债务说(doctrine of characteristic obligation),为瑞士学者施尼策(Schnitzer)所鼓吹,其目的正如最密切联系说一样,也是为解决在适用意思自治原则时,如果当事人之间未选择法律应怎样确定合同的准据法问题的,甚至可以说,它实际上就是关于如何认定最密切联系根据的学说。这一学说要求法院根据何方的履行最能体现合同的特性而确定合同应适用的法律。在一定意义上,它很像是"本座说"在当今时代的翻版,或者至少可以说,在这种理论中可以找到"本座说"的影子,但它是为了克服"合同适用与其有最密切联系的法律"这种较为空泛的规则所带来的法律适用上不稳定和不可预见而诞生的,它较之"本座说",在大多数场合下,无疑具有明显的确定性。

特征履行说的历史虽可以追溯到过去的时代,但它产生较大的影响却是近几十年的事。现在虽已为越来越多的国内、国际的立法所采用,有两个基本的问题仍存在争论。首先,对于如何判定合同一方的履行为特征履行,一是主张从社会、经济、法律的角度去综合判定合同债务中何方的履行最具实质意义来确定此种履行为特征履行,二是主张凡非支付金钱、价款、对价的一方的履行为特征履行。本书的观点是,凡一方的履行在性质上足以使此种合同与其他各种合同区别,并特定化起来的为特征履行。因此,前两种观点并不是完全对立的,而是互为补充的。其次,在解决了合同中何方的履行为特征履行之后,究竟应依什么场所因素来指引准据法,也似存争论。有主张以特征履行方的住所地或惯常居所地为场所因素(如施尼策),有主张以特征履行方的营业所、管理中心等为场所因

---

① 参见韩德培:《国际私法晚近发展趋势》,《中国国际法年刊》1988 年号;李双元:《论国际私法关系中解决法律选择的方法问题》,《中国法学》1984 年第 3 期。

② 参见徐国建:《国际合同法中"特性履行理论"研究》,《法学评论》1989 年第 6 期。

素,还有的主张以特征履行的行为地为场所因素。看来,对这个问题的解决,也应依各种合同的具体情况而定,不可能完全划一。

尽管特征履行说提供了一种在通常的情况下判定最密切联系的根据,但它也并不可能解决一切问题。因而在某些案件中,仍需法院综合合同各方面的因素来决定,合同与哪一法律具有最密切或最真实抑或最重要的联系。

第三节　缔约能力

前面已经讲到,在解决合同的法律适用时,许多国家的立法和司法实践常就合同的不同方面加以分割,分别选择应适用的法律。其中最常见的便是将合同当事人的缔约能力、合同形式和合同的成立与效力三个方面分割开来,使它们受不同的冲突规范的支配。

对于当事人缔结合同的能力应适用的法律,主要有以下几种不同主张。

一、适用当事人属人法

巴托鲁斯的法则区别理论便提出关于人的缔约能力不必适用合同缔结地法,而应适用其属人法(即住所地法)。这种观点的根据,当然主要是人的能力,本是他的属人法所赋予的。但是,适用当事人属人法来解决其能力问题,在亲属法和继承法领域尚无太大不妥,在商业交易领域,如果当事人属人法与行为地规定不同,依其中一个为有(或无)能力,而依另一个为无(或有)能力,则往往会给交易的安全带来麻烦。这方面,人所共知的一个案例便是法国法院 1861 年处理的李查蒂案(Lizardi Case)。李查蒂为一墨西哥 22 岁的青年,他在法国签发了一张期票,向巴黎商人购买珠宝,后来他被诉请付款时,竟以他依其属人法(墨西哥法)为未成年人而无行为能力(墨西哥法规定 23 岁成年)主张原合同无效。李查蒂的主张被法国法院驳回,从而否定了缔约能力完全依属人法的制度。①

二、选择适用属人法与合同缔结地法

单纯采属人法解决当事人缔约能力的法律冲突,不一定有利于保护在本国发生的合同关系中的本国当事人,因而为了求得商业上法律关系的稳定性,以及保护国籍或住所在合同行为地的当事人,对于商业合同,各国多在采用属人法的

---

① 参见李双元:《国际私法(冲突法篇)》,武汉大学出版社 1987 年版,第 269—271。

同时,还允许选择适用合同缔结地法。例如,1984 年《秘鲁民法典》第十编国际私法第 2070 条规定,自然人的能力依其住所地法,但关于债法的法律行为和在秘鲁订立的合同,只要依秘鲁法(即合同缔约地法)当事人有行为能力,就认为有行为能力。其他如《日本法例》第 3 条、1942 年《意大利民法典》第 17 条、1939 年《泰国国际私法》第 10 条、1982 年《土耳其国际私法和国际诉讼程序法》第 8 条、1967 年《法国补充民法典关于国际私法内容的草案》第 2291 条等都作了类似规定。

为了保证合同关系的安全,许多国家的理论和实践甚至主张,在选择采用当事人属人法和合同缔结地法时,如果它们都认定一方当事人无能力,但对所缔结的合同,其中一种法律认为绝对无效,而另一种法律只认为可以撤销;或者一种法律认为缺陷可以补救(如通过追认等),而另一种法律不允许补救;或一种法律规定可撤销的时间长,而另一种法律规定的时间短,应适用更有利于保护合同有效的法律。①

三、适用合同准据法

此外,也有理论与判例支持对缔约能力统一适用合同准据法(即支配合同成立和效力的法律),只要这个合同准据法是与合同存在着重大联系的。1971 年《美国第二次冲突法重述》关于缔约能力就规定应适用当事人合意选择的法律,以及在无此合意时,依有关原则选择适用具有最重要联系的法律,这显然均是指合同准据法。不过该重述同时指出,如果依据当事人的住所地法其有能力,则通常是应该认为其有能力的。戚希尔和诺思的《国际私法》也力主适用合同准据法。不过也有学者指出,既然合同准据法常常是当事人协议选择的法律,而在缔约能力问题上本是不应让当事人自己的意志发挥作用的,如果认为缔约能力可以适用合同准据法,而合同准据法又由当事人自己选择,这样就会助长他们规避应该服从的强制性法规。

值得注意的是,在缔约能力上,实践中当事人根据本应适用的法律并无签订有关合同的能力,但他采取欺诈方法不向对方披露,然后在缔约后出现对自己不利的情况时,则借此以自己无缔约能力为由而逃避合同义务。这时,法院或仲裁机关应充分行使在多个法律中进行选择的自由裁量权,认定其有缔约能力,力求实现"实质正义"。

---

① 李双元:《国际私法(冲突法篇)》,武汉大学出版社 1987 年版,第 272 页。

第四节　合同形式

对于合同形式应适用的法律,主要有以下几种不同主张。

一、适用缔约地法

自巴托鲁斯以来,无论是罗马法还是普通法,都认为应该把法律行为的形式要件与实质要件加以区分,并且认为,凡合同形式遵守了行为地法的要求就足够了。因而就合同形式而言,"场所支配行为"的原则,过去曾认为是强行性的。现代许多国家如西班牙、葡萄牙、阿根廷等国仍是这样规定的。这种制度源自罗马时代,因为当时商品经济尚不发达,合同种类很少,因而可以要求全都按一定形式进行。

二、选择适用缔约地法或合同准据法

随着资本主义经济在全球范围的膨胀,为求得国际商业合同迅速简便地完成,简式合同逐渐取代了要式合同,以至 1980 年《联合国国际货物销售合同公约》第 11 条规定,"销售合同无须以书面订立或书面证明,在形式方面也不受任何其他条件的限制。销售合同可以用包括人证在内的任何方法证明"。此外,也有学者认为,如果一个合同的缔约地纯属偶然,竟因为该合同未能遵守此地的形式要件而主张无效,未免不合情理。因而,现代国际私法学倾向于认为"场所支配行为"原则并不是强制性的,并且认为如果合同符合了它的准据法对形式的要求也应是有效的。学者们还指出,既然合同的准据法能够支配合同的成立及合同的所有效力,为何又一定要把合同形式割裂出去,非单独适用行为地法不可呢?而且,即使把缔约地法作为强行性规定看待,那么也应把缔约地的法律当作一个整体,即还包括它的冲突法;因而如果该地冲突法规定合同形式应依合同准据法,根据反致原则,也应改为适用合同准据法。至于如 1978 年《奥地利国际私法法规》第 8 条的规定,"法律行为的方式,依支配该法律行为本身的同一法律,但符合该法律行为发生地对方式的要求者亦可",更把合同准据法当作确定合同形式有效性的首要法律。其他如德国新旧两部《民法施行法》的第 11 条、1966年《波兰国际私法》第 12 条、1982 年《土耳其国际私法和国际诉讼程序法》第 6条、1992 年《罗马尼亚国际私法》第 68 条,都规定合同形式只要符合合同准据法或行为地法即为有效。

三、适用合同准据法

匈牙利 1979 年《国际私法法令》第 30 条第 1 款规定,除非双方当事人有协议或该法令另有规定,合同的准据法适用于债务关系的所有方面,特别是适用于合同的订立、形式有效要件等。有的国家甚至规定合同只受准据法支配,如 1939 年《泰国国际私法》第 13 条第 2 款就规定"契约方式,依支配该契约效力的法律"。

值得注意的是,对于不动产合同,有些国家法律规定适用不动产所在地法对形式的要求。

总而言之,对于合同的形式要件,当今国际私法立法与学说的主要趋势是主张采用多种连接因素并力求使合同在形式上有效选择准据法。这种趋势同样见于合同成立的法律选择方法。这也是保障合同秩序,维护交易安全与稳定所需要的。

第五节　合同的成立效力及其他

在对缔约能力、合同形式和合同的成立与效力采取分割方法,分别确定它们应适用的法律时,一般把支配最后一个问题的法律称为"合同准据法"。但关于合同的成立和效力,常常涉及许多法律问题,因而有必要对有关问题的法律适用进行具体讨论。

一、合同的成立

缔结合同一般必须包括要约和承诺两个阶段。在通常情况下,由一方发出要约,另一方表示承诺,合同便告成立。这种情况,假如当事人双方同在一地,合同成立的时间和地点一般不会发生问题。如果当事人双方在异地,需要通过函电签订合同,其成立的时间和地点就可能因双方所在国的法律规定不同而产生分歧。对于这个问题,一般均主张应适用当事人合意选择的本应予以适用的合同准据法解决。这是因为,适用缔约地法或履行地法、当事人属人法都是不可能或不公正的。比如说,在隔地合同中,就这个问题发生争议时,如果要求适用缔约地法,那么何处是缔约地呢?不同的法律就很可能各认一地(或要约发出地,或承诺发出地)为缔约地而适用不同国家的法律作出相互抵触的判决。但是要适用合同的准据法来判断合同是否成立,就得先假定该合同已经成立。而且法律还须致力于断定是否原有一个符合双方当事人意愿的法律。而在当事人之间没有这种被选择的法律时，有主张法院地法是唯一可以适用的法律的。但更为合理的做法是应依最密切联系原则来确定该合同的准据法。

对要约保持沉默是否产生承诺的效力，有的学者认为应适用假定已成立的合同准据法，有的学者主张只能根据保持沉默一方的主营业所所在地或居所地的法律判断。

对于要约和承诺上的瑕疵（如误解、误传、诈欺、胁迫等）是否影响合同的有效成立，德法等大陆法系国家的学者主张按照缺乏行为能力的情况对待而适用宣示存在瑕疵一方的属人法，英美学者则多主张适用假定已成立的合同准据法来解决。

在合同是否成立的问题中，还常常涉及合同内容是否合法、合同是否有对价，以及限制或免除责任的条款是否有效等方面的内容。沃尔夫曾指出，对于合同内容是否合法的问题（依英国法观点，合同合法即指合同不违法，包括不违反善良风俗与公共政策，如不道德的合同、差使人犯罪的合同、以诈骗为目的的合同、同敌人进行贸易的合同，以及凡法律要求必须领取执照才可开业的医师、律师等未领执照而与人签订的合同等均属合同内容不合法）。所有大陆法系各国均认为只应适用合同准据法，而英国法却认为，如果一个合同的内容依其准据法为不合法而无效，自然应认为无效，但如果依其准据法为合法而有效，那还需进一步考虑缔约地法和履行地法的有关规定。因为，一个合同的内容，依其准据法固属合法，但依履行地法为不合法，通常是不能得到强制执行的。例如，在 1944 年 Reggazoni v. K. C. Sethia Ltd. 一案中，被告将印度的黄麻卖给原告，黄麻将从印度运往意大利再转至南非共和国，其时印度正禁止向南非出口，原告要求履行，英国上议院驳回了原告的请求，因为合同准据法虽为英国法，并无此禁止规定，但履行地在印度，为印度法所禁止。

在英美法中，对价的缺乏往往导致合同的无效，而在大陆法中许多国家则并非如此。因而如果一个意大利债务人是一个已免责的破产人，又以合同向他的债权人之一许诺偿还破产以前的债务，意大利法会承认其有效，而英国法则会否定其效力。对于这个问题，一般也主张依合同准据法决定。

在消费品买卖、运输或运送合同中，常有限制或免除责任条款的约定，它的成立和有效性也应隶属合同准据法制约之下。

二、合同的效力

合同一经成立，即在当事人之间产生权利义务关系，这就是合同的效力问题。它包括当事人之间根据合同所享有的权利和所负担的义务的内容与范围、当事人未履行合同义务应承担的后果和债权人可采取的救济方法等。合同的效力涉及两方面的问题,一方面是合同当事人订立合同时意欲使其发生或实现的目的,另一方面是根据法律的作用因违反合同而可能产生的法律后果。对于这两方面的问题,学者们多主张概受合同准据法支配。例如,1971年《美国第二次冲突法重述》第205条就主张根据合同而产生的权利义务的性质与范围,以及违反合同的救济方法都应受合同准据法支配。

毫无疑问,合同准据法应适用于合同义务未被履行而发生的,或因履行不能而发生的,或因债权人拒收而发生的全部问题。这包括债务人不履行债务时债权人应如何处理,能否向法院起诉,能否根据法院判决强制债务人履行,能否因上述不履行要求损害赔偿,在什么样的场合下应看作履行迟延或不完全履行,债务人在什么范围内才应给债权人以损害赔偿,在何种状况下可主张过失分担,以及赔偿额的预定和赔偿方法。此外,在何种情况下债权人领受的迟延也可成为不履行及其效力如何,因发生不可抗力而使债务履行成为不可能时应如何处理,危险负担如何确定及转移等,这些也应由合同准据法解决。

但在损害事实既构成对合同的违反,又构成侵权行为时,有的国家,如英国就认为对侵权部分应另行适用侵权准据法。如某种货物的卖主恶意地在英国把货物毁坏,而合同本以法国法为准据法的,这时英国法院将对卖主承担的售卖义务适用法国法,而对侵权行为适用侵权行为地法即英国法。

但如合同还涉及物权方面的问题,其对物权的效力(如有关特定物的买卖合同,该特定物所有权是否于合同成立时即已转移给买主),一般认为应适用物之所在地法。这是因为如有的学者指出的那样,合同只影响当事人,而物权却可能涉及任何不知道的第三人。

在合同之债中,常有代位问题的发生,即债权人以自己的名义行使债务人对第三人的基于合同不履行或侵权而享有的损害赔偿请求权或保险金请求权(称为代位权)。对于合同这方面的效力问题,凡将此种代位权视为属于强制执行的预备程序,因而具有诉讼法性质的学者,多主张依法院地法解决,而反对适用合同准据法。但多数学者认为,代位权属实体法上的权利,是合同效力的一部分,因而,对于合同债权人有无这种权利及其行使的要件等,应概受合同准据法支配。此外,更有认为应重叠适用合同准据法和债务人对第三人所享有的请求权的准据法,其理由是,此种代位权不但因债权人的合同债权所产生,还得到规范债务人的请求权的准据法所许可。

合同的转让,在合同关系中也经常发生。由于此种转让以原合同关系为标的,当然会与原合同的效力发生密切关系,它到底应受原合同的准据法支配,还是完全适用别的法律,也是合同法律适用中的一个重要问题。

合同转让分债权让与和债务承担,既可因双方法律行为而发生,也可由单方处分行为而发生,还可因法律的规定而发生(如连带债务人或保证人因清偿债务而取得代位权)。在债权让与的情况下,应认为债权人让与债权的行为对债务人和第三人的效力,必须受原合同准据法的制约。至于让与行为本身的成立和效力,有的主张仍适用原合同准据法,有的主张适用让与人和受让人自主约定的法律,还有主张应适用原合同债权成立地法(持此说的人认为债权让与系以债权为标的,属准物权行为),但这仅就指明债权的让与而言。至于指示债权的转让(如仓单、提单、载货证券、指示式票据等的让与),以及无记名债权的让与(如无记名证券、无记名票据、公司债票等的让与),因它们所表示的债权与有关票据或证券的占有有不可分离的关系,一旦交付即视同权利的转让,与指名债权转让方法完全不同,所以其让与行为的成立及效力,一般主张只适用当时的证券所在地法。

就债务的承担而言,原债务对原债权人的效力应适用原合同的准据法,而对债务承担合同当事人之间的关系,也有适用意思自治、适用合同准据法和适用原债务成立地法三种学说。

三、合同的解释

毫无疑问,合同的解释一般应适用合同的准据法,但这并不意味着合同中一切专门性的法律术语都能用准据法中相应术语的含义去解释,而只是说应适用准据法中的解释规则(rules of interpretation)来解决解释中遇到的问题。比如,在美国律师协助下缔结于美国的合同,其当事人明示合意选择英国法作为合同准据法,在这个合同中,法律术语就很可能是美国含义而不是英国含义,但是合同的解释规则却必须到准据法(英国法)中去寻找。因为各国的解释规则很可能不尽相同。就英国狭义的解释规则而言,它要求文字应依其普通的和字面的意义(literal meaning)去理解,除非"能从文件的上下文找到一个确切的含义,才能对特定的术语作出比字面含义更为广泛的解释"。但这一规则不能用来解释一个受法国法、德国法或其他国家法律支配的合同。

1971年《美国第二次冲突法重述》第204条关于合同中文字的解释规则是:在当事人通过文字表述的意义不能弄清楚时,应首先依双方当事人选择的那个州的实体法;在无此种选择时,则适用按照最密切联系原则选择的那个州的实体法来解释。但对转让土地利益文件的文字的解释,则应依文件为解释目的而指定的州的解释规则进行;如文件中未作这种指定,根据第224条则适用物之所在地的法院应适用的解释规则。

总之,关于合同解释问题,既有涉及文字含义的一面,也有涉及含义的法律效力的一面。因而在解释时,既要弄清楚某一语句文字上的含义,更要弄清楚这种含义在法律上能否产生效力。前者属于认定事实,后者涉及法律的适用。所以原则上应适用合同准据法中的解释规则。至于某一特定的术语,如当事人在合同中已赋予它明确的含义,或在第三国法律中已有确定含义的,当作为事实加以认定,不应要求一概适用合同准据法。

四、合同的消灭

合同的消灭是指合同权利义务关系得到完全实现或终止。因而,在大多数情况下,合同是否继续存在或消灭的问题,自当由合同准据法决定。例如合同因履行而消灭乃是最常见的事实,系双方当事人缔结合同的共同愿望,无疑应适用合同准据法。但是关于履行方式或履行细节方面的问题,则应另由履行地法决定。1971 年《美国第二次冲突法重述》第 206 条便明确规定履行细节(details of performance)应受履行地法支配。英国法也主张把履行方式及细节方面的问题分割出去,另行适用合同履行地法。

尽管合同准据法一般来说应适用于合同债务的消灭,但应该看到,债务消灭的方式是多种多样的,涉及的问题也是多种多样的,对于因不同消灭方式而提出的各种法律问题,并非概依合同准据法。例如:

1.因履行而消灭时,如履行要求转移所有权,则所有权如何转移给债权人,既不是适用合同准据法,也不是适用履行地法,而是适用被转移物的所在地法。

2.因替代履行而消灭时,如债务人用提交一辆汽车来替代支付一笔金钱的履行,这一新的合意是否成立以及在当事人间的效力,应由这一新合同的准据法解决,而不应适用原始合同的准据法。但原始合同是否消灭、担保是否解除或抵押是否结束,则仍应受原始合同的准据法支配。

3.因国家机关的提存而消灭时(如存放于法院),合同准据法应决定债务是否因此及在什么条件下解除债务。但提存的方式和存放的机关应由提存地法决定。因债权人的抛弃而消灭时,其是否消灭,尤其是债权人单方面宣布是否已经足够,而不要求债权债务人双方的一致同意,以及抛弃是否需要对价或字据才有效等问题,则均应受合同准据法支配。

4.因抵销而消灭时,如依英国法观点,这是法院的一种行为,属于程序法性质,只能适法院地法。但其他国家,特别是大陆法系国家要求适用合同准据法。但他方债权不一定基于合同而发生(侵权、不当得利、无因管理均为债权发生的原因),即因合同而发生,准据法也可能不同,因而如关于抵销的要件、行使的方法,以及禁止抵销和抵销的效力等问题只适用一个合同的准据法,并不一定妥当。所以也有学者主张重叠适用两个债权的准据法。

5.关于诉讼时效已过而消灭债的问题,有两种不同的观点:一是认为在某些情况下法定时效已过,完全消灭实体权利;二是认为只消灭债权人诉权或请求强制执行的权利。在前一种情况下,其效力显然是实体法上的,当然应适用合同准据法。而在后一种情况下,仅属程序法上的效力,只能适用法院地法。

第六节　中国涉外合同法律适用的立法和实践

一、概述

虽然中国国际私法立法起步较晚,总体上内容较为简单,但在涉外合同方面却比较充实而完整,有些规定在当前国际上也很先进,这是对外开放的迫切需要所导致的。1983 年《中外合资经营企业法实施条例》(已失效)第十五条率先规定了对中外合资经营企业合同必须适用中国法。1985 年颁行的《涉外经济合同法》对涉外合同的法律问题作了比较系统的规定,其中关于合同法律适用问题的规定,既考虑了中国国情,又借鉴了国际社会的一般做法,因而具有先进性与合理性。1999 年《合同法》(第一百二十六条)对涉外合同的法律适用原则也作了与《民法通则》(均已失效)基本相同的规定。1987 年和 1988 年最高人民法院先后发布的《关于适用〈中华人民共和国涉外经济合同法〉若干问题的解答》和《关于贯彻执行〈中华人民共和国民法通则〉若干问题的意见(试行)》两项法律文件,其中对涉外经济合同的法律适用问题作出了具体的司法解释。2010 年 10 月颁布的《涉外民事关系法律适用法》,2012 年 12 月最高人民法院审判委员会第 1563 次会议通过的《关于适用〈中华人民共和国涉外民事关系法律适用法〉若干问题的解释(一)》,成为当前涉外合同冲突规范的主要渊源。

二、意思自治原则是涉外合同法律适用的首要原则

《涉外民事关系法律适用法》第四十一条规定:"当事人可以协议选择合同适用的法律。当事人没有选择的,适用履行义务最能体现该合同特征的一方当事人经常居所地法律或者其他与该合同有最密切联系的法律。"

林荣达、王光合同纠纷案中,法院认为,本案属涉港民商事案件,庭审中双方均选择适用中华人民共和国法律。参见最高人民法院(2012)民四终字第 11 号民事判决书。

EV Capital Private Limited、Oh Choon Gan 与中宇建材集团有限公司居间合同纠纷案中,法院审理认为,本案为居间合同纠纷,万嘉公司为外国法人,叶顺安为马来西亚公民,故本案为涉外民商事案件。本案各方当事人均同意适用中华人民共和国法律审理本案,符合当事人意思自治原则,故予

以照准。最高人民法院(2014)民四终字第 14 号民事判决书。

　　黄艺明、苏月弟与周大福代理人有限公司、亨满发展有限公司以及宝宜发展有限公司合同纠纷案中,最高人民法院认为,根据涉案买卖股权协议第 27 条约定,"本协议适用香港特别行政区规定并依其解释",一审法院确定本案合同纠纷应当适用香港特别行政区规定是正确的。参见最高人民法院(2015)民四终字第 9 号民事判决书。

这表明,在涉外合同领域,中国同世界上绝大多数国家一样,也采意思自治原则,并且把意思自治原则作为确定涉外合同准据法的首要原则。但在这一原则的适用上,在以下几个方面又有自己的一些特点。

1.法律选择的方式。《关于适用〈中华人民共和国涉外民事关系法律适用法〉若干问题的解释(一)》第六条第二款规定:"各方当事人援引相同国家的法律且未提出法律适用异议的,人民法院可以认定当事人已经就涉外民事关系适用的法律做出了选择。"其他情况下,当事人应明示选择法律。

2.法律选择的时间。《关于适用〈中华人民共和国涉外民事关系法律适用法〉若干问题的解释(一)》第六条第一款规定:"当事人在一审法庭辩论终结前协议选择或者变更选择适用的法律的,人民法院应予准许。"可见,从订立合同起直到人民法院一审法庭辩论终结前,当事人随时可协议选择应适用的法律。

　　在高能投资有限公司、峰联国际投资有限公司、沈阳(国际)会展中心有限公司、付京伟居间合同纠纷案中,最高人民法院认为本案系涉外居间合同纠纷案件,虽然当事人在居间合同第七条明确约定"本合同受中华人民共和国香港特别行政区规定管辖并按其进行解释",但一审庭审过程中,各方当事人均同意适用中华人民共和国法律解决本案争议。因此,一审法院的法律适用是正确的。参见最高人民法院(2011)民四终字第 38 号民事判决书。

3.法律选择的范围。《关于适用〈中华人民共和国涉外民事关系法律适用法〉若干问题的解释(一)》第七条规定:"一方当事人以双方协议选择的法律与系争的涉外民事关系没有实际联系为由主张选择无效的,人民法院不予支持。"可见,当事人可以选择的法律范围十分广泛。

4.意思自治的适用除外。我国《民法典》第四百六十七条规定:"在中华人民共和国境内履行的中外合资经营企业合同、中外合作经营企业合同、中外合作勘探开发自然资源合同,适用中华人民共和国法律。"

三、最密切联系原则的补充适用

人民法院审理涉外合同纠纷,首先应考虑适用合同当事人合意选择的法律作为合同准据法,但是,在合同当事人未作选择,或所作选择无效的情况下,依《涉外民事关系法律适用法》第四十一条的规定,便应适用与合同有最密切联系国家的法律。这就清楚地表明,最密切联系原则是中国在合同法律适用上对意思自治原则的补充原则。

在郑春姐与陈峰、樱花(福建)包装文具有限公司民间借贷纠纷案中,因被告陈峰系香港特别行政区居民,最高人民法院认为,因案涉当事人未明确约定解决纠纷适用的法律,案涉三份借款合同的履行地均发生在中国内地,依照《涉外民事关系法律适用法》的规定,本案应适用与合同具有最密切联系的法律即中华人民共和国法律作为准据法。参见最高人民法院(2014)民四终字第42号民事判决书。

在虞锡龙与邵力强、张乃武合作开发房地产合同纠纷案中,最高人民法院认为,本案系涉外合同纠纷。当事人未约定应当适用的法律,应根据《涉外民事关系法律适用法》的最密切联系原则确定适用中华人民共和国法律。参见最高人民法院(2013)民四终字第27号民事判决书。

在搜房控股有限公司与孙宝云合同纠纷案中,搜房公司不服北京市高级人民法院(2012)高民终字第1879号民事判决,申请再审时提出,尽管孙宝云起诉时《涉外民事关系法律适用法》尚未实施,但根据最高人民法院《关于认真学习贯彻执行〈中华人民共和国涉外民事关系法律适用法〉的通知》第三条的规定,如果行为发生时相关法律没有规定的,可以参照《涉外民事关系法律适用法》的规定。本案系有价证券纠纷,搜房公司是在美国纽约证券交易所挂牌的上市公司,孙宝云欲实现的股票期权必须根据美国纽约证券交易所的上市规则进行登记、增发和披露,即有价证券实现地在美国。因此,应当参照《涉外民事关系法律适用法》第三十九条的规定适用美国法律审理本案。合同履行地和有价证券权利实现地在美国,根据最密切联系原则,本案也应当适用美国法律。最高人民法院认为:本案是涉外合同纠纷。孙宝云与搜房公司基于"股票期权协议"而产生的合同关系发生于《涉外民事关系法律适用法》实施之前,应当适用行为发生时的法律确定合同准据法。当事人在该协议中没有约定处理争议所适用的法律,而协议签订地、被授予股票期权人孙宝云住所地及其为获得股票期权提供劳动服务的地点均位于中华人民共和国境内,一、二审法院认定与协议具有最密切联系的国家的法律为中华人民共和国法律,从而适用中华人民共和国法律解决本案争议,并无不当。本案纠纷涉及的是合同履行争议,不是物权纠纷中的有价证券权利争议,不应适用物权冲突规范的规定。搜房公司认为应参照《涉外民事关系法律适用法》第三十九条的规定确定法律适用的申请再审理由不能成立。参见最高人民法院(2013)民申字第739号民事裁定书。

最密切联系原则是个灵活、富有弹性的开放性冲突原则。为了给法院提供一个判断最密切联系的标准,或限制法院在判断最密切联系时的主观任意性,中国也主要采用"特征履行说"。《涉外民事关系法律适用法》第四十一条规定:"当事人没有选择的,适用履行义务最能体现该合同特征的一方当事人经常居所地法律或者其他与该合同有最密切联系的法律。"虽然最高人民法院《关于审理涉外民事或商事合同纠纷案件法律适用若干问题的规定》已被最高人民法院《关于废止1997年7月1日至2011年12月31日期间发布的部分司法解释和司法解释性质文件(第十批)的决定》所废止(从该决定施行之日即2013年4月8日起不再适用),但就如何确定"最能体现该合同特征的一方当事人"问题上,该规定仍有一定参考意义。

在美国百瑞德公司与北京颖泰嘉和生物科技有限公司居间合同纠纷案中,北京颖泰嘉和生物科技有限公司不服北京市高级人民法院于(2013)高民终字第1270号民事判决,申请再审时提出,一、二审法院认定本案是居间合同纠纷,却又违背《涉外民事关系法律适用法》及最高人民法院《关于审理涉外民事或商事合同纠纷案件法律适用若干问题的规定》中关于如何根据最密切联系原则确定应当适用的法律的规定,认为本案应适用中国法律,系适用法律错误。最高人民法院《关于审理涉外民事或商事合同纠纷案件法律适用若干问题的规定》明确规定:"居间合同,适用居间人住所地法。"本案如果认定是居间合同纠纷,则与合作协议有最密切联系的国家是美国,本案即应适用美国法律。然而,一、二审判决认定合作协议中的"exclusive agent"应译为"独家经纪人",其译为"独家代理人"与合作协议的本意不符。本案应为委托合同纠纷,且应适用美国特拉华州法律。百瑞德公司在颖泰嘉和公司与科聚亚公司合作中并未发挥任何积极作用,百瑞德公司未履行代理人职责,根据美国特拉华州的相关法律、判例的规定,其无权获得报酬。百瑞德公司的诉讼请求应予驳回。最高人民法院认为,根据百瑞德公司与原泰康国际公司签订的合作协议约定,百瑞德公司作为居间人,为原泰康国际公司与科聚亚公司之间签订买卖合同提供媒介服务,并从原泰康国际公司获得相应的报酬,符合居间合同的特征,一、二审法院将本案定性为居间合同纠纷是正确的。无论将合作协议英文本中的"exclusive agent"翻译为"独家代理人"还是"独家经纪人",都不影响一、二审法院对本案争议合同性质的正确认定。颖泰嘉和公司关于本案应当认定为委托代理合同的申请再审理由不能成立。《涉外民事关系法律适用法》规定,"当事人可以协议选择合同适用的法律。当事人没有选择的,适用履行义务最能体现该合同特征的一方当事人经常居所地法律或者其他与该合同有最密切联系的法律"。本案中,在双方当事人并未选择合同争议所应当适用的法律的情况下,一、二审法院根据特征履行的方法适用最密切联系原则确定本案应当适用的法律是正确的。结合本案合同的实际履行情况,居间人百瑞德公司与委托人原泰康国际公司之间主要是通过电子邮件的方式进行沟通,百瑞德公司派人陪同科聚亚公司到原泰康国际公司实地考察,一、二审法院认定颖泰嘉和公司作为接受居间服务的一方,支付居间费用,其住所地最能体现该合同特征,进而认定本案应当适用中国法律并无不妥。最高人民法院《关于审理涉外民事或商事合同纠纷案件法律适用若干问题的规定》虽然规定"居间合同,适用居间人住所地法",但该条进一步规定"如果上述合同明显与另一国家或者地区有更密切联系的,适用该另一国家或者地区的法律",该司法解释已经被废止。因此,颖泰嘉和公司关于本案应当适用居间人百瑞德公司住所地的法律,即美国法律的申请再审理由不能成立。参见最高人民法院(2014)民申字第 270 号民事裁定书。

四、国际条约和国际惯例的适用

《关于适用〈中华人民共和国涉外民事关系法律适用法〉若干问题的解释(一)》第三条规定:"《涉外民事关系法律适用法》与其他法律对同一涉外民事关系法律适用规定不一致的,适用《涉外民事关系法律适用法》的规定,但《中华人民共和国票据法》《中华人民共和国海商法》《中华人民共和国民用航空法》等商事领域法律的特别规定以及知识产权领域法律的特别规定除外。"商事领域的法律一般会对国际条约以及国际惯例的适用进行特别规定,如《票据法》第九十六条规定:"中华人民共和国缔结或者参加的国际条约同本法有不同规定的,适用国际条约的规定。但是,中华人民共和国声明保留的条款除外。本法和中华人民共和国缔结或者参加的国际条约没有规定的,可以适用国际惯例。"

扩展阅读：

1. 肖永平：《〈联合国国际货物销售合同公约〉对我国涉外货物买卖合同法律适用的影响》，《国际贸易问题》1993 年第 2 期。

2. 刘仁山：《"最密切联系原则"与"特征性给付原则"的立法研究》，《法商研究》1995 年第 5 期。

3. 吕岩峰：《"适当论"：国际合同法律适用理论的归结与扬弃》，《法制与社会发展》1999 年第 5 期。

4. 刘益灯：《论网络消费者保护的国际私法方法》，《法学评论》2010 年第 6 期。

5. 于颖：《〈涉外民事关系法律适用法〉第 42 条评析》，《法学评论》2011 年第 2 期。

6. 宋晓：《涉外债权转让法律适用的法解释路径》，《法学评论》2011 年第 4 期。

7. 王艺：《涉外合同最密切联系条款下的裁量权滥用及其控制》，《法商研究》2015 年第 2 期。

8. 宣增益、王延妍：《我国法院对〈联合国国际货物销售合同公约〉的适用》，《法学杂志》2012 年第 5 期。

9. 肖芳：《涉外合同法律适用中法院地公共利益保护方法的厘清及取舍》，《法学》2021 年第 4 期。

本章习题：

1. "合同自体法"是下列哪个国家的学者对国际私法所做出的贡献？（　　　）

A. 法国　　　　　　B. 美国　　　　　　C. 英国　　　　　　D. 荷兰

2. 根据我国有关司法解释，当事人选择法律的方式　　　　　　　（　　　）

A. 必须是明示的。　　　　　　　　B. 必须是书面的。

C. 可以是明示的，也可以是书面的。　　D. 未加规定。

3 在讲到"合同自体法"时，通常首先是指　　　　　　　　　　（　　　）

A. 与案件有密切联系的法律。　　　　B. 受理案件的法院所在地法。

C. 当事人自主选择的法律。　　　　　D. 对债权人最有利的法律。

4. 根据我国最高人民法院的有关司法解释，在涉外合同法律适用领域，当事人选择法律的时间为　　　　　　　　　　　　　　　　　　（　　　）

A. 只有在订立合同时。　　　　　　　B. 只能在争议发生时。

C. 人民法院开放审理前。　　　　　　D. 人民法院作出判决前。

5. 根据我国《涉外民事关系法律适用法》的规定,消费者合同可适用以下法律　　　　　　　　　　　　　　　　　　　　　　（　　）

A. 消费者经常居所地法律。

B. 消费者选择适用商品、服务提供地法律。

C. 经营者在消费者经常居所地没有从事相关经营活动的,适用商品、服务提供地法律。

D. 适用当事人选择的法律。

6. 特征履行说。（名词解释）

7. 合同自体法。（名词解释）

8. 简述意思自治的适用范围。（简答）

9. 简述处理合同法律冲突的分割论。（简答）

10. 简述我国《涉外民事关系法律适用法》对意思自治原则的新发展。（简答）

参考答案

1	2	3	4	5	6	7	8	9	10
C	A	C	C	ABC	略				

第十章　法定之债

第一节　侵权行为

一、侵权行为之债的法律冲突

侵权行为之债系指不法侵害他人人身或财产权利,并造成损失而承担民事赔偿责任所构成的债。各国关于侵权行为之债的法律冲突主要表现在以下几个方面。

1. 侵权行为的范围不同

在一些发达国家被认为是侵权行为,而在其他国家则可能不是侵权行为。例如,对家庭关系的干扰、侵犯隐私、毁誉等是法律发达国家所规定的侵权行为,但在法制尚不完善的国家并未将它们纳入法律保护的范畴。

2. 侵权行为的构成要件不同

各国法律关于侵权行为构成的规定各有特色,差异颇大。例如,法国法的规定是:过错、损害以及二者之间的因果关系。德国法的规定是:违法性、侵犯权利和错意。而英美法系的侵权行为法则没有一般构成要件的规定,只是对个别侵权行为规定其构成。

3. 损害赔偿的数额及计算方法、赔偿的原则、标准和限额不同

关于损害赔偿的数额,一般来说,发达国家要高于发展中国家。这是由各国的经济条件决定的。在美国,对于交通事故或产品责任等侵权,损害赔偿常常达到数百万美元,但在发展中国家,赔偿数额远没有这么高。

关于赔偿的原则和标准,基本上有两种:第一,英美法系国家的做法,它们在侵权行为的赔偿方面有两个原则:一是充分补偿受害人的损失;二是对存在严重过失的侵权予以严厉的惩罚。第二,一些国家采取全部补偿原则,即损失多少、赔偿多少。中国的实践是三原则,即全面赔偿、考虑当事人经济状况和衡平原则。关于赔偿标准,英美法系采用可预见性标准,但不少大陆法系国家不承认这种标准。

关于赔偿限额,各国法律的差额主要体现在无限额和限额高低两方面,且集中在对人身和人格权的侵害方面。

二、侵权行为之债的法律适用

几个世纪以来,在国际私法中,侵权法与合同法比较而言,曾是一个被长期忽视的课题。例如,被誉为美国国际私法之父的斯托里在 1843 年的《冲突法评论》一书中根本没有涉及国际性侵权行为的法律适用问题。英国国际私法的经典之作、戴西的名著《法律冲突论》在 1949 年由莫里斯续编出版时,也只有 9 页内容是关于侵权行为的,而涉及合同的则有 175 页。

1. 传统国际私法上侵权行为之债的法律适用

(1)适用侵权行为地法

纵观国际社会的国际私法理论与实践,可以认为,侵权行为适用侵权行为地法律是国际社会普遍采用的做法。由于各国对侵权行为地认定标准不同,有的主张以侵权行为实施地作为侵权行为地,有的主张以侵权结果发生地作为侵权行为地,也有把侵权行为地理解为包括侵权行为实施地和侵权结果发生地。因此,各国在采侵权行为适用侵权行为地法时又各有特色,大致可以分为以下几种。

第一,适用侵权行为实施地法律。采此种立法例的有意大利、阿尔巴尼亚等国。此外,日本、波兰、泰国、埃及、约旦等国也把侵权行为实施地视作侵权行为地,但是这些国家不是单纯采用侵权行为实施地法,而是对侵权行为重叠适用侵权行为实施地法和法院地法。

第二,适用侵权结果发生地法律。采此种立法例的国家有加蓬等国,1972年《加蓬民法典》第 41 条规定,侵权行为责任依损害事实发生地法律。

第三,无条件选择适用侵权行为实施地法或者侵权结果发生地法。

第四,有条件选择适用侵权行为实施地法和侵权结果发生地法。采上述无条件选择适用冲突规则,如果一个行为依实施地法为侵权而依结果发生地法不是侵权,或者相反,则会使法院无所适从,因而有的国家便采取有条件选择适用的冲突原则。

第五,适用待确定的侵权行为地法。正是因为侵权行为的发生一般具有偶发性的特征,不便机械地规定何地为侵权行为地,因而有些国家只规定侵权行为适用侵权行为地法,至于何地为侵权行为地则在具体案件中另行确定。例如,1946年《希腊民法典》第26条规定侵权行为的债务适用侵权行为地法。1962年《马达加斯加国际私法》第30条第2款和1965年《中非国际私法》第42条第2款均规定,侵权行为适用侵权行为地法。

在上述五种做法中,第一种和第二种做法固然有明确之长处,但其规定过于硬性,失之灵活,不足以更好地保护内国当事人的权益。第三种做法的优缺点刚好跟上述两种做法的优缺点相反,灵活有余,明确不足,如果一个行为依实施地法为侵权而依结果发生地法不为侵权,或者相反,一个行为依结果地法为侵权而依实施地法不为侵权,那么,到底是适用侵权实施地法还是侵权结果地法呢? 这对当事人来说是至关重要的。此种做法,其结果不但增加了法院在准据法适用上的困难,同时在客观上也为法官的徇私裁判提供了条件。应该说第四种做法较为可取,既有足够的灵活性,又有明确的选择标准。第五种做法也保持了足够的灵活性,使法官在具体案件中确定何地法律为侵权准据法提供了相当大的自由度,但其可能存在的弊端与第三种做法一致。

(2)适用法院地法

一般认为,侵权行为适用法院地法的理论最早来自德国。被誉为近代国际私法之父的德国杰出法学家萨维尼于1849年出版的《现代罗马法体系》第8卷中认为,侵权行为应该适用法院地法。其理由主要是侵权行为责任与犯罪责任非常接近,因而适用外国法是不合适的。而且,侵权行为责任跟法院地的公共秩序有密切关系,也只宜适用法院地法。不过,在今天仍然坚持侵权行为必须适用法院地法的国家屈指可数,一般是采用侵权行为地法和法院地法混合。

在为数不多的采法院地法的国家中,又可作如下细分。

第一,硬性规定侵权行为只适用法院地法。例如,《阿拉伯也门共和国民法典》第31条规定:"因发生于外国的非合同行为而产生的责任和赔偿,适用也门法律。"

第二,有条件适用法院地法。例如,《也门人民民主共和国民法典》第34条规定:通常,侵权行为应适用产生债之事实出现地的法律,但是,如果在受害者要求时,也应适用也门人民民主共和国的法律。瑞士法也有类似规定。此外,还有许多国家如中国、日本、韩国、泰国、埃及、阿尔及利亚、约旦、匈牙利等,要求对于发生在国外的侵权行为重叠适用法院地法。

在当今,像阿拉伯、也门那样仍然坚持具有涉外因素的侵权行为一律适用法院地法律确实过于绝对,在法理上站不住脚,在实践中对内国当事人也不一定有利,而且其判决也很难在域外被承认和执行。有条件适用法院地法,而其条件仅仅是受害人要求,看似保护了受害人的权益,但若侵权人在法院国既无住所,也无财产,则其判决同样不易为外国所承认和执行。

(3)重叠适用侵权行为地法和法院地法

这是目前国际社会比较普遍的做法。有的学者认为,之所以要重叠适用侵权行为地法和法院地法,是因为某种行为是否适法,固然要以行为地法为原则,但为了维护法院地的公共秩序,依行为地法成立的债权,也要在法院地法认许的范围内才给予保护。所以,对侵权行为之债要重叠适用准据法,必须依行为地法和法院地法均认为不法时方能成立。

例如,根据 1896 年《德国民法施行法》第 12 条规定,"对于德国人在外国所为的不法行为的请求,不得大于德国所承认之请求"。这就是说,侵权行为一般应适用侵权行为地法,但如行为人系德国人,则行为地法加于他的责任范围大于德国法所允许的,德国法院是不会同意此种请求的。即加害人是外国人的,适用侵权行为地法,而加害人是德国人时,其责任范围适用德国法即法院地法。1986 年《德国民法施行法》第 38 条仍然坚持此做法。

日本国际私法也采用重叠适用侵权行为地法和法院地法。1898 年《日本法例》第 11 条就规定,因不法行为而产生的债的成立及效力应依其原因或事实发生地法。但不法行为事实发生在外国,依日本法不认为不法时,不适用前款规定。并且,对发生在外国的行为虽依日本法也认为不法,但被害人仍无权请求日本不承认的损害赔偿和其他处分。1962 年《韩国国际私法》是以日本法为范本制定的,也作了与日本法类似的规定。

2. 侵权行为法律适用的新发展

(1)有条件选择适用侵权行为地法和共同属人法

在侵权行为案件中,有条件选择适用双方当事人共同的属人法,是为了克服传统冲突规范缺陷而从 20 世纪 50 年代出现的,对传统冲突规范进行"软化处理"(softening process)的思潮在立法上的表现之一。在采此种立法例时,尽管对于侵权行为通常是适用侵权行为地法,但如果在侵权事件中加害人和被加害人具有共同属人法,则适用共同属人法。但这些国家在具体立法规定上又有所差别。

第一,只有双方当事人的国籍国法和住所地法均相同,才适用他们的本国法(也即住所地法)。例如,1966 年《波兰国际私法》第 31 条规定,非法律行为所产生之债,依债务原因事实发生地法;但当事人有同一国籍,又在同一国内有住所时,依当事人本国法。

第二,只要双方当事人的住所地法或惯常居所地法相同,就适用他们的共同住所地法或惯常居所地法。例如,1978 年《匈牙利国际私法法规》第 32 条第 3

款规定："如果侵权行为人和受害人的住所在同一个国家,适用该国法。"1987 年
《瑞士联邦国际私法》第 133 条第 1 款规定："有关侵权行为的诉讼,如果加害人
与受害人在同一国家具有共同习惯居所的,适用该国的法律。"

第三,只要双方当事人的本国法或者住所地法(惯常居所地法)之一相同,就
可以适用他们的共同本国法或住所地法(惯常居所地法)。例如,1966 年《葡萄
牙民法典》第 45 条第 3 款规定："如果侵权行为人和受害人具有相同国籍,或拥
有共同惯常居所地的,恰好双方都临时在国外,则可适用共同本国法或共同惯常
居所地法。"

在涉外侵权行为准据法的确定上,采取有条件选择适用侵权行为地法和当
事人共同属人法,确实较为可取,特别是中国的上述规定具有相当大的灵活性。
涉外侵权行为的损害赔偿适用当事人的本国法或住所地法的前提,固然是加害
人和受害人必须具有同一国籍或在同一国家有住所,但是有了这个前提,中国法
院仍然可以根据个案的实际情况而不适用共同的属人法,充分考虑诉讼的便利
和公正以及判决有利于域外承认和执行。

(2)适用与侵权案件有最密切联系的法律(侵权行为自体法)

侵权行为适用侵权行为地法或法院地法,是传统国际私法的做法。但自 20
世纪 40 年代以来,学者们纷纷著书立说抨击这种传统做法。首先,在现代科学
技术和交通及通信条件下,侵权行为地往往有极大的偶然性,用此种带偶然性的
连接点所指引的准据法去判定行为人的责任,显然对个案缺乏针对性。其次,侵
权行为地到底在何处也不易确定,何况,如果侵权行为发生在公海或公空,也无
侵权行为地法可以适用。最后,把刑法的不具有域外效力类推及于侵权法这种
民事法律也缺乏说服力,因为早在罗马法时代,侵权法已从刑法中逐渐分离出
来,至今这两种法已属于完全不同的法律部门。

正是基于对法院地法和行为地法说的上述各种批判,英国当代著名国际私
法学家莫里斯于 1951 年在美国《哈佛法律评论》上发表了《论侵权行为的自体
法》一文,根据"合同自体法"的概念,提出了"侵权行为自体法"(proper law of
the torts)的学说,即侵权行为应适用与侵权案件有最密切联系的法律。此一学
说已为许多国家的侵权冲突法所采用。莫里斯在谈到自己的这一理论的要旨时
指出,尽管在许多场合下,法院并不需要到侵权行为地以外的地方去寻找准据
法,但是仍应有一个足够广泛和灵活的冲突规范,既能适用于通常的情况,也能
适用于例外的情况,而"侵权行为自体法"这一公式便可满足这种要求。它可以
使法院在实践中把各种不同情况的侵权诉讼进行个别处理,并能使它们对个案
所包含的各种社会因素作出充分的分析与考虑。莫里斯强调,他的这种观点,在
1971 年《美国第二次冲突法重述》中已经得到充分的反映。

在美国,对于侵权行为原先适用侵权损害地法,但在 1963 年纽约州法院审理的巴蓓科克诉杰克逊(Babcock v. Jackson)一案中就采用了莫里斯的上述学说。该案事实为在纽约州有住所者杰克逊夫妇邀请他们的女友巴蓓科克于周末乘他们的汽车一道去加拿大旅游,不料在加拿大的安大略省因杰克逊驾车不慎出了事故,致使巴蓓科克受伤。回到纽约后,巴蓓科克即向法院起诉,要求杰克逊夫妇赔偿损失。如按美国传统的冲突规范,本应适用作为侵权行为地法的安大略省法律,而安大略省法律是不承认免费乘客有此种损害赔偿请求权的。但纽约州法院认为,在本案中除了事故偶然发生在安大略省外,其他各种因素都集中在纽约州——当事人双方的住所都在纽约州,汽车、车库和驾驶执照等均在纽约州注册和上保险,旅游的始发点和终结地也在纽约州,从而认为只有纽约州法律与本案具有最重要联系,应适用其作为本案的准据法。纽约州法律是承认免费乘客的这种请求的,结果满足了巴蓓科克的诉讼请求。

总结了自 1934 年《美国冲突法重述》问世后,近 40 年来美国国际私法的司法实践和理论发展的 1971 年《美国第二次冲突法重述》第 145 条明确规定:"1. 对有关侵权行为当事人的权利义务,依第 6 条规定的原则,应适用与侵权行为事件及当事人有最重要(密切)联系的州的实体法。2. 在依第 6 条的原则决定应适用的法律时,应当加以考虑的因素有:(1)损害发生地;(2)加害行为地;(3)当事人的住所、居所、国籍、公司成立地和营业地;(4)当事人之间有联系时其联系最集中的地方。上述因素应按其对特定问题的重要程度加以衡量。"

英国传统的国际私法自 1870 年菲利普斯诉艾利(Phillips v. Eyre)一案后,长期重叠适用法院地法(即英国法)和行为地法(即"双重可诉原则")。但到 1971 年判决博伊斯诉查普林(Boys v. Chaplin)一案,略有突破,已有例外情况。从而在普通法上形成了下述规则:(1)在英国不能对发生在英国之外的侵权行为起诉,除非根据英国国内法,该行为如发生在英国,是可以作为侵权行为起诉的;该行为在发生地也是不正当的。(2)但作为(上述)一般规则的例外,就当事人之间的特别问题而言,亦可受该问题与当事人有最密切联系的法律支配。但英国的双重可诉原则只是针对发生在外国的侵权行为(foreign torts),并不涉及发生在英国的侵权行为;且它过分强调作为法院地法的英国法的适用,因而自 1971 年以来,一直受到种种批评。故英国在 1995 年制定的《国际私法(杂项规定)》中,专辟了第三部分,对侵权行为的法律适用作了七条成文法规定,主要内容为:除对诽谤案件仍适用双重可诉原则外,凡属在英国国内(包括当时的英格兰和威尔士、苏格兰、北爱尔兰)及国外发生的国际的或区际的侵权行为的实质问题(或主要事项),概由侵权行为准据法支配(即受"构成侵权行为的事件发生地法律"或"与该发生的事件有最重要的因素或多种因素所在地的法律"支配)。但凡涉及侵权行为程序性问题(如赔偿金之计算)仍应适用法院地法;对行为是否构成侵权的识别也只应依法院地法。1995年上述成文法在侵权行为上还明确排除反致等。

1978年《奥地利国际私法法规》第48条第1款也规定,非契约损害求偿权,依造成此种损害的行为发生地的法律。但如所涉及的人均与另外同一国家的法律有最密切联系时,适用该国家的法律。1982年《土耳其国际私法和国际诉讼程序法》第25条规定:非合同性的侵权行为之债,适用侵权行为实施地法律。当侵权行为实施与损害结果位于不同国家时,适用损害结果发生地法律。因侵权行为而产生的法律关系与他国有更密切联系时,则适用该国的法律。

必须指出的是,合同自体法通常首先是指当事人自主选择的法律,其次才是与合同有最密切联系的法律;而侵权行为自体法则主要指与案件有最密切联系的法律。

最密切联系学说的出现及其在立法和司法实践上的采用,确实带来了国际私法上的革命,对于涉外侵权行为适用与侵权行为有最密切联系的国家的法律,确实是当今国际侵权行为法律适用新发展的最显著的标志。但同时也应该看到最密切联系学说自身的不足,即过于灵活而缺少必要的明确性,因此,在立法上采侵权行为适用与侵权行为最密切联系的国家法律的,还必须像美国那样作相应的配套立法规定或作必要的司法解释。

(3)区别一般和特殊侵权行为适用不同的法律

在早先,对侵权行为的法律适用,不区别其种类和性质,只是概括规定一个准据法。如1898年《日本法例》第11条仅规定,因不法行为而产生的债权成立及效力,适用其原因或事实发生地法。但是,自20世纪70年代以来,出现了对侵权行为按不同性质和种类分别规定准据法的立法例。例如,1971年《美国第二次冲突法重述》对侵权行为的规定达30条之多(第145—174条),不但规定了一般侵权行为的法律适用(即上文提及的第145条),而且对人身损害、诽谤、隐私权、干涉婚姻关系、对有形物的损害、欺诈及虚假陈述、伤害性虚假陈述、跨州诽谤、对隐私的跨州侵犯和恶意控告及滥用法律程序等10种特殊的侵权行为分别规定了准据法。1979年《匈牙利国际私法》第32条、第33条也区别一般侵权行为、因违反交通法或其他安全规章的侵权行为、对登记的船舶或飞机实行的侵权行为而规定了不同的准据法。1978年《奥地利国际私法法规》第48条也把不正当竞争从一般侵权行为中分离出来而另行规定了准据法,即适用受此不正当竞争影响的市场所在国家的法律。

1987年《瑞士联邦国际私法法规》是迄今世界上最详尽完备的一部国际私法典,达200条之多。该法对侵权行为法律适用的规定同样是详细的,它把侵权行为区别为一般和特殊，分别规定其法律适用，在特殊侵权行为中又细分为公路交通事故、产品责任、不正当竞争、妨碍竞争，以及因不动产的有害影响和基于传播媒介对个人人格的损害等6种，并分别规定了法律适用（第132—142条）。

随着科技的进步，社会的发展，侵权行为涉及的面将越来越广，种类将越来越多，因此，区别一般侵权行为和特殊侵权行为，分别规定准据法，将是国际私法上侵权行为法律适用的一大趋势。在这方面，美国和瑞士走在了前列。并且国际社会也于1971年和1973年在海牙分别缔结了《公路交通事故法律适用公约》和《产品责任法律适用公约》，这两个公约对特殊的侵权行为分别规定了详尽的法律适用制度。

（4）适用当事人协议选择的法律

侵权行为法律适用方面一个更令人瞩目的现象是引入了当事人意思自治原则。在这方面开风气之先的又是1987年《瑞士联邦国际私法法规》。如其第132条规定："当事人可以在侵权行为出现后的任何时候，协议选择适用法院地的法律。"尽管上述瑞士法赋予当事人的仅是有限制的意思自治，即允许当事人协议选择适用法院地法，但是，这毕竟是一种突破，第一次在侵权行为法律适用领域也采用了当事人意思自治原则。

三、侵权行为准据法的适用范围

作为侵权行为准据法的一国实体法，一般用来解决以下问题。

第一，侵权行为的成立方面的各种问题。诸如某一行为是否构成侵权，是否必须有行为人的故意或过失存在，行为本身是否必须为不法，是否必须有损害发生的事实，损害包括哪些方面，行为与损害之间是否必须有因果关系，行为人是否必须有责任能力，行为人无能力时，其监护人是否应承担责任等。

第二，侵权的后果方面的问题。如什么样的损害才产生赔偿请求权，赔偿的方法怎样，如是否只以金钱赔偿为限，在确定赔偿时，是否还应考虑受害人的过失，即是否适用过失相抵的问题；赔偿请求权的时效如何，此种权利可否继承或转让，共同行为者之间应如何分担损害赔偿等。

四、中国关于涉外侵权行为法律适用的规定

《涉外民事关系法律适用法》第四十四条规定："侵权责任，适用侵权行为地法律，但当事人有共同经常居所地的，适用共同经常居所地法律。侵权行为发生后，当事人协议选择适用法律的，按照其协议。"该条行文体现了中国处理涉外侵权行为之债法律适用的三个相互制约的原则。

第一，侵权行为的损害赔偿，首先应适用侵权行为地法律。这是中国处理涉外侵权行为之债法律适用问题的一般原则，也是为各国普遍采用的一项原则。

第二，如当事人双方有共同经常居所地，也可以适用当事人共同经常居所地法律。这是中国确定涉外侵权行为之债法律适用的补充原则。这一规定显然是从诉讼的便利和判决的有利于国外承认与执行来考虑的。

第三，侵权行为发生后，当事人也可以协议选择准据法。考虑到侵权责任本质上是民事责任，因此，立法允许意思自治原则适用于侵权领域。

此外，《涉外民事关系法律适用法》第四十五条还规定了涉外产品责任的法律适用："产品责任，适用被侵权人经常居所地法律；被侵权人选择适用侵权人主营业地法律、损害发生地法律的，或者侵权人在被侵权人经常居所地没有从事相关经营活动的，适用侵权人主营业地法律或者损害发生地法律。"第四十六条规定了涉外人格权侵权法的法律适用："通过网络或者采用其他方式侵害姓名权、肖像权、名誉权、隐私权等人格权的，适用被侵权人经常居所地法律。"有关涉外知识产权侵权的规定，参阅本书第九章。

第二节　不当得利和无因管理

一、不当得利

没有法律上的根据致他人遭受损害而自己获得利益称为不当得利，这个制度是得到各国承认的。《民法典》第九百八十五条对不当得利制度也作了规定："得利人没有法律根据取得不当利益的，受损失的人可以请求得利人返还取得的利益。"但是在什么情况下成立不当得利及其效力如何，各国规定往往并不一致，因而需要选择准据法。

不当得利大多发生于非债清偿的情况下，如对已清偿的债务再为给付；或基于原合同关系而给付，后来合同被宣告无效；以及在合同双方当事人之间，一方因不可抗力无法履行而在此前已受领了对方的给付等。根据1804年《法国民法典》第953条的规定，在为生前赠与时，因不履行约定的条件可取消此种赠与，这时，已赠与的财产应重归赠与人所有，也属此种情况。1896年《德国民法典》第977条还规定，遗失物的发现者如果在他占有遗失物一年之内仍无人认领，可以成为遗失物的所有人，但在此后三年之内，原所有人仍可以不当得利请求返还。1896年《日本民法典》第706条也规定，债务人因错误而进行了给付，债权人应返还所得的利益。

对于不当得利应适用的准据法选择，有各种不同的主张。

1. 适用不当得利发生地法（即原因事实发生地法）。其理由是，不当得利涉及不当得利发生地的公共秩序、社会道德风尚和法律观念。法国、意大利、日本、泰国等国家的立法或判例即是如此。

2. 适用当事人本国法。1966年《波兰国际私法》第31条规定，在当事人有同一国籍且在该国均有住所时，应适用他们的共同本国法。

3. 适用原因关系准据法。1978年《奥地利国际私法法规》第46条规定，如不当得利是在履行法律义务或关系的过程中发生的，应适用支配原法律义务或关系的法律。例如，原合同关系卖主已将货物交给买主，后来合同无效，买主是否应承担返还不当得利的义务，就应受原合同准据法支配；如无有效的合同，而只是各人的财产因合并或添附而发生的不当得利，就应适用合并或添附发生地的法律。

4. 选择适用多种法律。1987年《瑞士联邦国际私法法规》则规定，不当得利之诉，首先应适用产生不当得利的实际的或假想的法律关系的法律，但当事人也可以协议选择适用法院地的法律。这样，在这一法定之债的领域内，也引进了意思自治原则。

不当得利的准据法适用范围包括：何为不当得利，他方是否必须因此种得利而受损害，什么叫损害，损害与得利之间是否必须存在因果关系。根据违反公共秩序的合同而履行的给付，是否可以该合同不具效力为理由要求对方作为不当得利而返还，得利者应承担哪些债务，得利者的善意或恶意是否影响返还的范围等。

我国《涉外民事关系法律适用法》第四十七条规定，不当得利适用当事人协议选择适用的法律。当事人没有选择的，适用当事人共同经常居所地法律；没有共同经常居所地的，适用不当得利发生地法律。

二、无因管理

无因管理又被称为"无委托的事务管理"，它是指既未受委托，又无法律上的义务而为他人管理财产或事务，因而支出的劳务或费用，依法有权请求他人支付。其中债权人称为"管理人"，债务人称"本人"。一般而言，无因管理的效力，就管理人来说，应完成管理的事务并继续到本人接受为止，在管理中负有普通的注意义务，否则应对其故意或过失而致本人的损失承担责任，管理结束时应将因管理事务所得的一切权利转给本人并向本人作出结算。而就本人而言，应偿还管理人因管理事务而支出的合理费用，并负责清偿管理人因管理事务所发生的债务。例如，我国《民法典》第九百七十九条就规定，管理人没有法定的或者约定的义务,为避免他人利益受损失而管理他人事务的,可以请求受益人偿还因管理事务而支出的必要费用。

对无因管理准据法的选择,主要有以下主张。

1.适用事务管理地法。对于无因管理的准据法选择,一般主张与不当得利一样,应适用事务管理地法。无因管理制度虽使管理人与本人之间产生一种债权债务关系,但它不是合同关系,不能适用当事人意思自治原则。另外,正因为它也是一种债务关系,不宜适用当事人的属人法。加之,无因管理在构成要件中必须有为他人谋利益的意思,故是一种值得提倡和鼓励的行为。因此,唯适用事务管理地法最为合宜。

但是无因管理适用事务管理地法的做法也遭到一些人的反对。首先是因为有时管理的客体在一国,而管理行为却在另一国,确定事务管理地并不容易(在这种情况下,有的主张以客体所在地为事务管理地,如日本;有的主张以管理行为的效果发生地为事务管理地,如法国的巴迪福)。在对财物进行管理时,于管理期间如财产所在地发生变更,也不易确定哪里应是事务管理地(在这种情况下,有人主张以开始管理时的财物所在地作为事务管理地)。

2.适用本人的住所地法。还有人认为,无因管理制度既然是为保护本人的利益而设立的,故适用本人的住所地法才是最为适宜的。德国的齐特尔曼主张对管理人和对本人的义务分别适用各自的本国法。

3.适用原委托合同的准据法。还有人认为,如果原有委托关系存在,只是事务管理超出了委托合同的范围,这时也可适用原委托合同的准据法(但也有人指出,这种无因管理对原委托合同关系来说,并非一种从属的法律关系,因此,对它的成立的效力,应当另选择准据法为宜)。

4.至于为他人管理的能力,通常主张另依行为能力的准据法解决。

无因管理准据法的适用范围及无因管理的成立和效力的所有问题,如所管理的事务是否能够构成债务关系,是否必须无法律或合同上的原因,是否必须有为他人谋利益的意思,是否应将管理行为通知本人,是否必须不得违反本人的意志,本人是否应负责偿还管理人支出的费用以及在什么范围内偿还等。

我国《涉外民事关系法律适用法》第四十七条规定,无因管理适用当事人协议选择适用的法律。当事人没有选择的,适用当事人共同经常居所地法律;没有共同经常居所地的,适用无因管理发生地法律。

扩展阅读:

1.金彭年:《国际私法上侵权行为法律适用》,《法学研究》1998 年第 3 期。

2.金彭年、章晓科:《国际私法上无因管理法律适用新探》,《浙江大学学报

（人文社会科学版）》2001年第2期。

3. 金彭年、王健芳:《国际私法上意思自治原则的法哲学分析》,《法制与社会发展》2003年第1期。

4. 肖永平、霍政欣:《不当得利的法律适用规则》,《法学研究》2004年第3期。

5. 于飞:《欧盟非合同义务法律适用统一化》,《法律科学》2009年第1期。

6. 王瀚、张超汉:《国际航空产品责任法律问题研究》,《法律科学》2010年第6期。

7. 宣增益:《论跨国侵权法律适用中的几个新动向——兼谈对我国立法的建议》,《比较法研究》2010年第5期。

8. 吕岩峰、王彦志:《国际侵权关系法律适用规则之适当法评论》,《吉林大学社会科学学报》2011年第4期。

9. 金彭年:《涉外民事关系法律适用法中的不当得利规则》,《中国法学》2012年第2期。

10. 肖永平、张弛:《论一般侵权法律适用规则中意思自治的限制》,《苏州大学学报(法学版)》2014年第1期。

11. 张溪璐:《意思自治原则在我国涉外一般侵权领域的适用——基于我国法院审判实践的实证分析》,《国际法研究》2020年第5期。

本章习题：

1. 对于无因管理准据法的选择,一般主张应适用　　　　　　（　）
A. 事务管理地法。　　　　　　　　B. 法院地法。
C. 当事人属人法。　　　　　　　　D. 当事人合意选择的法律。

2. 在国际私法上,有学者提出了"侵权行为自体法"学说,它主要是指对涉外侵权行为应该适用　　　　　　　　　　　　　　　　　　（　）
A. 侵权案件双方当事人合意选择的法律。
B. 与侵权案件有最密切联系的法律。
C. 侵权行为地法律。
D. 侵权案件双方当事人的共同住所地法律。

3. 根据我国最高人民法院的司法解释,侵权行为地法是指　　　（　）
A. 侵权行为实施地法律。
B. 侵权结果发生地法律。
C. 侵权行为实施地法或侵权结果发生地法,由法院决定。
D. 侵权行为实施地法律或侵权结果发生地法律。

4.下列符合我国关于涉外侵权行为法律适用规定的有　　　（　）

A.侵权行为的损害赔偿,一般应适用侵权行为地法律。

B.当事人双方国籍相同,在同一个国家有住所的,也可以适用当事人本国法或住所地法律。

C.中华人民共和国不认为中华人民共和国领域外发生的行为是侵权行为的,不作为侵权行为处理。

D.侵权行为地指的是侵权结果发生地。

5.新加坡民用公司一架客机飞往印度尼西亚途中,因机上物体坠落使在公海上捕鱼的越南渔船受损。后该渔船开到中国港口修理,并就该飞机造成的损害赔偿诉诸我国法院。对于该案中国法院应适用下列哪个国家的法律?（　）

A.新加坡法律　　　　　　　　B.印度尼西亚法律

C.越南法律　　　　　　　　　D.中国法律

6.侵权行为自体法。（名词解释）

7.原因关系准据法。（名词解释）

8.简述我国关于涉外侵权行为法律适用的规定。（简答）

9.简述我国关于涉外不当得利法律适用的规定。（简答）

10.简述我国关于涉外无因管理法律适用的规定。（简答）

参考答案

1	2	3	4	5	6	7	8	9	10
A	B	C	ABC	D	略				

第十一章　婚姻家庭

第一节　概　述

在国际私法中,婚姻家庭问题一直占有突出的地位。各国国民之间的频繁交往,涉外婚姻家庭问题大量产生。国际私法所调整的婚姻家庭关系,可因外国人要求在内国结婚或离婚,或者内国人在外国结婚或离婚而希望在内国发生效力,或者有关当事人向内国司法机关或公证机关提出确认含有外国因素的夫妻关系、亲子关系、收养关系、监护关系、扶养关系等多种情况而发生。在这些情况发生时,都会提出应适用哪一国家的法律和应由哪国有关机关管辖的问题。

婚姻家庭关系,除了要受制于一定的经济基础外,还必然要受到其他社会因素(如宗教信仰、民族传统、风俗习惯)甚至自然环境(如地理因素)的影响。这就使婚姻家庭制度不但在处于历史发展的不同阶段和建立在不同经济基础上的国家之间,而且在处于同一历史发展阶段和建立在同一经济基础上的国家之间,都会发生种种差异。因此,法律冲突现象在这一领域是十分常见的,直到目前,尚很难通过国际条约制定统一实体法加以调整。

此外,由于在实体法中,婚姻家庭制度的保守性比较突出,在国际私法上,它的保守性也很强。在相当长的时期中,处理涉外婚姻家庭关系,一直只强调适用夫的属人法或父的属人法,妻子和子女的利益受到歧视。但是,随着社会的发展和历史的进步,终于发生了一些变化。例如,1804 年《法国民法典》规定,妻除夫的住所外,不得有其他住所。英国也一直实行这种制度。但是近来,在实体法上,《法国民法典》已允许妻子选择自己的独立住所(但不得妨碍夫妻共同生活);英国也承认已婚妇女有取得自己独立住所的完全能力。1986 年《德国民法施行法》对妇女的平等权利设置了许多条文。但就冲突法而言,由过去只适用父或母的属人法发展到允许适用子女或妻的属人法,并不一定就有利于保障子女与妻子的利益。且前在亲属法(包括继承法)上,已大量出现适用对子女与妻子有利的法律的"内容或结果"导向规则。这也是本书作者早在 1987 年出版的《国际私法（冲突法篇）》第 1 版中即已提出的主张。[①]

第二节　结　婚

一、结婚的实质要件

婚姻成立的标志是结婚,而结婚是男女双方成立夫妻关系的一种法律行为。婚姻的有效成立,必须符合法律规定的实质要件和形式要件。结婚的实质要件,包括婚姻当事人必须具备的条件(又称必备条件或积极条件)和必须排除的条件(又称禁止条件或消极条件)。前者一般指双方当事人必须达到法定婚龄,必须双方当事人自愿等。而后者一般是指双方不在禁止结婚的血亲之内,不存在不能结婚的疾病或生理缺陷,没有另外的婚姻关系等。

对于结婚的实质要件,一般主张或适用婚姻举行地法,或适用当事人本国法、当事人住所地法,或兼采上述各连接点而依不同情况分别予以适用的混合制。

1. 适用婚姻举行地法

结婚实质要件依婚姻举行地法,这是最古老也是当前最流行的制度。实行这一原则的国家的法律规定,凡婚姻举行地法认为有效的婚姻,则到处有效;凡婚姻举行地法认为无效的婚姻,则在其他地方也无效。主张这一原则的学者,有的认为,结婚也是一种契约关系或法律行为,根据"场所支配行为"的原则,其成立的实质要件当然应受婚姻举行地法支配。有的则根据"既得权保护说",认为应将当事人依照婚姻举行地法成立的婚姻视为一种既得权,其他国家当然也应承认和保护。还有些学者认为婚姻的成立,关系到举行地法的善良风俗和公共秩序,非适用举行地法不可。但最重要的是结婚实质要件依婚姻举行地法,简便易行,能给婚姻登记机关和当事人减少不少麻烦。反对适用这一原则的人则认为,适用婚姻举行地法,会给当事人提供规避法律的机会,使"移住婚姻"(migratory marriage)大量增加。

采此原则的除英国早期的判例外,还有现在美国许多州和大多数美洲国家(如阿根廷、巴拉圭、危地马拉、秘鲁、哥斯达黎加以及墨西哥等)。

---

① 参见金彭年,《国际私法(冲突法篇)》,武汉大学出版社 1987 年版,第 430、454 页。

2. 适用当事人属人法

许多国家认为婚姻关系属于身份关系，故主张结婚的实质要件适用当事人的属人法。奥地利、比利时、法国、德国、希腊、意大利、卢森堡、荷兰、葡萄牙、西班牙、瑞士、土耳其、瑞典等国主张适用当事人本国法，而英国、加拿大、澳大利亚、新西兰等国则主张适用当事人住所地法。

婚姻的实质要件适用当事人属人法，在某种程度上可以减少"移住婚姻"的现象。在一般情况下，当事人与其国籍国或住所所在地建立了长期的联系，适用当事人属人法对当事人来说也比较合理。

但适用当事人属人法，还有以下两个问题需要解决。

第一，适用当事人属人法，经常遇到的一个问题是双方当事人因国籍或住所不一致，各自的属人法对婚姻的实质要件规定不同，这时应适用哪一国的法律？根据各国的立法与实践，大致有以下几种做法：其一，适用丈夫的属人法。但这一做法已与今天人们主张的男女平等原则相违背，故逐渐为各国放弃。其二，适用双方各自的属人法。这一做法又称双重住所（或国籍）学说，它主张适用双方当事人各自所属的法律，只要求双方当事人符合各自的属人法规定的结婚条件，而不管他们的属人法是否存在抵触。依这种方法，一名 18 岁的瑞典男子与一名 16 岁的英国女子在瑞典成立婚姻，虽然瑞典法律规定女子 18 岁才能结婚，但由于该英国女子符合英国法规定的婚龄，瑞典即应承认该婚姻的效力。奥地利、加蓬、埃及、秘鲁、塞内加尔等国的法律也采这种主张。其三，适用法院地法。在当事人中有一方的国籍或住所在法院地时，有的国家主张适用法院地法。如 1986年《德国民法施行法》第 13 条规定，结婚的条件，在一般情况下，依未婚夫妻各自所属国家的法律，但在下述情况下应适用德国法：未婚夫（妻）在德国有惯常居所，或是德国人，或未婚夫（妻）可望获得上述条件等。其四，适用其他的法律。在双方当事人隶属不同的属人法时，有的国家主张既不适用当事人各自的属人法，也不适用法院地法，而是改用第三国的法律，如适用婚姻举行地法、婚姻住所地法等。

第二，对无国籍人的结婚显然不能适用其本国法，因而一般均以他们的住所地法或惯常居所地法作属人法。当事人如果没有住所或惯常居所，则适用当时的居住地法或法院地法。对政治避难者的结婚问题，也宜适用住所地法或惯常居所地法，而不宜适用其本国法。

3. 混合制

在采混合制的国家中，以婚姻举行地、当事人住所地和国籍作连接点，或以婚姻举行地法为主兼采当事人住所地法或本国法，或以当事人住所地法或本国法为主兼采婚姻举行地法作选择或重叠地适用。

（1）以婚姻举行地法为主，兼采当事人住所地法或本国法

例如，1995 年通过，1998 年最后修订的《俄罗斯联邦家庭法典》第七编第156 条第 2 款规定："在俄罗斯联邦境内结婚，准备结婚之人每一方的结婚条件，在遵守本法典第 14 条针对不得结婚的要求同时，由该方结婚之时所属国的法律规定。"其第 158 条规定："俄罗斯联邦公民之间、俄罗斯联邦公民同外国人、无国籍人之间在俄罗斯联邦境外的结婚，如果符合婚姻举行地法的规定，并且不存在根据本法典第 14 条而产生的障碍，则在俄罗斯境内被承认有效。外国人之间在俄罗斯境外依照该国法律缔结的婚姻，在俄罗斯被承认为有效。"

（2）以当事人住所地法或本国法为主兼采婚姻举行地法

1979 年《匈牙利国际私法》第 37 条第 1 款规定："婚姻有效的实质要件，依双方当事人缔结婚姻时的共同属人法。如果双方当事人的属人法在缔结婚姻时不同，则婚姻只有在满足双方当事人的属人法所要求的实质要件时，才认为有效。"第 38 条进一步规定，"如果外国人意欲在匈牙利结婚，他必须证明其属人法对其缔结婚姻没有障碍"；如果"依匈牙利法缔结婚姻有不可逾越的障碍"，则"不能在匈牙利结婚；匈牙利公民在国外结婚，也必须依匈牙利法，不存在婚姻障碍"。可见，匈牙利在结婚实质要件方面以采属人法为主，在一定条件下，兼采婚姻举行地法原则。

其实，就是在那些对结婚要件适用当事人本国法或适用住所地法的国家中，也往往兼采国籍和住所两个连接点。所以在一定意义上讲，它们也是接受混合制的。如依瑞典法律规定，当事人如已在某国居住 2 年以上，他们就可以在瑞典请求按照其居住的国家的法律结婚，而无须依其本国法的规定。这一规定不但适用于在瑞典居住的外国人，也适用于在国外居住的瑞典人。

二、结婚的形式要件

在结婚形式方面，目前主要存在民事婚姻方式、宗教婚姻方式、民事登记和宗教仪式结合的方式以及不要求任何形式等四种制度。对于结婚形式要件的法律适用，主要有以下不同实践。

1. 适用婚姻举行地法

对结婚形式要件，长期以来也一直适用"场所支配行为"原则，即适用婚姻举行地法。根据这一原则，按婚姻举行地法规定的方式成立的婚姻，在其他国家也被认为有效。例如，当事人依婚姻举行地法，按照宗教方式成立的婚姻，在当事

人本国或住所地应被视为有效，即使其本国法或住所地法规定结婚应采民事登记方式亦然。多数国家的国内立法和国际公约都采用这一原则。

2. 适用婚姻当事人本国法

有些国家（如希腊、西班牙、也门等）要求，本国公民或住所在本国的人即使在外国举行结婚，也必须遵守本国法规定的宗教方式，不承认本国公民或在本国有住所者在国外依其他方式成立的婚姻。而另一些国家的立法要求内国人的婚姻必须依民事登记方式，即使在国外举行亦然。

3. 选择适用属人法和行为地法

为了尽可能避免"跛脚婚姻"（limping marriage）现象，在确定结婚形式要件的准据法时，不能只采用一种法律。根据目前各国的最新立法，我们可以看出，在结婚形式要件问题上已形成兼顾婚姻举行地法和当事人属人法的趋势。这种立法精神，也反映在一些阿拉伯国家的法律中。如于 1977 年生效的《约旦国际私法》第 13 条规定，外国人与外国人、外国人与约旦人之间的婚姻，如果在形式要件方面符合婚姻缔结地法，或者符合婚姻当事人各自的本国法，均应认为有效。阿拉伯联合酋长国的有关规定亦同。

三、几种特别形式的结婚

1. 领事婚姻（Consular Marriage）

所谓领事婚姻，指在驻在国不反对的前提下，一国授权其驻外领事或外交代表为本国侨民依本国法律规定的方式办理结婚手续，成立婚姻的制度。它是 19 世纪的产物。当时，民事登记婚姻方式已被欧洲各国普遍采用，而对居住在国外（特别是东方一些国家）的欧洲人来说，或者由于当地法规定的宗教结婚方式与本国法相违背，或者由于当地没有理想的婚姻登记方式，他们的婚姻问题成为一个很棘手的难题，于是领事婚姻制度应运而生。在当代，国家之间通过签订领事协定，准许由各自领事办理本国国民的婚姻登记已很普遍。在 1963 年《维也纳领事关系公约》和 1961 年《维也纳外交关系公约》中，都肯定了领事婚姻制度。

但是，根据国际公法，驻在国并没有义务允许派遣国大使或领事为其侨民举行婚姻，在驻在国办理一切人的婚姻属于驻在国的主权管辖范围。因此，首先，派遣国领事必须征得驻在国的同意，才能为其侨民确立婚姻。其次，有些国家在领事婚姻问题上要求实行对等原则。有些国家的法律规定：结婚当事人必须都是使、领馆所属国公民（如俄罗斯、比利时、巴西、德国、日本等）；有些国家则只要求当事人一方是使、领馆所属国的公民（如澳大利亚、意大利、保加利亚、葡萄牙等）；法国则规定，只要男方是法国公民，即可在法国驻外使、领馆办理结婚登记。

最后，经驻在国同意，由一国授权的驻外领事办理的婚姻，在派遣国和驻在国都属有效，在任何第三国，也是有效婚姻，但如驻在国不承认（虽不反对）领事婚姻，则由派遣国使、领馆在该国举行的领事婚姻，只在派遣国有效，在驻在国则无效，对第三国来说，该婚姻也有可能会被认为无效。

2. 兵役婚姻(Service Marriages)

一国派往外国服役的士兵，在该外国经本国授权的特定人员（如牧师）依本国法为他们举行婚姻仪式而成立的婚姻，就是所谓"兵役婚姻"。1947 年《英国涉外婚姻条例》中规定，在外国服役的英国士兵，如果是英国授权的随军牧师或指挥官授权的人在当地主持的结婚，即为有效婚姻。法国、比利时、挪威的民法都有类似的规定。

由于兵役婚姻多为各国单方面立法规定，且只依本国法，而完全不考虑当地法的规定，所以它往往无法得到当地的承认。如在第二次世界大战期间，侵占比利时的德国士兵依德国法与比利时人结婚，战争结束后，比利时拒绝承认涉及比利时一方当事人与德国士兵的婚姻的效力。比利时法院宣称，根据国际法，德国法对其在外国服务的士兵的婚姻规定，超出了国际法赋予其作为占领军的权力范围。

兵役婚姻在第三国的效力问题，英国学者认为，在互惠基础上，第三国应承认其效力，即使它不符合婚姻举行地法的规定，也不能否认其效力。

3. 公海婚姻(Marriages on the High Sea)

当事人在行驶于公海的商船或军舰上成立的婚姻，叫公海婚姻。一般来说，这类婚姻由船旗国法律支配。如 1982 年修订的《英国涉外婚姻条例》规定，婚姻当事人（双方或一方）为英国臣民，在外国领海内的英国军舰上结婚，得依英国法认定的方式缔结婚姻；如果婚姻举行地为不属于任何一国的领土（如在北极或南极），其方式一般依当事人的属人法。如果船旗国是一个由多个法域组成的国家，英国学说认为，适用船舶登记港所在地法较为合适。美国学者则主张或适用船主的住所地法，或适用当事人的住所地法。但是，如果是多个人拥有一条船或双方当事人住所地法不一致，《美国第二次冲突法重述》中则规定，应适用有利于实现婚姻的效力的国家法律来解决这类婚姻。

四、中国处理涉外结婚的法律制度

中国在长期的实践中，有关的批复和文件对涉外婚姻的法律适用问题，一般不区别实质要件和形式要件。1949—1951 年，关于涉外婚姻成立要件的法律适用，总的精神是以适用婚姻缔结地法为主，在无损中国公共秩序的前提下，可以适当考虑当事人的本国法。但自1951年底以后,中国处理涉外婚姻的基本精神改变为,外侨与外侨或中国人与外侨结婚的条件,必须符合中国婚姻法的规定。就是说,外国人之间或中国人与外国人之间,凡在中国缔结婚姻,不仅实质要件要符合中国法律的有关规定,而且在形式上,也必须按照中国法律的规定,实行民事登记方式。1975年外交部、公安部发布的《关于处理外籍人来华与中国人结婚问题的规定》,对在中国境内的中国人与外国人通婚,仍规定要适用中国法律,并且受当时历史条件的影响,对中外通婚采取限制态度,规定了严格而复杂的审批手续。① 直到1978年12月国务院批转的外交部、公安部《关于中国人同在华外国人结婚问题的内部规定》,虽对纠正过去从严掌握中国人与外国人通婚的偏向起了一定的作用,但是规定对中外通婚仍然限制过多,手续过繁。② 为此,民政部、外交部和公安部根据中国人和外国人结婚放宽、快办的精神,重新拟定了《中国公民同外国人办理婚姻登记的几项规定》,经国务院批准,于1983年8月17日发布。11月28日,外交部、最高人民法院、民政部、司法部、国务院侨务办公室又发布了《关于驻外使领馆处理华侨婚姻问题的若干规定》。12月9日,民政部作出了《关于办理婚姻登记中几个涉外问题处理意见的批复》。对于居住在国外的华侨,中国政府则鼓励他们按居住国的法律缔结婚姻。

《涉外民事关系法律适用法》区别实质要件和形式要件,第二十一条还规定:"结婚条件,适用当事人共同经常居所地法律;没有共同经常居所地的,适用共同国籍国法律;没有共同国籍,在一方当事人经常居所地或者国籍国缔结婚姻的,适用婚姻缔结地法律。"第二十二条规定:"结婚手续,符合婚姻缔结地法律、一方当事人经常居所地法律或者国籍国法律的,均为有效。"

第三节　离　婚

离婚是配偶双方解除婚姻关系的法律手段。在任何时代和任何国家,关于离婚的法律制度都是婚姻家庭制度的重要组成部分。

离婚制度在历史上经历了一个长期、曲折的发展过程。在古代社会,离婚并不是自由的,甚至是被禁止的。早期基督教宣布婚姻是圣典礼,因此,除非当事人死亡,婚姻不可离异。受这种思想影响,早先许多国家都不承认以离婚作为婚姻关系解除的方式。资产阶级在反封建的过程中,提出"天赋人权"的思想,宣称离婚是婚姻当事人享有的一项民主权利,从而逐步摆脱了婚姻不可离异的封建

---

① 参见李双元等:《涉外婚姻继承法》,中国政法大学出版社1989年版,第21—23页。

② 参见费宗祎:《国际私法讲义》,人民法院出版社1988年第1版,第226页。

传统。目前,除极少数国家,各国大都对离婚持自由主义态度。

一、离婚的法律适用

离婚同结婚一样,受到各国历史、民族、文化传统、风俗习惯和宗教信仰的影响。关于离婚的立法,各国存在着深刻的分歧。例如,对于离婚理由的不同规定、对于离婚形式要件的不同规定等。这样不可避免地产生离婚问题上的法律冲突,从而需要解决法律适用问题。关于离婚的法律适用,大致有以下几种不同的主张与实践。

1. 法院地法说

此说最早为萨维尼倡导,而且在 1896 年《德国民法施行法》颁布以前,德国也常有此类判例。到 20 世纪初,这种主张仍为大陆法系许多国家的学者所支持。其理由是,离婚涉及一国的公共秩序和善良风俗,因而关于离婚的法律也多为强行法。我国《涉外民事关系法律适用法》即采此说,它规定:"诉讼离婚,适用法院地法律"(第二十七条)。

采法院地法的还有英、美等国,不过它们的法律在离婚案件中,不是直接以法院地法出现的,而是以住所地法或习惯居所地法出现的。如 1973 年《英国住所及婚姻诉讼法》规定英国法院对当事人一方在英国有住所或习惯居所一年以上的离婚诉讼享有管辖权的同时,进一步规定:"在英国法院享有管辖权的任何(离婚)案件中,它们都只适用英国内国法。"由于英国法院对离婚案件的法律适用是以司法管辖权的行使为前提,而它的司法管辖权的行使又是以在英国的住所或习惯居所为条件,所以严格地说,这种法院地法实际上也就是住所地法。

美国也是如此,根据《美国第二次冲突法重述》,其离婚诉讼的管辖权也是建立在住所基础上的,而能决定离婚的权利的法律,就是"(离婚)案件适用当事人住所州的实体法"。

2. 属人法说

此说认为,离婚乃消灭既存婚姻关系一种方式,它的准据法自不应与婚姻的成立及效力的准据法有所不同,而对婚姻的成立和效力,在许多国家却是适用当事人属人法的。如法国学者巴迪福就明确指出:离婚乃关系人的身份问题,所以在实体法上毫无疑问应受属人法的管辖;且婚姻关系之创设既然依属人法,则婚姻之解除,亦当受同一法律的支配。他还对在离婚的准据法上采法院地法提出批评说,这会导致原告借住所或居所的变更,达到任意规避法律或"挑选法院"

的目的。① 在离婚的准据法选择上采属人法的有西班牙、卢森堡等国。

3. 选择或重叠适用当事人属人法和法院地法说

这一学说既对完全依法院地法抱否定态度,也对完全依当事人属人法抱否定态度。它指出,完全依当事人属人法,如当事人本国法所允许的离婚原因违反法院国公共秩序;相反,依当事人本国法不允许离婚而依法院地法却允许离婚,这时当事人的属人法就很难为法院地法所承认和适用。而且过去在适用当事人属人法时,多用丈夫的本国法,这种做法已不符合男女平等的时代要求。后来虽有主张用当事人共同本国法或共同住所地法的,则又常有当事人双方不同国籍或住所的情况,给法院适用法律造成障碍。从而,或提出对离婚的准据法应允许就当事人属人法或法院地法选择适用其中之一,或提出应重叠适用当事人属人法和法院地法。持前一观点的理由是,如果允许选择,实现离婚比较容易;持后一观点的理由是,如果要求重叠适用上述两个法律,可以避免"跛脚婚姻"现象发生。但在采重叠适用当事人属人法和法院地法说的各国,据拉贝尔介绍,又可以分为三种情况:(1)以采当事人属人法为主,兼采法院地法;(2)以采法院地法为主,兼采当事人属人法;(3)当事人属人法和法院地法并重。持第一种观点的有1896年《德国民法施行法》,持第二种观点的有1891年《瑞士冲突法》,持第三种观点的有1902年《关于离婚的海牙公约》,它规定:"夫妻非依其本国法和法院地法均允许离婚时,不得为离婚之请求",且"离婚之请求,非依夫妻的本国法和法院地法均有离婚的原因者,不得为之"。

在采选择适用当事人属人法或法院地法的各国,首先要求选择双方当事人的共同本国法,而在当事人无此共同本国法时,其解决办法又各有不同。如1965年《波兰国际私法》要求遇有这种困难,首先改用双方共同住所地法,在无共同住所地法时,才允许选择作为法院地法的波兰法。

4. 适用有利于实现离婚的法律说

这是在欧洲许多新立法中出现的趋势,1978年《奥地利国际私法法规》第20条规定:离婚的要件和效力,依离婚时支配婚姻人身效力的法律,如依该法婚姻不能根据所举事实解除,或适用于婚姻人身法律效力的准据法无一存在时(这种准据法包括共同属人法、最后共同属人法、共同习惯居所地法、最后共同习惯居所地法、奥地利法或与配偶有最密切联系的法律),则适用离婚时原告的属人法。

对于这种有利于离婚的准据法表达公式就被称为 favor divortii。在谢尔(Kurt G. Sieher)的《欧洲家庭关系:欧洲和美国发展的同步》(Domestic Relations in

① [法]巴迪福:《国际私法各论》,曾陈明汝译,正中书局1979年版,第95—96页。

Europe：European Equivalents to American Evolutions）一文中曾指出，在法律选择方面着眼于有利于离婚，可以说已成为当前欧洲国家的普遍倾向，但是它的表现方式却有所不同。最普遍采用的方法是用法院地法作为辅助的应适用的离婚准据法。他认为这种方法可以解释为一种公共秩序特别条款（a special clause of public policy）。

二、中国有关涉外离婚的法律规定

新中国成立初期，相当长的一段时期内，中国并没有制定处理涉外离婚案件的正式法律。当时，虽不断有涉外离婚案件发生，但中国处理此类涉外婚姻案件的指导思想是：在不妨碍中国基本国策的前提下，应尽量避免被当事人本国认为无效和无法执行的离婚判决。根据这个指导思想，我国中央人民政府法制委员会 1950 年 11 月 8 日致中南军委员会外侨事务处《关于中国人与外侨、外侨与外侨婚姻问题的意见》中便确立了"以法院地法为主，兼顾当事人本国法的原则"。该意见指出，中国人与外侨及外侨与外侨在中国离婚而申请在中国登记，该登记机关处理这种事件，应不仅适用中国的婚姻法，且宜于适当的限度内照顾到当事人本国的婚姻法，以免当事人的离婚被其本国视为无效。这一条冲突规则，既维护了中国的主权，即在中国诉请离婚应适用中国法，又考虑到当事人的利益，以避免"跛脚婚姻"的发生。至于在什么限度内适用当事人的本国法呢？前提条件是，适用当事人的本国法不损害中国的公共利益，不违背中国的基本政策。

在离婚原因方面，意见认为，法院受理涉外离婚案件时，如果中国的婚姻法及当事人的本国法均认为应准予离婚，中国法院应判决离婚；如果均认为不应准予离婚，法院应判决不离婚。但是，在中国法律与当事人本国法的规定不一致时，究竟是适用中国法还是适用外国法？这应从适用外国法是否有损中国的公共秩序以及该外国当事人是否在中国久居这两个方面权衡；如果当事人将久居中国或适用当事人的本国法有损中国的公共秩序，这时应适用中国法；如果适用当事人的本国法不会损害中国的公共秩序，可依当事人的本国法判决，特别是当事人以其本国为永久住所而在中国只是暂时寄寓，中国法院更应多照顾到当事人本国的婚姻法。

在离婚程序方面，同样贯彻了以法院地法为主，兼顾当事人本国国法的原则。例如，关于离婚形式，意见认为，尽管中国法律规定离婚不必全部经过法院，但是有的国家法律规定离婚必须经过法院判决，在这种情况下，中国可照顾当事人本国的法律，让当事人先向中国法院起诉，经法院判决准予离婚后，再由中国婚姻机关进行登记。

但是,1951 年 10 月 16 日,中央人民政府内务部在批复东北人民政府民政部《关于外侨相互间及外侨与中国人之间的婚姻问题的暂时处理意见》中,却坚持一种单边的法院地法主义。该处理意见指出,外国人之间或中国人与外国人在中国离婚,均应依照中国婚姻法的规定办理。如果离婚当事人本国法与中国婚姻法不一致,为避免当事人处于不利的境地,可提醒离婚当事人考虑,但当事人双方经考虑后仍坚持离婚时,则按中国婚姻法的规定办理。可见,这一文件要求对在中国境内提起的离婚诉讼,采取一种单边的法院地法主义,即只适用中国法。

随着对外经济、文化和技术交流的不断扩大,中外人员的交往日益频繁,涉外婚姻逐渐增多,显然,在处理涉外案件时,没有一部比较周详完备的法律,已不能适应形势的发展。《民法通则》(已失效)填补了中国立法中的这一空白。其第八章第一百四十七条规定:中华人民共和国公民和外国人离婚,适用受理案件的法院所在地的法律。《涉外民事关系法律适用法》第二十七条也规定,诉讼离婚,适用法院地法律。根据这一条款的规定,中国公民和外国人在中国申请离婚,应按照中国婚姻法的规定办理;由外国法院受理的中国公民和外国人的离婚案件,按该外国的法律规定办理。由此可见,中国在离婚的法律适用方面,已过渡到双边的法院地法主义,这和世界大多数国家的立法是基本一致的。此外,《涉外民事关系法律适用法》第二十六条还规定:"协议离婚,当事人可以协议选择适用一方当事人经常居所地法律或者国籍国法律。当事人没有选择的,适用共同经常居所地法律;没有共同经常居所地的,适用共同国籍国法律;没有共同国籍的,适用办理离婚手续机构所在地法律。"《涉外民事关系法律适用法》较为完整地规定了涉外离婚的法律适用问题。

第四节　夫妻关系

男女之间经合法有效结婚而成为夫妻,自然于结婚之后要发生彼此之间的种种权利义务关系。在历史上,相当长的时期内,都实行"夫妻一体主义"(coverture system)的制度,即妻的法律人格为夫所吸收,从而完全丧失独立性,无财产所有能力和行为能力。16—17 世纪以后,因资本主义的发达,夫妻关系中也渗入了契约观念,认为男女因结婚而结合为婚姻共同体,承认了妻子的独立人格。但在早期,许多国家仍坚持丈夫为婚姻共同体的首长,丈夫对共同生活事项仍享有决定权,只是在此种决定权滥用时,妻子才无服从的义务(1896 年《德国民法典》第1354 条)。随着社会的进一步发展,男女平等已为许多国家确定为宪法原则,才逐渐将此种不平等规定加以修改而确立了夫妻同权的原则。对于这种制度,又被称为"夫妻别体主义"（separate system）。但夫妻真正的平等，只有社会主义制度才能实现。这种进步的倾向，在国际私法上，对夫妻人身关系和财产关系的法律适用，已带来许多新的变化。

一、夫妻人身关系

夫妻人身关系包括姓氏权、同居义务、忠贞及扶助义务、住所决定权、从事职业和社会活动的权利、夫妻间的日常家务代理权等方面的内容。在这些问题上，由于各国政治、经济、社会风俗、历史传统、宗教信仰的不同，常有不同的法律规定。为了解决法律适用上的冲突，大致有以下几种不同的理论和实践。

1. 适用丈夫的本国法

如 1896 年《德国民法施行法》在其第 14 条中明确规定，德国人夫妻之间身份上的法律关系，即使在外国有住所，仍依德国法，如丈夫丧失德国国籍而妻子仍保留德国国籍者亦同。法国在夫妻无共同本国法时，也只适用丈夫的本国法。巴迪福指出，这主要是基于"夫为一家之主"，适用"一家之主"的法律，最有利于家庭的结合和稳定。同时，巴迪福还指出，在适用当事人的本国法来判定夫妻之间身份关系时，是允许在准据法选择上采"可变更主义"的。① 但也有些国家在婚姻的人身效力上适用丈夫的本国法采不可变更主义。如 1976 年《约旦王国国际私法》便规定："婚姻的效力，包括婚姻对夫妻财产的效力，适用婚姻缔结时丈夫国家的法律。"阿拉伯联合酋长国及阿拉伯国家联盟统一国际私法等也都只规定适用结婚时丈夫的本国法。

2. 适用夫妻共同属人法

随着妇女地位提高，出现了适用夫妻共同本国法或共同住所地法的主张。这当然是更为合理的，但实际生活中往往不存在这种共同的本国法或住所地法（尤其是过去一些主张妻子无选择自己住所权利的国家如英、法等，已承认妻子选择住所的权利之后），这时应如何处理，也有不同的学说和主张：一些国家认为在这时仍应适用他们最后的共同属人法，只有在无此最后共同属人法时，才适用丈夫的属人法。而法国晚近的发展趋势是主张以住所地作为解决不同国籍夫妻间身份关系的辅助连接因素的。巴迪福曾指出，法国最高法院于 1953 年的一个案例中，便把共同住所地法用来解决不同国籍夫妻的离婚问题；到 1963 年作出的另一个判决，更明确地把这种解决方法扩展适用于婚姻效力。

---

① ［法］巴迪福：《国际私法各论》，曾陈明汝译，正中书局 1979 年版，第 84、86 页。

3. 适用行为地法

由于夫妻身份关系的准据法，一般应用来确定夫妻间的同居、忠贞、救助与支援以及夫权和结婚妇女有无能力等方面的问题。如应适用于确定夫妇同居义务的有无及其内容，婚姻生活中的事务代理权以及决定权如何行使(如妻子是否有设立住所或居所的决定权、是否有签订具有特定内容的契约和从事特定职业的权利，以及妻子的能力是否因结婚而受限制)，夫妻任一方与第三者为特定行为时是否应取得另一方的许可或同意，夫妻之间的相互扶养义务以及夫妻之间的契约的效力，婚姻是否可改变当事人的姓氏，未成年人是否能通过结婚而取得成年等。这中间许多问题常涉及行为地法的公共秩序和善良风俗，因而一方面在原则上主张依属人法，但在特定问题上应依行为地法。如1905年《关于婚姻效力的海牙公约》第1条即规定："关于夫妻身份上之权利义务，依其本国法定之"；但"前项权利义务的行使，非依行为地法所认可的方式，不得为之"。1928年《布斯塔曼特法典》第43、45条也规定，关于夫妻间保护和服从的相互义务，以及夫如变更居所，妻子有无义务随丈夫等问题，在夫妻双方的属人法不同时，适用丈夫的属人法，但"关于夫妻共同生活彼此忠贞和相互帮助的义务，均依属地法原则解决"。

4. 采用结果选择方法

对于这些问题的解决，如果从维护男女平等和妇女权利出发，显然通过上述任何一种指定准据法的方法都不一定能达到目的。因此，并不能纯粹从某国国际私法是否已从过去只适用丈夫一方的属人法改变为现在允许适用双方的共同属人法，甚至允许适用妻子的属人法，便可以判断它在这个问题上是进步的或落后的。因为，即令在允许适用妻子属人法的场合下，如妻子属人法中的封建的或歧视妇女的规定仍未清除，则对妻子在配偶身份关系中的正当权益仍无保障。因此，不妨采用"规则选择"或"结果选择"方法，即在冲突法中明确规定："夫妻身份关系应适用的法律，应是最有利于维护夫妻平等关系和最有利于保护妇女权利的法律"等。中国已有著作提出这种观点。①

根据我国《涉外民事关系法律适用法》第二十三条的规定，夫妻人身关系，适用共同经常居所地法律；没有共同经常居所地的，适用共同国籍国法律。

二、夫妻财产关系

夫妻财产关系又称夫妻财产制，主要包括婚姻对双方当事人的婚前财产发

---

① 参见李双元：《国际私法(冲突法篇)》，武汉大学出版社1987年，第429—430页；武汉大学出版社2001年修订版，第642页。

生什么效力,婚姻存续期间所获财产的归属,以及夫妻对财产的管理、处分和债务承担等方面的制度。夫妻财产制从不同的角度可以作不同种类的划分。从是否允许成立财产契约来约定夫妻财产关系出发,可划分为约定财产制和法定财产制;从财产关系的内容出发,可划分为夫妻共同财产制和夫妻分别财产制。在夫妻共同财产制中,又可分完全共同财产制、获得财产共有制、收益及动产共有制以及延迟的共同财产制等。

在解决夫妻财产关系的法律冲突时,主要应分别解决以下三个方面的问题,即:(1)夫妻财产制允不允许适用当事人意思自治;(2)对动产和不动产是统一适用一种准据法(单一制),还是分别适用不同的准据法(分割制);(3)如何处理时际冲突和动态冲突的问题。现分述如下。

1. 关于意思自治问题

由于大多数西方国家,如美国、英国、法国等,把夫妻关系看作是一种特殊的契约关系,都主张适用解决契约关系的法律冲突原则来处理夫妻财产关系的法律冲突,即实行当事人"意思自治"。但在采用夫妻意思自治原则的国家中,有的对夫妻的法律选择的权利和范围作了一些限制,而有的则不加任何限制。如法国、奥地利、美国、卢森堡等对当事人选择法律的范围不加限制,允许当事人作广泛的自主选择。而1982年《土耳其国际私法和国际诉讼程序法》第14条则规定,当事人虽可以选择调整夫妻财产关系的法律,但只应在他们的住所地法律或他们结婚时的本国法律中作出选择。1978年《关于婚姻财产制的海牙公约》也对当事人选择法律加以限制。如该公约在第3条中首先规定夫妻财产制受配偶双方婚前所指定的内国法支配,但接着指出,夫妻能选择的法律权限于:(1)为选择时,配偶中有一方为其公民的国家的法律;(2)为选择时,配偶中有一方在其境内有习惯居所的国家的法律;(3)婚后有一方于其境内设定习惯居所的国家的法律。

关于当事人订立婚姻财产契约的能力问题,大都认为这种行为能力与一般行为能力并无区别,故应适用一般行为能力的同一冲突原则,即当事人属人法。而戴西和莫里斯认为,婚姻财产契约的缔约能力是一个复杂的问题,但原则上应由这种契约的准据法来决定,而这个准据法在英国,常常就是当事人的婚姻住所地法。在英国,也有主张适用就其能力发生争议的一方当事人的属人法的。

关于订立财产契约的形式有效性应适用的法律,也多主张应对这种法律行为的形式和一般法律行为的形式作同样看待,主张适用行为方式的准据法。1978年《关于婚姻财产制的海牙公约》规定:"婚姻契约的形式有效性,只要符合适用于婚姻财产制的内国法,或符合缔结地的内国法,就是有效的。但是,这种婚姻契约必须以书面形式,署有日期并经双方签字。"

在夫妻财产关系上采意思自治原则的国家中，特别应该提到瑞士，它在新的国际私法中规定，夫妻（财产）关系应适用夫妻双方选择的法律，夫妻双方可以选择的法律包括双方共同住所地的法律、他们婚后住所地的法律、他们中任一方国籍所属国的法律。选择的方式则要求意思表示必须一致，而且协议应以书面作成，或在婚约中加以规定。法律选择或法律选择的变更，可以在任何时间作出。在无相反意思表示的情况下，婚姻缔结后的法律选择协议的效力，溯及婚姻缔结之时，而且只要双方不变更选择法律的协议，或未对法律选择提出异议，则被选择的法律，应一直予以适用。

但是，也有一些国家在夫妻财产制上，排除当事人的意思自治，不允许自主选择法律，硬性规定应适用的法律。此外，即使在允许意思自治时，如果夫妻未约定应适用的法律，或夫妻约定的法律不被承认时，也需要适用由法律直接规定的准据法。在排除意思自治的国家中，有的规定应适用当事人本国法，如日本、希腊、泰国、约旦、阿拉伯联合酋长国等。1898年《日本法例》规定："夫妇财产制，依结婚时夫的本国法。"波兰、奥地利、土耳其却主张适用夫妻双方的共同本国法。在夫妻未约定应适用的法律时，1978年《关于婚姻财产制的海牙公约》第4条便规定："在婚前，夫妻未指定准据法的，应适用配偶于婚后去建立他们第一个习惯居所的国家的内国法。"但是，在公约规定的其他几种情况下，应适用配偶有共同国籍或共同住所的国家的内国法。

2. 关于区别动产和不动产以适用不同的准据法的问题

一些国家，特别是普通法国家主张区分动产和不动产分别适用不同的冲突规范。这样做的好处在于可使解决夫妻财产关系的准据法与解决物权和继承的准据法保持一致，并且使关于财产（特别是不动产）的处置易于得到物之所在地的承认和执行。如1971年《美国第二次冲突法重述》第233条规定，婚姻对夫妻结婚时配偶一方所有的土地权益的效力以及对婚姻存续期间配偶任何一方所取得的土地权益的效力，依土地所在地法院将予适用的法律；对动产，则不问婚前已有或婚后获得的，一般应适用与配偶及财产有最密切联系的法律规定。英国也主张采用分割制。但是，大多数国家认为采用分割制，会使夫妻财产关系的处理更加复杂化，因而不主张采用这种做法。

3. 关于变更准据法的问题

关于在法律发生变化或连接点发生变化而引起时际冲突或动态冲突时，应适用旧法还是新法来解决夫妻财产关系，即应采取不变更主义还是变更主义，也是很有分歧的。采取不变更主义的有奥地利、波兰、德国等。赞成不变更主义的人认为，如果允许变更，首先会使规避法律的现象大量发生，从而使妇女一方的利益失去必要的保护，因为在解决夫妻财产关系时，有些国家是以丈夫的属人法来决定婚姻财产制的；其次，如果允许变更，会使已经确定了的夫妻财产关系发生变化，从而引起混乱和困难。在美国，为了保护双方当事人的平等权益，有些州限制财产所在地法的适用，提倡依据"跟踪原则"（tracing rule），即夫妻财产制并不因为当事人住所或财产转移至他州而改变，以解决动态冲突问题。

但赞成变更主义的人却认为，婚姻对夫妻财产上的效力与他们的人身关系的效力一样，是为了使婚姻与家庭关系得以正常进行，不能不受当事人国籍或住所改变的影响，既然当事人已经改变了原来的住所或国籍，就应该适用新法来解决其财产关系。在实践中，1978年《关于婚姻财产制的海牙公约》便是采可变更主义的。该公约规定，如果夫妻未指定应适用的法律，也没有缔结财产契约，则应适用双方均有习惯居所的国家的法律，以代替早先可适用的法律，只要他们有习惯居所的国家正是他们的共同国籍国，从其设定习惯居所时起，或从他们成为该国国民时起；或者在结婚后，这种习惯居所已持续了10年以上的期限；或者婚姻财产制仅因他们婚后一直未在同一国家内设定第一个习惯居所而适用他们的共同国籍国法，从设立这种习惯居所时起。但该公约同时规定，这种准据法的改变，只能及于未来的效力，在准据法改变以前属于配偶已经取得的财产权不得受新法影响。

根据我国《涉外民事关系法律适用法》第二十四条的规定，夫妻财产关系，当事人可以协议选择适用一方当事人经常居所地法律、国籍国法律或者主要财产所在地法律。当事人没有选择的，适用共同经常居所地法律；没有共同经常居所地的，适用共同国籍国法律。

黄艺明、苏月弟与周大福代理人有限公司、亨满发展有限公司以及宝宜发展有限公司合同纠纷案中，最高人民法院认为，苏月弟系以黄冠芳夫妻财产共有权人的身份主张权益。《涉外民事关系法律适用法》规定："夫妻财产关系，当事人可以协议选择适用一方当事人经常居所地法律、国籍国法律或者主要财产所在地法律。当事人没有选择的，适用共同经常居所地法律；没有共同经常居所地的，适用共同国籍国法律。"黄冠芳与苏月弟的共同经常居所地是内地，因此，一审法院适用内地法律认定本案所涉财产属于黄冠芳与苏月弟的夫妻共同财产，苏月弟是本案系争财产的共有人，是正确的。参见最高人民法院（2015）民四终字第9号民事判决书。

第五节　亲子关系

一、父母子女间的权利义务关系

1. 概述

父母子女间的权利义务关系又称为亲子关系，是最近的直系血亲关系。实践中，各国立法在规定父母子女关系时，主要是规定父母对未成年子女的人身和财产的权利和义务。下面所谈的父母子女关系及其应适用的准据法，也主要是指父母对未成年子女的权利和义务关系而言的。

父母子女关系的性质和内容有一个历史的演变过程。在早期罗马法中，父权（亦称家长权、家父权）是父母子女关系的核心，它表现为家长对家属的绝对而毫无限制的权力，子女完全处于从属的地位。随着经济的发展，社会的进步，家长权中也开始注入了保护子女利益的因素，而逐渐演变为以保护子女利益为目的的一种权利和义务的统一体。如 1896 年通过，1998 年修改的《德国民法典》第 1626 条规定："父母有照顾未成年子女的权利和义务。"1896 年通过，1999 年修改的《日本民法典》第 820 条也规定："行使亲权人有监护、教育子女的权利及义务。"亲权的内容包括两个方面：一是父母对未成年子女人身方面的权利和义务；二是父母对子女财产方面的权利和义务。人身方面的权利、义务，主要是保护教育权、居所指定权、职业许可权、惩戒权、交还子女请求权（即对非法扣留子女的人的一种请求权）、法定代理权等。父母对未成年子女的财产方面的权利、义务，主要涉及父母对其财产的管理、取得、收益及处分的权利和义务。

各国有关父母子女关系的立法大致都有上述内容，但在具体规定上仍有差异。有的国家的法律明确规定，父母对子女有惩戒权（如上述《日本民法典》第 882 条第 1 款、《德国民法典》第 1631 条 b 款对此均有规定，但也规定了惩戒须有限制，或经法院许可才得实行）。有的则无规定。有的国家规定了父母对未成年子女的财产有使用、收益权［如《法国民法典》第 382 条、《德国民法典》第 1649 条、1907 年《瑞士民法典》（1996 年版本）第 319 条、《日本民法典》第 828 条等］。有的则无规定。《瑞士民法典》第 321 条规定："子女财产中被指定为以生息为目的或以储蓄为目的的赠与，父母不得动用。"1804 年《法国民法典》规定，父母的用益权不得扩张至子女因劳动所取得的财产，而上述《德国民法典》第 1649 条却规定可以使用。1804 年《法国民法典》则规定："判决书得不判决丧失全部权利，而只撤销判决所列举的有限的部分权利，父母丧失亲权可免除子女赡养的义务，但在失权判决中有相反规定的不在此限。"

2. 父母子女间关系的准据法

对于此种关系应适用的法律,有的国家采取笼统的规定方式。1965 年《波兰国际私法》便是如此。对采这种规定方式的国家,应认为它们对亲子关系不再区分婚生子、非婚生子、被收养人和他们养父母的关系。因为在他们看来,只要任何一种亲子关系成立,亲子间的权利和义务关系应适用的准据法便是同一的。但也有的国家区别几种不同亲子关系的内容而分别规定不同的准据法。

对于亲子关系应适用的准据法,有以下几种做法。

有的国家主张适用双亲的属人法,如德国、法国等。采这种观点的国家大都认为在家庭关系中,父和母是居于主导地位的。

有的国家则主张适用子女的属人法,采这种观点的,无疑是侧重于保护子女的利益。采子女本国法的,较早的可以 1928 年《布斯塔曼特法典》为例(如该法第 69、70 条),而在近来,更有瑞士、匈牙利、奥地利、意大利等国的冲突法典。如1987 年《瑞士联邦国际私法法规》第 82 条第 1 款规定:"父母与子女的关系适用子女惯常居所地的法律。"不过该条第 2 款但书又规定:"如果父母任何一方都不在子女之惯常居所地有住所,而且如果父母与子女有相同国籍,则适用他们的国籍国法。"1995 年《意大利国际私法制度改革法》第 36 条规定:"父母子女间的人身关系和财产关系,包括亲权在内,适用子女本国法。"

有的国家主张适用亲子双方共同本国法。在亲子关系中,如对子女的监护、教育,并不能完全理解为谋求亲子的利益,因此,借维护子女的利益而完全排斥双亲的属人法的适用也不见得完全妥当,于是又有此种主张。此外,《日本法例》(1989 年修改)第 21 条规定,亲子间的法律关系,在子女的本国法与父或母的本国法相同,以及父母一方死亡而与另一方相同时,依子女本国法;其他场合则依子女的惯常居所地法。

值得注意的是,英国法与上述国家的主张是不大相同的。首先表现在它对父母子女关系分为对未成年子女的一般亲权(parental authority in general)和对子女的财产权,分别适用不同的冲突规则;其次,它将子女的财产区分为动产和不动产,分别适用不同的冲突规则。对未成年子女的亲权(包括管理子女、决定其教育、施加处罚以及行使监护等方面的内容),在英国领域内,概不受当事人各方国籍国法或住所地法的影响,而只适用英国法。这将子女的权益作为首先和首要应考虑的,并依此出发,认为这一原则属于英国的公共政策,是必须加以适用的。至于对子女的财产权,住所在外国的父(或母)对于属于未成年子女的位于英国的动产,是由其住所地法决定的(法院也有自由裁量权)。但上述制度不适用于在英国的不动产。

我国《涉外民事关系法律适用法》第二十五条规定："父母子女人身、财产关系，适用共同经常居所地法律；没有共同经常居所地的，适用一方当事人经常居所地法律或者国籍国法律中有利于保护弱者权益的法律。"

二、非婚生子女的准正

非婚生子女在法律上的地位，因不同时期、不同国家而有所不同。如英国在1926年《准正法》颁布之前，认为非婚生子女是不属于任何人的。过去法国法律也认为非婚生子女既不属于其父也不属于其母。近代，各国为改变非婚生子女的不幸境遇，大都采用了非婚生子女准正（Legitimation）制度，但有些国家（包括近东一些国家）没有准正制度。意大利虽允许准正，却一般或部分地排除由通奸怀孕而生的子女的准正。或尽管一般允许准正，但继续按封建传统限制已准正子女的继承权。另外，各国法律对准正的方式、条件、效力也有不同规定。

1. 准正的方式和条件

父母事后婚姻。即非婚生子女可因父母事后结婚而取得婚生子女的地位。但在有的国家（日本、法国等）仅事后结婚并不能使非婚生子女准正，还要求父母有某些认领行为，如在登记官前明确或正式地承认该子女为其后代。父母的事后婚姻如是无效婚姻，也可能影响其先所生子女的准正。

认领（acknowledgement of natural child）。认领乃父对其非婚生子女承认为其父而领为自己子女的法律行为。但在某些国家，认领只赋予被认领的非婚生子以有限的权利，并不能完全取得婚生地位。

国家行为。这种准正形式可追溯到罗马法时代。在那时，罗马皇帝可以敕令的形式宣布非婚生子准正。目前，这种方式主要是通过确认亲子关系的诉讼，由法院作出判决来实现的。有了这种方式，可以使子女在父母一方死亡或父母不可能事后结婚，或父不愿认领的情况下，由法院判决宣布准正。这种准正带有某些强制的性质。

2. 准正的准据法

有些国家并不分别各种不同的准正方式，只是笼统地规定准正应适用的法律。如1982年《土耳其国际私法和国际诉讼程序法》第16条规定：非婚生子女准正适用准正时的父亲的本国法；依父亲本国法如无法准正，则适用母亲的本国法或子女的本国法。

有些国家分别规定了事后结婚、认领及国家行为准正所应适用的法律。

（1）对事后婚姻在准正上的效力，或主张适用父母事后结婚时的住所地法（英国和美国即如此），或主张适用由事后结婚时的父的本国法，或主张适用父母属人法(如 1979 年《奥地利国际私法法规》第 22 条规定:非婚生子女因事后婚姻而准正的要件,依父母属人法;父母属人法不同时,依其中更有利于准正的法律),或主张适用子女属人法,或主张适用支配事后婚姻的效力的法律(如 1986 年《德国民法施行法》第 21 条第 1 款的规定)。

(2)有些国家的法律对通过个人认领而准正的准据法也作出专门规定。在这种情况下,常区分认领的形式要件准据法和实质要件准据法。

一般来说,认领的形式只要符合认领行为发生地的要求就足够了。不过,属人法常在这个问题上起制约作用。

认领的实质要件的准据法有以下几种。

父母属人法。一般说来,认领子女的父母的住所地或国籍是具有重要意义的。因为认领人的行为能力应由认领人的属人法决定。如 1939 年《泰国国际私法》第 31 条规定:子的认知,依认知时父之本国法;如父已死亡,依父死亡时之本国法。美国一些州适用认领时父的住所地法。

分别适用父母和子女的属人法。1928 年《布斯塔曼特法典》第 60 条也规定:"认领的能力受父之属人法支配,被认领的能力则受子女的属人法支配。必须两种属人法所规定的条件相符,才能认领。"

子女属人法。1978 年《奥地利国际私法法规》第 25 条规定,非婚生子女的父子关系的确定与承认的要件,依其出生时的属人法,但也可适用他们最近的属人法,如果依该法确立和承认是可以允许的,而依出生时的属人法却是不允许的。

(3)对国家行为的准正,一般来说,其准据法主要应是准正国家的法律,或法院认为应适用的法律。

第六节　收　养

收养是一种在收养人和他人子女(被收养人)之间建立起父母子女关系(即人为的、法律拟制的亲子关系)的法律行为。世界上绝大多数国家都承认此制度,但各国法律有关收养制度的规定却颇有歧义。如有些规定只有未成年人才能被收为养子女,而收养人则须是成年人,并且二者之间要有合理的年龄差距。而按 1804 年《法国民法典》第 345 条和第 360 条的规定,既可收养未成年人,也可收养成年人,但如果为完全收养则被收养人须不超过 15 岁,而单纯收养则无年龄限制,不论被收养人年龄多大,都可以被单纯收养。又如关于收养人与被收养人之间的年龄差距,法国规定为 15 岁,但如被收养人系其配偶的子女,差10 岁即可(1804 年《法国民法典》第 344 条);《罗马尼亚家庭法典》第 68 条则要求相差 18 岁。在收养效力方面，有的国家只规定"完全收养"，有的国家却只有"单纯收养"制度，有些则二者兼有。① 此外，有些国家还规定，收养人在收养子女前，还须对该被收养人已实际抚育了一定时期[1896 年通过、1998 年修改的《德国民法典》第 1744 条，1804 年《法国民法典》第 345 条，1907 年《瑞士民法典》(1996 年版本)第 264 条等]。

一、涉外收养的法律适用

在国际私法上，对涉外收养的成立的形式要件，诸如是否须经当事人申请，是否须经公证或登记，大都只主张适用收养成立地法。但对涉外收养的实质要件的准据法选择则有以下几种立法与实践。

1. 主要适用法院地法

在适用法院地法时，对有关需要取得特定人同意等问题，也适用当事人的属人法。这可以英国为例，在英国，法院注重的是管辖权，只要英国法院对涉外收养有管辖权，便也只适用英国国内法来判定此收养的实质要件是否具备。在美国，收养通常都要经过法院程序才能生效，因而美国跟英国一样首先注重的是收养的管辖权问题。一旦确定了有管辖权，法院也只适用法院地法律。当然关于特定人对收养的同意，一般应适用其住所地法。

在国际立法方面，1965 年订于海牙的《收养管辖权、法律适用和判决承认公约》规定，对于收养的条件应适用有管辖权的主管机关的所在地法，但是对于外国收养人还必须同时适用该外国收养人本国法规定的禁止收养条款。关于收养需经特定人或机关同意问题，则应适用被收养人的本国法。

2. 适用收养人属人法

此说立论的理由是，收养人是成立收养关系的主动的一方，而且收养关系一经成立后，收养人便负担起抚养的义务和责任，收养的成立对收养人的权利义务影响较大，为了保护收养人的权利，故宜采用收养人的属人法。采此种立法例的国家有 1986 年修订的《德国民法施行法》第 22 条规定，子女的收养适用收养人收养时的国籍所属国法律。1995 年《意大利国际私法制度改革法》第 38 条规

---

① 完全收养是指收养关系成立后，被收养人与其生父母之间的权利义务关系即告消除，而与收养人之间建立起权利义务关系，养子女的法律地位同婚生子女，享有婚生子女的权利，承担婚生子女的义务。单纯收养也称不完全收养，是指收养关系成立后，被收养人与其生父母的权利义务关系并不完全消除，他们之间仍互相享有某种继承权，或者是收养关系成立之后，养子女的法律地位并不完全等同于婚生子女，养子女只是取得某些权利，而无继承权。

定："收养的条件、成立及取消,适用收养人本国法;如果是夫妻共同收养,则适用共同收养人本国法;如果没有共同本国法,则适用收养人共同惯常居所地法,或者适用在收养时收养人主要婚姻生活地法。"其第 39 条规定："收养人与被收养人或收养人夫妻之间,以及与其亲属之间的人身关系和财产关系,适用收养人本国法;或者在共同收养的情况下,适用收养人夫妻共同本国法;如果没有共同本国法,则适用收养人双方共同惯常居所地法,或者其主要婚姻生活地法律。"

3. 适用被收养人的属人法

持此种主张的出发点是,收养制度的主要目的是给孤儿、弃儿或其他境遇较差的儿童一个新的家庭,提供一种较好的生活环境和教养,因此,只有适用被收养人的属人法才能给予被收养人完善的保护,他的幸福才能得到保障。法国国际私法虽无明文规定,但在实践上及一般学者大多认为涉外收养关系是否成立,应该以被收养人的本国法为准,不过,如果收养人系法国公民而被收养人是外国公民,则应适用法国法。然而,很多国家只是在某些要件上适用被收养人属人法,如 1978 年《奥地利国际私法法规》第 26 条第 1 款规定,收养适用养父母的各自属人法,如子女的属人法要求取得他的同意或他与之具有合法亲属关系的第三者的同意,该法则在此限度内起决定作用。1896 年《日本法例》第 20 条第 1 款的规定也是如此。

4. 分别适用收养人和被收养人本国法

这种立论的理由是基于属人法应支配有关个人身份的问题,而收养不仅涉及收养人而且也影响到被收养人的身份地位,对二者的权利义务都会发生变化,因此,宜分别适用收养人和被收养人的本国法。此外,这种立论还考虑到了有利于收养在国外得到承认的问题。采这种立法例的有日本、韩国等。如 1962 年韩国《关于涉外民事法律的法令》第 21 条第 1 款、1928 年《布斯达曼特法典》第 73 条等亦然。

此外,还有一种主张是对本国人收养他国公民和他国人收养本国公民加以区别,适用不同的冲突规范。如 1979 年《匈牙利国际私法》第 43 条尽管在规定一般的收养成立要件时,指出应适用收养时收养人和被收养人各自的属人法,但对于匈牙利公民收养外国公民,必须取得匈牙利监护机关的同意;而外国公民收养匈牙利公民,必须取得匈牙利监护机关的批准;而且只有在收养符合匈牙利法律规定的条件下,监护机关才可同意或批准该收养。

我国《涉外民事关系法律适用法》第二十八条规定："收养的条件和手续,适用收养人和被收养人经常居所地法律。收养的效力,适用收养时收养人经常居所地法律。收养关系的解除,适用收养时被收养人经常居所地法律或者法院地法律。"

二、《跨国收养方面保护儿童及合作公约》

由于对收养活动没有统一的法律文件来调整各国之间的法律差异,大多数国家在跨国收养的原则问题上都本着尽量扩大适用本国法律的原则去处理具体问题,致使这一领域的法律冲突日渐突出。因此,如何在跨国收养中解决各国法律冲突,就关系到跨国收养的正常进行与被收养儿童的权益保护问题。1965年,海牙国际私法会议通过了《关于收养的管辖权、法律适用及判决承认的公约》,该公约已生效,但其规定不全面也不具体,截至 2001 年 6 月 1 日也只有奥地利、瑞士、英国签署并批准该公约。1993 年,海牙国际私法会议第 17 届大会又通过了《跨国收养方面保护儿童及合作公约》,该公约主张加强各国的合作机制,最大限度地便利跨国收养程序,最佳保护儿童的利益。公约共分七章 48 条,包括适用范围、跨国收养的实质要件、中央机关和委任机构、跨国收养的程序要件、收养的承认及效力、一般规定和最后条款。

1.公约适用范围

公约规定只适用于产生永久性父母子女关系的收养,从而排除了类似简单收养的其他形式的收养。被收养儿童的年龄应在 18 岁以下,收养人为夫妻或个人。

2.跨国收养的实质要件及法律适用

公约规定收养程序的开始须适用收养人所在国和被收养人所在国双方的法律,即对儿童是否适于收养的条件适用儿童原住国法律,而对预期养父母是否适合收养儿童的条件适用收养国的法律。

公约规定收养的条件为:原住国的主管机关必须确认该儿童适于收养;对在原住国内安置该儿童的可能性作了应有的考虑后,确认跨国收养符合儿童的最佳利益;收养涉及的有关个人、机构和机关对同意收养作出的保证等。收养国的主管机关必须确认预期养父母条件合格并适于收养儿童;保证预期养父母得到必要的商议;确认该儿童已经或将被批准进入并长期居住在该国。

3.中央机关和委任机构

公约规定了中央机关制度,以保证各国间的合作机制。中央机关的职能可通过三种方式来实现:(1)中央机关之间直接进行合作;(2)通过由政府直接控制的公共机构进行合作;(3)通过由政府批准委任的民间机构进行合作。公约还进一步规定了中央机关和委任机构的工作范围。

4.跨国收养的程序要件

公约规定,跨国收养应通过中央机关进行,首先由收养人按规定向本国的中央机关提出申请,然后由收养国的中央机关向原住国的中央机关转交该申请。原住国的中央机关在收到申请后,应准备一份报告,报告中对儿童的成长、种族、宗教及文化背景给予适当考虑;根据有关儿童和预期父母的情况以确认所面临的安置是否符合该儿童的最佳利益等。此外,公约还对儿童的交付移送、再收养的程序作出了规定,但没有对试养期作出强行规定。

5.收养的承认及效力

公约规定,对收养的承认即确认了儿童和其养父母之间的父母子女关系,同时儿童与其亲生父母之间的关系即告终止。收养成立后,养父母对儿童负有父母责任,养子女即享有与该国其他被收养人同等的权利,而没有类比亲生子女的权利,这主要是因为一些收养国从自身利益出发,不愿给予养子女和亲子女同等的权利。

公约还规定了拒绝承认收养的条件,即当对收养的承认明显违反缔约国的公共政策和儿童的利益时,可予拒绝。

该公约已于 1995 年 5 月 1 日生效。截至 2021 年 6 月 14 日,已有 107 个国家签署了该公约。

第七节　监　护

一、监护的准据法

监护,是对未成年人或禁治产人,在无父母或父母不能行使亲权的情况下,为保护其人身和财产利益而设置的一种法律制度。

监护制度来源于罗马法,当时设立监护的目的是防止未适婚人、女子或精神病人等因不善管理,损害宗族成员的继承权。监护权人代行家长权,监护权是家长权的一种补充和延长。至罗马后期,监护制度才渐渐以保护受监护人的利益为目的。目前各国立法均设立了以保护受监护人利益为目的的监护制度。

监护可分为对未成年人和对成年人的监护。未成年人监护一般是在未成年人无父或父母不能行使亲权时设立。对成年人来说,一般不发生监护问题,但如成年人被宣告禁治产时,也应设立监护。监护制度是为保护受监护人的利益而设置的,从此目的出发,大都以被监护人的属人法作为有关监护问题的准据法。但英国是适用法院地法解决有关监护的冲突的。另外,目前一些新冲突法在某些涉及监护人的利益方面（如是否可以拒绝接受担任监护），也允许适用监护人的本国法。

1. 被监护人的属人法

1995 年《意大利国际私法制度改革法》第 43 条规定，针对无行为能力的成年人保护措施的条件和效力，以及无行为能力人与其监护人之间的关系，适用无行为能力人的本国法。日本、泰国、土耳其等国不仅规定了监护应适用被监护人的属人法，而且对在内国有住所或居所的外国人或无国籍人，或在内国有财产的外国人的监护问题了作规定。如 1898 年《日本法例》第 24 条第 2 款规定，在日本有住所或居所的外国人，依其本国法有监护原因而无人行使监护的，或在日本宣告禁治产的，其监护依日本法。这种立法考虑到了在内国的外国人的人身或财产也可能需要设立监护的情况，体现了监护制度保护被监护人利益的宗旨。

2. 法院地法

这可以英国为例，英国在监护问题上仍是首先从管辖权入手。如果英国法院对某一涉及监护的案件有管辖权，它便只适用英国法。此外英国法中有一条重要原则经常被适用于决定有关监护人问题，即首先考虑子女利益的原则。此外，1995 年《意大利国际私法制度改革法》第 43 条还补充规定，为了临时和在紧急情况下保护无行为能力人的人身和财产，意大利法官可采取意大利法律所规定的措施。

我国《涉外民事关系法律适用法》第三十条规定："监护，适用一方当事人经常居所地法律或者国籍国法律中有利于保护被监护人权益的法律。"

二、关于监护的国际公约

1. 关于未成年人监护的国际公约

目前已有的关于未成年人监护的国际公约有三个：(1)1902 年《海牙未成年人监护公约》；(2)1961 年《保护未成年人管辖权和法律适用公约》，后者现已取代前者；(3)1996 年《关于父母责任和保护儿童措施的管辖权、应适用的法律、承认执行和合作公约》。

1961 年《海牙公约》第 1 条规定，未成年人的惯常居所地的司法机关和行政机关有权采取措施，以保护未成年人的利益，并得采取其国内法规定的措施。上述措施的制定、变更、终止的条件以及有关未成年人和承担保护责任的人或机构之间的关系、对第三人的效力，也由惯常居所地的国内法决定。但是，公约第 3 条和第 4 条规定，根据未成年人本国国内法所具有的权力关系理应得到所有缔约国的承认；未成年人本国的主管机关，出于未成年人利益的需要，也可以依据其国内法采取措施,以保护未成年人的利益和财产。也就是说,有关上述措施的制定、变更、终止的条件,以及有关未成年人和承担保护责任的人或机构的关系、对第三人的效力等,均依该未成年人本国国内法,并代替未成年人惯常居所地国可能采取的措施。此外,未成年人惯常居所地主管机关,也可不顾公约第3条、第4条及第5条第二款的规定,在未成年人的人身和财产遇到严重威胁时,直接采取保护措施。由此可见,该公约实际上是采用"惯常居所"这一连接因素而成功地协调了在有关自然人身份问题上长期存在的本国法主义与住所地法主义的对立。截至2021年6月14日,已有14个国家签署了该公约。

1996年10月19日在海牙国际私法会议上通过的《关于父母责任和保护儿童措施的管辖权、应适用的法律、承认执行和合作公约》,明确提出以其取代1902年的《海牙未成年人监护公约》和1961年的《海牙公约》。新公约共七章63条,公约确定了儿童惯常居所地行使采取保护儿童措施的管辖权的基本原则,同时允许离婚法院地的并存管辖权和其他有最密切关系国家的补充管辖权,具有管辖权的机关采取措施时适用本国法。1996年《海牙公约》第3条对父母责任的准据法作了明文规定,即适用儿童惯常居所地法。不仅如此,新公约对涉外监护问题特别强调各缔约国的合作,以便有效地保护未成年人的最大利益。截至2021年6月14日,已有57个国家签署了该公约。

2. 海牙《关于成年人国际保护公约》

2000年1月13日海牙国际私法会议通过了《关于成年人国际保护公约》。公约分为六章,分别为:公约的范围(第1—4条)、管辖权(第5—12条)、准据法(第13—21条)、承认与执行(第22—27条)、合作(第28—37条)、一般规定(第38—50条)。截至2021年6月14日,已有19个国家签署了该公约。

(1)公约的适用范围。公约适用于保护那些心智丧失,在保护其自身利益方面处于不利地位的成年人(已达18岁)(第1条)。公约同样适用于在采取保护措施时年龄尚未达到18岁的人(第2条)。公约第4条对其不适用的事项作了规定。

(2)管辖权。公约规定,该成年人习惯居所所在地缔约方的司法或行政当局享有管辖权,并得采取措施保护其人身或财产。如果该成年人习惯居所移至另一个缔约方,新习惯居所所在地当局享有管辖权。该成年人属难民,或其国籍国发生动乱使之在国外流离失所,其现所在地缔约方当局享有第5条第1款所述之管辖权。前款同样适用于无习惯居所的成年人(第6条)。如果该成年人所属之缔约方当局认为它们更有利于评估该成年人的利益,依据第5、6条的规定,该缔约方可行使管辖权,并采取措施保护其人身和财产,但该成年人系难民或其国籍国发生动乱以致在国外流离失所者除外(第7条第1款)。

成年人财产所在地缔约方当局享有管辖权以采取措施保护有关财产,但此种措施应与依第5条至第8条所规定的享有管辖权的有关当局采取的措施相当(第9条)。情况紧急时,成年人所在之任何缔约方或成年人财产所在地之任何缔约方有权采取必要之保护措施(第10条第1款)。

作为例外,成年人所在地之缔约方当局有权采取临时措施以保护成年人之人身权,只要此类措施符合依第5条至第8条而享有管辖权的当局向依第5条而享有管辖权的当局作出建议后所采取的措施,但此类措施只在该国境内具有属地效力(第11条)。

(3)准据法。公约规定,为行使上述管辖权,缔约方当局应适用本国法;因保护成年人人身、财产的需要,有管辖权的当局亦可例外地适用或考虑适用与此有实质联系的另一国法律(第13条)。在一缔约方采取的措施需要在另一缔约方执行时,其执行条件应适用执行地法律(第14条)。成年人不能保护其权益而协议委托或通过单方行为而授予的代理权,其存在、范围、变更、终止,适用协议时或行为时成年人习惯居所所在地法,除非已由书面形式明确规定适用第2款所列之法律(第15条)。第15条所指之代理权之行使不足以保护成年人人身、财产时,依公约享有管辖权之当局得撤销、变更此项代理权;代理权之撤销或变更,应尽可能考虑适用第15条所列之法律(第16条)。

上述规定亦适用于所援引的法律为非缔约方法律的情形。上述所指的法律仅指现行有效的实体法而非法律选择规范,且仅当其适用显然违背公共政策才得被拒绝。上述规定并不排除将对成年人予以保护国家的法律的适用;不管在该国适用何种法律,该国强行法应予适用(第18—21条)。

(4)承认与执行。缔约方当局所采取的措施应当在所有其他缔约方得到承认;公约还规定了可以拒绝承认的五种情况(第22条)。严格遵守第22条第1款之规定,任何利害关系人均可请求缔约方合格当局对另一缔约方所采取的某项措施是否承认作出决定,其程序适用被请求国法(第23条)。享有管辖权的措施采取国当局所裁判的事实依据,同样约束被请求国当局(第24条)。就前述条款之适用,非出于必要,不得对采取措施的实质进行审查(第26条)。在缔约方所采之措施为在另一缔约方获得执行而为登记并经宣告为可执行者,该另一缔约方应当将其视为本国所采之措施且依被请求国法律予以执行(第27条)。

(5)合作

缔约方应当指定中央当局以履行公约所设立之义务(第28条)。公约还具体规定了合作的事宜及费用(第29—37条)。

(6)一般规定

公约规定,已采取保护措施或已确认代理权的缔约方当局,应请求可将指明该人被授权行动和被授予代理权的证书移交给一受委托保护成年人的人身和财产的人(第38条)。本公约在公约缔约方间的追溯力上取代1905年7月17日订于海牙的《禁治产及类似保护措施公约》(第48条)。

第八节 扶 养

一、概述

扶养(support maintenance)是指根据身份关系,在一定的亲属间,有经济能力者对无力生活者应给予扶助,以维持后者生活的一种法律制度。在扶养关系中,有扶养义务的人称为扶养义务人(或扶养人),有受扶养权利的人称为扶养权利人(或被扶养人)。

一般认为,扶养具有以下法律特征:(1)扶养只在法律所规定的一定亲属之间成立,法律规定以外的亲属或他人之间,即使在经济上提供了生活扶助,也只具有慈善或友谊的性质,不是一种法律上的义务;再如因成立遗赠扶养协议或因侵权而发生的扶养关系或扶养责任,虽也是一种法律关系,也不属于这里所讲的扶养的范畴。(2)扶养关系只发生于一方有扶养必要而他方有扶养能力的一定亲属之间。

二、扶养关系的准据法

由于扶养有配偶之间的扶养、亲子之间的扶养以及其他亲属之间的扶养,在国际私法上,有的国家对上述三类扶养各别规定准据法,有的则分别对三者或对其中的一二种规定准据法。前者最典型的立法是1979年的《匈牙利国际私法》第39条规定,夫妻之间的扶养应适用起诉时夫妻共同的属人法;如无,则适用其最后的共同属人法;如没有最后的共同属人法,则适用夫妻最后的共同住所地法;如夫妻没有共同住所,适用法院地或其他机构地法。父母对子女的扶养,该法第45条规定应适用子女的属人法。子女对父母的赡养以及其他亲属间的扶养义务、条件、程序和方法,该法第47条规定,应根据权利人的属人法确定。有的国家却对上述三类扶养不加区分,笼统规定扶养应适用的法律。这可以1982年《土耳其国际私法和国际诉讼程序法》第21条为代表,它仅规定"扶养义务适用扶养人本国法"。

瑞士是1973年海牙《扶养义务法律适用公约》的成员国,因而在它的国际私法规定中干脆规定父母子女之间以及其他亲属之间的扶养义务适用或类推适用上述海牙公约。1995 年《意大利国际私法制度改革法》第 45 条也作了类似的规定。德国也是上述海牙公约的签字国,它却在 1986 年生效的《国际私法》第 18 条中用整整 7 款的篇幅规定了扶养的法律适用,因而成为在国内法中对扶养准据法规定得最为详尽的国际私法法规。不过,该法第 18 条各款的规定是和上述海牙公约中的有关内容一一对应的。

概观各国有关扶养法律适用的立法,可以作如下归纳。

大多数国家是规定应适用被扶养人的属人法。这是因为这些国家认定扶养制度是为被扶养人利益而设置的立法宗旨在冲突法上的必然反映,诸如 1986 年《德国国际私法》第 18 条、1948 年《埃及民法典》第 15 条、1939 年泰国《国际私法》第 36 条、1979 年匈牙利《国际私法》第 45 条和第 47 条等。

但也有些国家规定应适用扶养义务人的属人法。它们认为扶养义务是扶养制度的基础和本体,因而应适用扶养义务人的属人法,如 1982 年《土耳其国际私法和国际诉讼程序法》第 21 条、1962 年《韩国涉外民事法律的法令》第 23 条等。

适用双方的共同属人法。有些学者指出,扶养义务在一定亲属间是双向的,此时的扶养权利人彼时也可能成为扶养义务人,因此,扶养的准据法选择也应兼顾两者的利益而适用双方的共同属人法。这种主张在晚近的一些国家的国际私法立法中得到了某些程度的反应,如 1986 年《德国国际私法》第 18 条尽管原则上规定扶养义务适用被扶养人惯常居所地的法律,但该法同时补充规定:"如果被扶养人依照该法无法得到扶养,则应适用扶养人与被扶养人的共同本国法。"

适用对被扶养人最为有利的法律。在扶养准据法的选择上,晚近的立法从过去采扶养人属人法趋向于采被扶养人属人法。这是同 20 世纪 60 年代以来各国实体法中注重保护弱方当事人利益,渐次出现了一些保护妇女、子女、消费者利益的条文相一致。因为在通常情况下,被扶养人在扶养关系中总是较弱的一方。应该指出的是,尽管从一个角度讲适用被扶养属人法较之适用扶养人属人法能更好地保护被扶养人的利益,但是采用"硬性冲突规范"来解决涉外扶养的法律适用问题终究是不尽人意的,因为在逻辑上不能得出被扶养人的属人法必然对被扶养人最为有利的结论,在实际上,有时也许恰恰相反,对被扶养人最为有利的法律是扶养人的属人法或扶养财产所在地法。

三、中国关于涉外扶养的规定

《涉外民事关系法律适用法》第二十九条规定:"扶养,适用一方当事人经常居所地法律、国籍国法律或者主要财产所在地法律中有利于保护被扶养人权益的法律。"同时,应对上述"扶养"一词作广义解释,它包括父母子女相互之间的扶养、夫妻相互之间的扶养以及其他有关人之间的扶养。

扩展阅读:

1. 王于群、唐小波:《关于当前涉外婚姻的若干问题》,《政治与法律》1992 年第 4 期。

2. 李广辉:《涉外婚姻的法律适用问题》,《法学杂志》1993 年第 2 期。

3. 杨大文:《婚姻家庭法领域的区际法律冲突和司法协助》,《法学家》1995 年第 4 期。

4. 汪金兰:《关于涉外婚姻家庭关系的法律适用立法探讨》,《现代法学》2010 年第 4 期。

5. 郭玉军:《涉外民事关系法律适用法中的婚姻家庭法律选择规则》,《政法论坛》2011 年第 3 期。

6. 袁雪:《法律选择中的弱者利益保护探究——以〈涉外民事关系法律适用法〉的规定为视角》,《南昌大学学报(人文社会科学版)》2014 年第 1 期。

7. 袁发强:《有利的法——实质正义的极端化》,《现代法学》2015 年第 3 期。

本章习题:

1. 在涉外收养的形式要件的法律适用问题上,大多主张适用　　　　(　　)

A. 法院地法。　　　　　　　　　　B. 收养成立地法。

C. 收养人属人法。　　　　　　　　D. 被收养人属人法。

2. 领事婚姻,是指在东道国不反对的情况下,一国授权其驻外领事或外交代表依其本国法律规定的方式办理结婚手续,成立婚姻的制度,它适用于　(　　)

A. 驻在国公民与本国公民结婚。

B. 驻在国公民与任何第三国公民结婚。

C. 领事官员与外交官员结婚。

D. 本国侨民与本国侨民结婚。

3. 根据我国《涉外民事关系法律适用法》的规定,涉外扶养适用的法律不包括　　　　　　　　　　　　　　　　　　　　　　(　　)

A. 一方当事人经常居所地的法律。

B. 一方当事人国籍国法。

C. 主要财产所在地法律中有利于保护被扶养人权益的法律。

D. 与扶养案件有最密切联系的国家的法律。

4. 依据我国《涉外民事关系法律适用法》的规定,对于夫妻人身关系和财产关系所应适用的法律,表述错误的是　　　　　　　　　　(　　)

A. 夫妻人身关系可适用共同经常居所地法律。

B. 如没有共同经常居所地的,适用共同国籍国法律来处理夫妻人身关系。

C. 当事人可以协议选择适用一方当事人经常居所地法律作为夫妻财产关系的准据法。

D. 适用婚姻缔结地法。

5. 夫妻人身关系适用当事人属人法的主要原因是 （ ）

A. 涉及身份问题,与人身关系较密切。

B. 便于确定准据法。

C. 将婚姻看作是一种特殊的契约关系。

D. 以上均不正确。

6. 领事婚姻。（名词解释）

7. 准正。（名词解释）

8. 简述夫妻人身关系的法律适用。（简答）

9. 关于扶养的法律适用问题,我国是如何规定的?（简答）

10. 简述我国的涉外离婚案件的管辖权制度。（简答）

参考答案

1	2	3	4	5	6	7	8	9	10
B	D	D	D	A			略		

第十二章　继　承

第一节　法定继承的法律适用

对于涉外法定继承的法律适用问题,过去各国一直是根据各自的国内法来解决的。而就涉外继承准据法的立法而言,主要存在着以下几种不同的制度。

一、区别制和同一制

1. 区别制

在国际私法上,区别制(scission system)又称分割制,是指在涉外继承中,主张就死者的遗产区分动产与不动产,分别适用不同的准据法,即动产适用死者的属人法,不动产适用物之所在地法。

这一制度最早是由 14 世纪意大利法则区别说创始人巴托鲁斯的弟子巴尔特(Bardus)提出来的。巴尔特根据法则区别说的理论,主张把动产继承归入"人法"范畴,适用死者的属人法,而把不动产继承列入"物法"范畴,适用物之所在地法。

当今仍然有很多国家坚持采用区别制,如英国、美国、法国、比利时、卢森堡、泰国、保加利亚、玻利维亚、智利、白俄罗斯等。凡是采用区别制的国家,遗产中不动产的继承都适用物之所在地法。究其原因,主要是因为不动产价值较大,跟所在地密切相关;适用物之所在地法,可保证有关判决的执行。至于遗产中动产继承的准据法,上述各国的做法又可分为两类:其一是少数国家,如保加利亚、卢森堡和玻利维亚等,采用被继承人死亡时的本国法;其二是大多数国家采用被继承人死亡时的住所地法,如英国、美国、法国、比利时、智利、泰国、加蓬、白俄罗斯等。

2. 同一制

国际私法上的同一制（unitary system）又称单一制，是指在涉外继承中，主张对死者的遗产，不问其所在地，也不分动产与不动产，统一由死者的属人法决定。

动产和不动产继承概依死者的属人法这条古老的冲突规范，渊源于古代罗马法的"普遍继承"（universal succession）。按照古代罗马法的观点，继承就是继承人在法律上取得被继承人的地位，是死者人格的延伸。英国著名的法律史学家梅因（Maine）曾指出，古罗马人通常认为"继承权是对于一个死亡者全部法律地位的一种继承"，就是说，死亡者的肉体人格虽已死亡，但他的法律人格仍旧存在，毫无减损地传给其继承人，就法律而论，他的同一性在其继承人身上是延续的。还有学者从继承法跟亲属法之间所具有的紧密联系来论证统一适用死者属人法的意义。因为就各国继承制度而言，继承人顺序以及特留份等都是根据与死者亲属关系的远近来确定的，亲属法的变化必然直接影响到继承关系，故继承应统一适用死者属人法。

同一制，目前为很多国家的立法与实践所接受，只是有关各国对属人法的理解不同。采同一制的国家又可细分为两类：一是采被继承人的本国法；二是采被继承人的住所地法。德国、意大利、日本、奥地利、比利时、荷兰、西班牙、葡萄牙、希腊、瑞典、波兰、古巴、墨西哥、巴拿马、多米尼加、伊朗、伊拉克、韩国、埃及、叙利亚等国家都规定继承关系适用被继承人的本国法。而挪威、丹麦、冰岛、秘鲁、尼加拉瓜、哥伦比亚、危地马拉、哥斯达黎加、阿根廷、巴西等国则采用被继承人的住所地法。

继承依被继承人属人法的同一制原则，在一些国际条约中也得到了体现和采用。如1928年第六届美洲国家会议通过的《布斯塔曼特法典》对继承准据法就采同一制。该法典第144条规定，不论法定继承和遗嘱继承，包括继承顺序和继承权利，以及遗嘱处分的内在效力，不分遗产的性质及其所在地，概受权利所由产生的人的属人法支配。至于该"属人法"是指被继承人的本国法还是住所地法，法典规定由各缔约国自行确定。在1988年10月召开的海牙国际私法会议第十六届大会上通过的《死者遗产继承的准据法公约》也采用同一制，而且还允许在一定条件下由被继承人指定应适用的法律。

3. 区别制和同一制的利弊

一般来说，目前国际立法对涉外继承的准据法主要趋向于采同一制。但同一制和区别制的确各有优劣。实行区别制的最大好处莫过于判决易在外国得到承认与执行。但是，实行区别制也有很大的缺陷，就是一个人的遗产继承可能要分别受几个法律的支配,从而带来种种麻烦和困难。比如说,根据其中一个法律,某人是有继承权的,而按照另一个法律,他却没有继承权;根据其中一个法律,其继承份额多或享有特留份,而根据另一个法律,其继承份额少或不享有特留份等。于是,在19世纪中叶以后,特别是经德国的萨维尼和意大利的孟西尼等的提倡,财产继承上的同一制就更多地出现在许多国家的国际私法立法与实践中了。

在继承的准据法上采用同一制有一个最大的优越性,就是简单方便。因为依这种制度,不管死者的遗产分布在多少个国家,也不管他的遗产中既有动产,也有不动产,均构成一个单一的财团,全都一律对待,所有的共同继承人也都是该财团的任何财产的共同所有人,这一财团可以以死者生前一样的方式对其债务人负责。而且在同一制下,一项遗嘱处分的有效或无效、一个人有无继承资格,都将由一个法律作出裁判,这显然可避免在采区别制时常碰到的麻烦与困扰。但其缺陷在于:如果死者遗留的不动产不在其国籍或住所国境内,而且死者国籍或住所国和遗产所在地关于不动产继承的实体法规定不同,那么根据死者国籍国法或住所地法作出的判决,便往往不能在不动产所在地得到承认和执行。反之,对于某外国死者遗留在采同一制国家境内的不动产,假如他的国籍国法或住所地法关于不动产继承的规定跟内国法律有重大差异,那么该采同一制的国家也会无视该外国死者属人法中的不同规定,而最终适用其内国法的有关规定。

正是因为同一制也有这些不足,所以有些采同一制的国家在特定条件下对区别制作出某些让步,以求得对不动产继承切实可行的处理。比如德国的国际私法对继承原本只适用被继承人死亡时的本国法,但如遗产位于死者的国籍国境外,并且依该遗产所在地的冲突规范,该项遗产继承应适用遗产所在地的内国法时,则上述原则即可以不予适用;但对于在同一制国家境内的不动产继承,则仍应适用死者的本国法。例如,有一个住所在德国的人,未立遗嘱而亡,在英国和意大利都遗留有土地,依上述原则,本应对死者的整个遗产都适用德国法,但由于英国采区别制,对不动产继承要适用英国法,因而得让位于英国的区别制;而对于遗留在意大利的土地,因为意大利也采同一制,故德国法院仍将只适用德国法于该土地的继承。

既然在继承准据法上,无论采区别制还是同一制,都有自身的缺陷和不足,为求二者的适当协调,在涉外继承方面,许多国家都接受反致和转致。例如,日本是采同一制的国家,而且也只适用被继承人的本国法,但如一个采区别制国家的公民死后在日本遗留有不动产,对于该不动产继承,日本法院就会根据该外国死者本国的有关不动产继承依物之所在地法的冲突规范而最终适用日本法。又如英国采区别制,对不动产继承适用不动产所在地法,而意大利采同一制,不论动产不动产继承概依被继承人本国法，现有一英国公民死后遗留在意大利的不动产，英国法院也会接受意大利冲突规范的指定而适用英国法上的有关继承法则。

在继承问题上援用公共秩序保留，也是采上述两种对立制度的国家和其他国家都允许的。不过，内国法院援用公共秩序多发生在限制人的继承能力方面，诸如限制非婚生子女或养子女的继承权或基于政治、宗教理由而剥夺或限制继承权等。

二、以属人法为主，兼采财产所在地法

在国内立法与实践上，还有一种以属人法为主，兼采财产所在地法的做法。例如，1982 年《土耳其国际私法和国际诉讼程序法》第 22 条也规定：遗产的法定继承适用被继承人本国法律，继承在土耳其境内的不动产适用土耳其法律。很显然，这些国家在涉外法定继承准据法选择上的做法，固然不能完全列入"同一制"，但也不能简单地划归"区别制"，因为这些国家仅规定位于其境内的不动产不受死者属人法约束。又如，1998 年《委内瑞拉国际私法》第 34 条规定，继承依被继承人的住所地法。但其第 35 条又补充规定，被继承人的晚辈、前辈及未作财产分割的幸存配偶，可依委内瑞拉法对位于共和国境内的遗产行使法定继承权。

三、遗产所在地法

目前，也还有极少数国家如乌拉圭等，在继承准据法选择上，规定不论动产不动产的继承概依遗产所在地法。继承依遗产所在地法这条古老的冲突规范，是封建经济的产物。在封建社会，领土的观念得到了强化，反映在法律适用上则实行极端的属地主义原则，凡是在领地内的人与物，都必须服从当地的法律与习惯。但是，这一制度的一个最突出的缺陷就是，一个人的财产可能遍及许多国家，从而在处理其遗产继承时，将受多种法律的支配。所以，不论动产还是不动产，继承一律适用遗产所在地法的古老做法，已逐渐被淘汰。

四、选择适用法律说

有的国家在继承准据法上允许选择适用。例如，1998 年《突尼斯国际私法》第 54 条规定，继承由被继承人死亡时的本国法，或其最后住所地所在国法或遗产所在地法支配，上述法律均限于国内法的范畴。

五、中国关于法定继承法律适用的规定

中国立法对涉外财产继承准据法的选择也采区别制。《涉外民事关系法律适用法》第三十一条规定:"法定继承,适用被继承人死亡时经常居所地法律,但不动产法定继承,适用不动产所在地法律。"

> 黄艺明、苏月弟与周大福代理人有限公司、亨满发展有限公司以及宝宜发展有限公司合同纠纷案中,最高人民法院认为,黄艺明是以黄冠芳法定继承人的身份主张权益,根据《涉外民事关系法律适用法》的规定:"法定继承,适用被继承人死亡时经常居所地法律,但不动产法定继承,适用不动产所在地法律。"被继承人黄冠芳死亡时经常居所地是内地,因此,一审法院适用内地法律并确定黄艺明是黄冠芳的合法继承人,黄艺明有权继承本案所涉财产,是正确的。参见最高人民法院(2015)民四终字第9号民事判决书。

第二节　继承准据法的适用范围

继承准据法的适用范围,各国立法也不尽一致,但一般来说,继承准据法至少应支配以下几方面的问题。

一、继承的开始及原因

各国民法通常规定继承自被继承人死亡时开始。如果被继承人是自然死亡,一般不至于产生法律冲突,但在宣告死亡时因死亡时间的确定制度不同而导致法律冲突屡见不鲜。中国在司法实践中,对被宣告死亡的人,也是以人民法院判决宣告之日为其死亡日期的,继承于该日开始(见《民法典》第四十八条)。

对失踪和死亡宣告的效力,各国立法与实践也并非一致。有的国家认为,在只宣告为失踪的情况下,并不构成继承开始的原因,而只使被宣告失踪人的财产转归财产管理人管理。而有的国家法律则规定宣告失踪即具有宣告死亡的效力,因而构成继承开始的原因。诸如此类问题,一般均应依继承的准据法。

二、继承人的范围和顺序

继承准据法解决什么样的人可以成为继承人,被继承人可否通过遗嘱指定继承人,允不允许通过继承契约(inheritance pact)来处理遗产继承或放弃继承

等问题。另外,继承人是否必须在被继承人死亡时已经出生;失踪人可否成为继承人;一个对被继承人犯下谋杀或虐待、遗弃等罪行的人可否成为继承人;在相互有继承权的数人于同一事件中死亡而无法证明谁死于后时,对继承人应作如何推定;继承人的继承顺序如何解决;以及在何等情况下发生代位继承等问题,皆应由继承法来作出回答。

至于作为继承人的某人是否为被继承人的子女或配偶等,如在涉外继承中发生争议,因其属于继承的"先决问题",应适用的法律需另行选择,这个法律既可能就是继承的准据法,也可能是各该先决问题自身的准据法。

> 大连市交通局高速公路工程建设项目管理办公室与小林淳子、吉林省诚泽裕丰集团有限公司、中化辽宁公司以及大连嘉亨饲料有限公司侵权纠纷案中,最高人民法院二审时查明,一审原告岩间丈男已经于 2011 年 3 月 17 日死亡。小林淳子声明以岩间丈男继承人的身份参加本案诉讼。《中华人民共和国涉外民事关系法律适用法》规定:"法定继承,适用被继承人死亡时经常居所地法律,但不动产法定继承,适用不动产所在地法律。"故本案应适用日本法律对小林淳子是否为岩间丈男的继承人作出认定。《日本民法典》第八百八十七条第(一)项规定:"被继承人的子女为继承人。"小林淳子提交证据证明岩间丈男与其系父女关系,故对其继承人资格本院予以确认。岩间丈男之子岩间启出具说明对于岩间丈男生前投资的嘉亨公司的股份及其相关的权利,和嘉亨公司的诉讼,其决定放弃。故本案中岩间丈男死亡后,应由其继承人小林淳子继续参加诉讼。参见最高人民法院(2013)民四终字第 18 号民事判决书。

三、继承开始的效力

继承准据法也应支配继承开始的效力。这类问题包括:在继承人有数人时遗产应如何继承;各人应取得多少份额;遗产应如何分割;共同继承人的担保责任如何(即在遗产分割以后,各继承人按其所得部分,对于其他继承人因分割而得到的遗产所负的担保责任);继承人已经开始继承,是不是还可以放弃继承;放弃继承应于何时进行;是否可以进行限制继承(即限制法定继承人的范围或限制继承财产的范围的继承);在限制继承的情况下,继承人的权利义务又应如何确定。

另外,继承准据法还应支配被继承人的哪些权利义务可由继承人继承和承担,以及继承人应如何继承和承担这些权利义务。至于这些权利义务能否通过继承而转移以及在什么条件下才能转移的问题,则应由该权利义务自身的准据法来解决。

四、被继承人遗嘱处分财产的权利

继承准据法还应支配被继承人以遗嘱处分其财产的权利。这是跟成立遗嘱的能力不同的另一个问题。成立遗嘱的能力,在国际私法上一般是主张适用立遗嘱人的属人法。因此,尽管许多国家的国际私法规定了遗嘱成立及效力的准据法,但被继承人可否不受限制地(如无视继承准据法关于特留份的规定——此种规定在各国继承法中多被认为是属于强行法)处分其财产,这一问题却是要由继承准据法来决定的。因此,关于遗嘱可否剥夺应享有特留份人的继承权,特留份的权利人是应作为一般继承人对待还是应作为继承债权人对待,特留份应如何计算,以及特留份的时效期限如何等问题,均应适用继承准据法来解决。

第三节 无人继承财产

一、概说

在涉外继承关系中,有下列情形之一的财产,一般即可确定为无人继承财产:(1)被继承人没有法定继承人且又未立遗嘱指定任何人为受遗赠人,或所立遗嘱和遗赠无效;(2)全体继承人和受遗赠人都放弃或拒绝继承或受遗赠;(3)所有继承人都被剥夺继承权;(4)继承人或受遗赠人情况不明,经公告仍然无人出面接受继承或受遗赠。认定无人继承财产的准据法一般应是继承准据法。

对于无论是本国人还是外国人死后遗留在内国的无人继承财产,各国法律多规定应归国库所有。但是,国家究竟是以什么资格或名义取得这种无人继承财产,立法实践与学说却有截然对立的两种主张。

1.继承权主义。这种主张认为,国家对无人继承财产有继承权,国家可以特殊继承人或最后继承人的资格来取得无人继承财产。这种主张是萨维尼最早提出来的,他认为国家和地方团体可以假定为最后的法定继承人。目前,德国、意大利、西班牙、瑞士等国采用此说。

2.先占权主义。这种主张认为,国家是以先占权取得无人继承财产的。法国学者魏斯就曾指出,为了防止个人先占引起社会混乱而危及公益,对于无人继承财产,国家可以根据领土主权以先占权取得,即应由无人继承财产所在国的国库收取该项绝产。目前采用这种主张的国家有英国、美国、法国、奥地利、土耳其、秘鲁和日本等。

二、无人继承财产归属的准据法

对于无人继承财产,国家究竟是以什么资格或名义收取,各国的立法与实践或采继承权主义,或采先占权主义,因而,在解决涉外无人继承财产归属问题时也会产生法律冲突。比如说,一个住所在德国的德国人,在英国死亡时未留遗嘱而在英国遗留一笔动产。依英国冲突法,动产继承应依死者住所地法,因而该笔动产继承应适用德国法。但该德国人既未立遗嘱,按德国法他又无法定继承人,于是该动产就成了无人继承财产。根据继承的准据法(德国法)该项无人继承财产应由德国国库以最后法定继承人资格"继承取得";而依遗产所在地的英国法,该项无人继承财产,却是应由英国国库以属地先占权"先占取得"。

对于这种法律冲突的解决,主要有下列主张。

1. 适用被继承人属人法,即继承关系准据法。德国法院在审判中的做法就是如此。例如,对于英国公民死后遗留在德国的无人继承财产,德国法院根据本国冲突规范指引应适用被继承人的本国法来决定该无人继承财产的归属。而依英国法,无人继承财产是由财产所在地以属地先占权先占取得。这样,德国法院就判定该英国人留在德国的无人继承财产由德国国库收取。假如是西班牙公民留在德国的无人继承财产,根据继承关系准据法——西班牙法的规定,无人继承财产应由被继承人本国继承取得,因而德国法院就判定该无人继承财产应由西班牙国家继承取得。采用被继承人属人法作为解决涉外无人继承财产归属准据法的,多是主张"继承权主义"的国家。

2. 适用遗产所在地法。采用遗产所在地法作为涉外无人继承财产归属准据法的,往往是那些奉行"先占权主义"的国家,如英国。这方面典型的立法例有1978年《奥地利国际私法法规》,该法第29条规定:如依继承准据法(即被继承人死亡时的本国法)遗产无人继承,或将归于作为法定继承人的领土当局,则在各该情况下,应以被继承人死亡时财产所在地的法律,取代该法律。这就清楚地表明,对于涉外无人继承财产的归属问题,奥地利法是主张另应适用财产所在地法,而不适用原继承关系的准据法。又如1984年《秘鲁民法典》第2101条规定:"位于共和国境内的财产,如根据死者住所地法律必须交给外国国家或机构,则其继承须受秘鲁法律支配。"尽管秘鲁法没有明言,实际上却表明了它的主张,即对于位于秘鲁境内的遗产,如果根据继承准据法(死者住所地法)该遗产是无人继承财产而应交给外国国家或机构时,则该无人继承财产应另受财产所在地法(秘鲁法)支配而由秘鲁国家以属地优越权先占取得。在法国的司法实践中,对外国人死后留在法国境内的无人继承财产,也是抛开原来的继承关系准据法,而另行适用遗产所在地法(法国法)来判定该无人继承财产的归属,并最终由法国国库先占取得。

三、中国的有关规定

《涉外民事关系法律适用法》第三十五条规定:"无人继承遗产的归属,适用被继承人死亡时遗产所在地法律。"如果被继承人死亡时遗产所在地在中国,那么根据中国《民法典》第一千一百六十条的规定,无人继承又无人受遗赠的遗产,归国家所有;死者生前是集体所有制组织的成员,归该集体所有制组织所有。

第四节 遗 嘱

遗嘱是立嘱人在生前对他的财产进行处分,并于死后发生法律效力的单方法律行为。在遗嘱继承的情况下,需要分别解决立嘱能力、遗嘱方式、遗嘱的解释、遗嘱的撤销和遗嘱的实质效力等问题的准据法。

一、立嘱能力

一个有效遗嘱的成立,必须符合一定的实质要件和形式要件。一个人是否具备通过遗嘱处分其遗产的能力,属于遗嘱有效成立的实质要件。但这只是指一个人能否成立一个有效的遗嘱(如立嘱人是否成年、是否为精神病患者等),而不包括财产上的能力(如立嘱人能否剥夺他的妻子和儿女的继承权等)。后一个问题属于遗嘱的实质效力,应另受继承准据法支配。

1. 立嘱能力的法律适用

关于立嘱能力的法律适用,主要有以下主张:(1)一般认为应适用当事人的属人法解决。其中,主张采用当事人本国法的国家有日本、韩国、奥地利、埃及、土耳其等,而阿根廷等国则主张主要适用当事人的习惯居所地或住所地法。但是,不管怎样,关于不动产的立嘱能力常要求另适用不动产所在地法。(2)也有的国家采放宽的态度,对立嘱能力适用多种连接因素指引准据法。例如,1987年《瑞士联邦国际私法法规》第97条规定,根据立遗嘱人的住所地法律或习惯居所地法律或其本国法律的规定,立遗嘱人有立嘱能力的,他即具有成立遗嘱的能力。

2. 动态冲突的解决

在适用当事人的属人法时,如立嘱时与死亡时的属人法连接点发生了改变,究竟是适用前一连接点还是后一连接点指引的属人法,在立法实践和学说上却是有分歧的,主要有以下主张。

第一,主张应适用新连接点所指引的法律。持这种主张的人认为,遗嘱是立嘱人死后才发生效力的,因此只应适用立嘱人死亡时的属人法。

第二,主张应适用立嘱时的连接点。持此种主张的人认为,一个有效的法律行为(立嘱)既经完成,就不能因以后属人法连接点的改变而成为无效。但不管持何主张,都有可能使一个原本有效的遗嘱导致无效的后果,于是便有了第三种主张。

第三,采用结果选择方法,规定适用那个能使遗嘱有效成立的属人法。如1978年《奥地利国际私法法规》第30条便规定,成立遗嘱的能力依死者为该法律行为时的属人法,但如该法不认为有效而死者死亡时的属人法认为有效时,则以后者为准。

第四,英国的做法。英国法对连接点改变后的立嘱人的属人法适用,一般区分三种不同情况对待:一是如立嘱时立嘱人的住所地法认为有立嘱能力,而后来的住所地法认为无能力,应适用立嘱时的住所地法;二是如立嘱时住所地法认为无立嘱能力,而最后住所地法认为有能力,应适用最后住所地法;三是如根据原住所地法他本有能力但未立遗嘱,后来的住所地法认为他尚无立嘱能力,则他原先取得的此种立嘱能力不能保留。

二、遗嘱方式

遗嘱方式包括遗嘱是否必须采用书面形式,是否必须经过公证等问题。至于是否允许为亲笔遗嘱的问题,有些国家认为应属立嘱能力(如荷兰法),而其他国家(包括中国在内)则认为属于遗嘱方式方面的问题。

对遗嘱方式应适用的法律,主要有以下主张。

第一,主张区分动产遗嘱和不动产遗嘱而分别选择适用准据法。英国、美国、日本、匈牙利、德国等则主张区分动产遗嘱和不动产遗嘱分别选择适用遗嘱方式的准据法。这些国家一般都规定,不动产遗嘱方式适用不动产所在地法,动产遗嘱方式则可在立嘱人属人法和立嘱地法之间选择适用。

第二,主张统一适用立嘱人属人法或立嘱行为地法。主张适用立嘱行为地法的,多认为"场所支配行为"原则属于强行法范畴,自应严格遵循。而持适用立嘱人属人法主张的,则认为遗嘱制度本身就要求在遗产的处分上充分尊重立嘱人的意思表示,而且遗嘱也是一种准身份行为,并非纯粹是一种财产行为,因而只应适用立嘱人属人法。

第三,主张适用遗产所在地法。至今也还有极少数国家(1940年《蒙得维的亚公约》成员国,如阿根廷、巴拉圭、乌拉圭等),不论动产和不动产遗嘱方式均规定适用遗产所在地法。

第四,选择适用法律说。遗嘱作为一种法律行为,当受"场所支配行为"原则支配,其方式也要遵守立遗嘱行为地法。但是,遗嘱作为一种单方法律行为,毕竟和一般的法律行为还是有很大区别的,更何况立嘱人处分的遗产也可能位于几个国家境内。因此,目前普遍认为,遗嘱方式准据法不该只囿于行为地法或属人法,而应是可作多种选择的。对于遗嘱方式的准据法选择,当今的发展趋势是越来越放宽,越来越灵活。在这方面,1967 年 11 月 19 日生效的《海牙遗嘱处分方式法律冲突公约》集中地反映了这种发展趋势。由于许多国家如英国、法国、美国、日本、德国、奥地利、瑞士、比利时、荷兰、波兰、匈牙利等都先后批准了该公约,并在国内立法中反映了该公约的有关内容,所以这种灵活的做法,已得到广泛的承认。

最后,还须说明一点,一般而言,对设立遗嘱方式的准据法跟撤销遗嘱方式的准据法,各国冲突法的规定通常是相同的。如《海牙遗嘱处分方式法律冲突公约》第 2 条就明确规定,遗嘱方式的准据法也用于撤销以前所为的遗嘱处分的方式。

我国《涉外民事关系法律适用法》第三十二条规定:"遗嘱方式,符合遗嘱人立遗嘱时或者死亡时经常居所地法律、国籍国法律或者遗嘱行为地法律的,遗嘱均为成立。"

三、遗嘱的解释

对遗嘱的解释,因为各国法律观念的不同有时也会产生法律冲突,从而需要确定遗嘱解释的准据法。比如说,立嘱人设立了一个遗嘱,遗赠给他的债权人一笔和他对债权人承担的债务相同或更大数目的款项,对此,根据英国法的观点解释,应认为立嘱人是想要以此偿还其所欠债务;但根据法国法的观点解释,却不能得出上述结论。因为 1804 年《法国民法典》第 1023 条明确规定:"对债权人所作的遗赠,不应视为抵偿其债务。"

1. 学者的观点

巴迪福认为,在有关遗嘱的解释问题上,法国法院主要是探寻立嘱人的意思,并不考虑其应适用什么法律,只是在立嘱人意思不明时,才有必要确定应适用什么法律。巴迪福还指出,对于遗嘱的解释,如立嘱人未指明应适用的法律,可依其住所地法;如系赠与,其解释则应依一般契约解释的规则。① 而法国法有

---

① [法]巴迪福:《国际私法各论》,曾陈明汝译,正中书局 1979 年第 2 版,第 433 页。

关一般契约的解释规则应依当事人自主选择的法律确定。

莫里斯认为,就英国法而言,动产遗嘱的解释的准据法应是立嘱人自主选择的法律,而在无相反指定时,这个法律即应认为就是立嘱人立嘱时的住所地法。莫里斯强调指出,没有理由可以认为对不动产遗嘱的解释应有别的什么规则,但如遗嘱中使用了不动产所在地的法律术语,则可能表明立嘱人意欲适用该不动产所在地法对遗嘱进行解释。

2. 立法实践

(1)在立法上,许多国家并没有对遗嘱解释另行规定准据法,而是笼统地规定遗嘱的成立和效力适用什么法律。在这种情况下,遗嘱解释当受遗嘱实质要件准据法的支配。(2)也有的国家在立法中对遗嘱解释规定了准据法,如1939年《泰国国际私法》第41条就明确规定:"遗嘱的效力与解释以及遗嘱全部或部分无效,依遗嘱人死亡时住所地法。"1971年《美国第二次冲突法重述》第240条、第264条则规定,对于动产遗嘱的解释应适用立嘱人自主选择的那个法律,而在无此种选择时,应适用立嘱人死亡时的住所地法;对于处分土地权益的遗嘱的解释,也应适用立嘱人自主选择的那个法律,但在无此种选择时,则应适用土地所在地法院将予适用的法律。

四、遗嘱的撤销

一个已经有效成立的遗嘱既可因后一遗嘱而撤销,也可因焚毁或撕毁而撤销,对于新遗嘱是否废除旧遗嘱,学者多主张由决定新遗嘱成立的准据法来回答。莫里斯也认为,新遗嘱如欲撤销老遗嘱,立嘱人可通过明示的意思表示,因而能否发生这种效力,就取决于新遗嘱自身的有效性了。如立嘱人虽未明确表示这种意思,但在新遗嘱中使用了"最后遗嘱"这样的字眼,或新遗嘱跟老遗嘱明显抵触,这样就提出了一个解释上的问题,它应受新遗嘱设立时立嘱人的住所地法支配。

对于遗嘱撤销的准据法,很多国家的立法都作了明确规定。例如,《泰国国际私法》第42条第1款就规定:"撤销全部或部分遗嘱,依撤销时遗嘱人住所地法。"1898年《日本法例》第27条第2款和1962年《韩国关于涉外民事法律的法令》第27条第2款则都规定,撤销遗嘱应依撤销遗嘱时遗嘱人本国法。1986年《德国民法施行法》第26条第5款规定,遗嘱的撤销应适用立遗嘱时支配继承关系的法律,在一般情况下,这个法律是死者死亡时的本国法。

至于烧毁或撕毁遗嘱行为是否构成对遗嘱的撤销,要取决于此种行为能否这样的效果,也应由遗嘱的准据法作出回答。

五、遗嘱的实质有效性

遗嘱的实质有效性问题,包括遗嘱继承是否允许和不受限制,立嘱人是否必须给他的配偶和子女留下一定份额的遗产,遗赠是否有效等方面的内容,故又可称为"遗嘱的效力"。对于这个问题,当然只能由本章第三节、第四节中所述的继承的准据法来决定,而不受遗嘱本身的制约。因为,一般来说,遗嘱本身的准据法只涉及作为意思表示的遗嘱本身的效力、生效要件、遗嘱的撤销权及其可否放弃等方面的问题。我国《涉外民事关系法律适用法》第三十三条规定:"遗嘱效力,适用遗嘱人立遗嘱时或者死亡时经常居所地法律或者国籍国法律。"

扩展阅读:

1. 郭树理、郑德成:《我国区际继承的法律适用问题探讨》,《政法论丛》2001年第4期。

2. 冯霞:《我国涉外遗产继承法律适用的立法完善》,《法律适用》2004年第2期。

3. 沈涓:《继承准据法确定中区别制与同一制的理性抉择》,《国际法研究》2014年第1期。

4. 李建忠:《论涉外遗嘱法律适用制度的发展趋势》,《法律科学》2014年第1期。

5. 欧福永、吴小平:《继承法中特留份扣减制度的法律冲突及应对》,《江西社会科学》2016第8期。

本章习题:

1. 一般来说,目前国际立法对涉外继承准据法主要倾向于采用　　　（　　）
A. 区别制。　　　　　　　　　　B. 物之所在地法。
C. 同一制。　　　　　　　　　　D. 混合制。

2. 在我国,判断某项遗产是否为涉外无从继承财产,应该适用　　（　　）
A. 财产所在地法。　　　　　　　B. 当事人属人法。
C. 继承关系的准据法。　　　　　D. 法院地法。

3. 在涉外继承的法律适用问题上,区别制最早是由（　）提出来的
A. 巴托鲁斯　　　B. 巴尔特　　　C. 萨维尼　　　D. 柯里

4. 我国立法对涉外法定继承准据法的选择采用了　　　　　　（　　）
A. 区别制。　　　B. 同一制。　　　C. 遗产所在地法。　D. 法院地法。

5. 根据 1961 年《遗嘱处分方式法律冲突公约》第 1 条规定，不动产遗嘱的有效方式必须符合 　　　　　　　　　　　　　　　　　　　　　（　　）

A. 财产所在地法。

B. 法院地法。

C. 遗嘱人立遗嘱地法。

D. 遗嘱人立遗嘱时或死亡时的本国法或住所地法。

6. 区别制。（名词解释）

7. 同一制。（名词解释）

8. 法定继承的准据法有哪几种主要制度？（简答）

9. 试述遗嘱形式要件的法律适用。（简答）

10. 试述遗嘱实质要件的法律适用。（简答）

参考答案

1	2	3	4	5	6	7	8	9	10
C	C	B	A	A			略		